역사가
기억하는
군주의 권위

1600년부터 1700년까지

궈팡 편저　정주은 옮김

꾸벅

세계사 ⑥

역사가 기억하는 군주의 권위

발행일 / 1판1쇄 2012년 11월 5일
편저자 / 궈팡
옮긴이 / 정주은
발행인 / 이병덕
발행처 / 도서출판 꾸벅
등록날짜 / 2001년 11월 20일
등록번호 / 제 8-349호
주소 / 경기도 고양시 일산동구 장항동 775-1 삼성마이다스 415호
전화 / 031) 908-9152
팩스 / 031) 908-9153
http://www.jungilbooks.co.kr

isbn / 978-89-90636-58-4
잘못된 책은 구입하신 서점이나 본사에서 교환해 드립니다.

全球通史一君主权威
作者：郭方 主编

17세기에는 각국의 군주들이 자신의 권위를 세우고 국가를 부강하게 하고자 피땀 흘렸다. 그러면서 수많은 국가가 영광과 치욕의 순간을 겪었고, 세계 각국은 저마다 다른 운명의 길을 걸었다.

그중에 영국이 가장 굴곡진 역사를 써내려 갔다. 피 튀기는 내전이 일어났고, 왕인 찰스 1세가 단두대로 보내졌다. 그 후 크롬웰의 독재가 막을 내리면서 스튜어트 왕조가 부활하고 뒤이어 명예 혁명이 일어났다. 잉글랜드와 스코틀랜드, 아일랜드에서 잇따라 일어난 이 커다란 사건들은 영국의 운명을 바꾸고, 세계의 운명에도 영향을 미쳤다. 그리고 정치 혁명이 일어나던 시기에 등장한 극작가 셰익스피어, 시인 밀턴, 사상가 로크, 과학자 뉴턴은 영국에 풍부한 정신문화 유산을 남겼다.

프랑스에서는 먼저 앙리 4세가 국가 발전의 토대를 마련했다. 그 뒤를 이어 한 세대를 풍미한 재상 리슐리외와 절대 권력을 휘두른 태양왕 루이 14세가 등장해 프랑스를 유럽 대륙의 절대 강자로 키워냈다. 이리하여 프랑스는 강대국이 즐비한 유럽에서도 독보적인 권위를 자랑하게 되었다. 게다가 위대한 철학자 데카르트는 이러한 프랑스에 더 큰 자신감을 심어주었다.

러시아는 17세기 초에 일어난 차르 쟁탈전으로 빚어진 혼란을 극복하고 로마노프 왕조를 세우면서 발전의 기틀을 마련했다. 특히 표트르 대제는 탁월한 능력을 발휘해 국토를 넓히고 러시아 사회의 변화를 이끌며 수많은 업적을 남겼다.

　서유럽에 자리한 작은 나라 네덜란드는 독립을 쟁취하고 뛰어난 상업적 안목으로 상업 강국으로 발돋움했다. 네덜란드의 자유로운 분위기는 많은 과학자, 예술가, 철학자를 불러들였고, 그들은 성공한 네덜란드의 모습을 다양한 방식으로 묘사했다. 아울러 북유럽의 덴마크, 스웨덴 등도 강력한 국가로 거듭났다. 이들은 유능한 군주가 등장하면서 서유럽과의 격차를 점차 줄여나가 결국에는 유럽의 강국으로 우뚝 섰다.

　아시아에서는 일본의 도쿠가와 이에야스가 도쿠가와 막부를 세워 일본 역사상 마지막 막부 시대를 열었다. 그러나 도쿠가와 막부는 쇄국령을 반포해 세상과 통하는 문을 스스로 닫아버렸다.

　흥미진진한 이야기가 넘쳐나는 이 시대는 많은 생각할 거리를 안겨준다. 성공한 정치가는 물론 물질세계를 초월한 철학자에 대해서도 생각해볼 수 있고, 그저 예술가가 창조한 아름다운 예술품에 시선을 던질 수도 있을 것이다. 역사는 넓고 깊은 샘물과 같다. 여러분 모두 그 샘에서 자신만의 맛을 음미하길 바란다.

제1장
격랑에 흔들리는 영국

제2장

프랑스와 러시아의 융성

제3장

분화하는 유럽

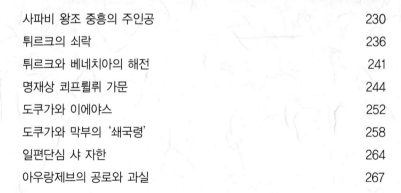

제**4**장

아시아 세계

Supremacy of Monarch

제 1 장

격랑에 흔들리는 영국

희곡으로 시대를 그리다

그는 영국이 낳은 가장 위대한 극작가이자 르네상스 문학의 거장이다. 그의 펜 끝에서 탄생한 수많은 걸작은 세계 각국의 독자를 사로잡았다. 괴테는 그를 두고 말로 다 표현할 수 없는 사람이라고 극찬했고, 중국의 현대 극작가 차오위는 그를 인류에게 기쁨과 놀라움을 선사한 거인이라고 평했다. 그의 희곡은 시대와 국경을 뛰어넘어 감동을 주었으며 그 속에 담긴 주옥같은 명대사들은 사람들의 영혼을 어루만졌다. 문명의 상징으로 추앙되는 그는 바로 셰익스피어이다.

꿈을 향해 돌진하는 소년

1564년 4월 23일, 영국 워릭셔 주 스트랫퍼드어폰에이번에 살던 존과 메리 부부는 삶에서 가장 기쁜 날을 맞이했다. 앞서 두 딸을 잃은 부부에게 건강한 아이가 태어난 것이다. 부부는 갓 태어난 아들에게 윌리엄 셰익스피어라는 이름을 지어주었다.

셰익스피어의 아버지 존은 스트랫퍼드어폰에이번의 읍장을 지내기도 한 부유한 상인이었다. 넉넉한 가정형편 덕분에 셰익스피어는 스트랫퍼드 그래머 스쿨에 무난히 진학할 수 있었다. 이곳에서 셰익스피어는 라틴어, 고전 문학, 철학, 시가, 논리학 등을 배웠다. 그러나 1577년에 아버지의 사업이 심각한 위기에 빠지면서 집안형편이 어려워져 셰익스피어는 학교를 그만두게 되었다. 1582년에 열여덟 살이 된 셰익스피어는 앤 해서웨이와 결혼했다. 하지만 두 사람의 결혼생활은 그다지 행복하지 않았다. 꿈 많은 청년 셰익스피어는 시골구석에서 인생을 허비하고 싶지 않았다. 그의 마음은 이미 런던에 가 있었다.

1587년에 셰익스피어는 마침내 스트랫퍼드를 떠나 꿈에 그리던 런던으로 향했다. 생각대로 런던은 두 눈이 휘둥그레질 만큼 멋진 곳이었다. 템스 강이 도시를 가로질러 흐르고, 강 양쪽으로 으리으리한 건물들이 늘어서 있었다. 이제 막 시골에서 상경한 셰익스피어에게 대도시에서의 삶이 만만할 리 없었다. 그는 변변한 일자리도 찾지 못한 채 한동안 고달픈 타향살이를 해야 했다. 여기저기서 치이고 데인 끝에 겨우 구한 일자리가 극장 마부였다. 셰익스피어는 연극을 보러 온 신사들의 말을 돌보는 일뿐만 아니라 문지기와 청소부 일도 했다.

그러던 중 그의 영리함이 극장 관리자의 눈에 들어 셰익스피어는 무대 장치와 음향 효과 보조 일을 맡게 되었다. 그리고 별 볼일 없는 역할이나마 배역을 따 내면서 보조 연기자로서 배우의 길에 들어섰다. 비록 하나같이 보잘것없는 역할이었지만, 셰익스피어는 매번 혼신을 다해 연기했다. 낙숫물이 댓돌을 뚫는다는 말이 있듯이, 셰익스피어는 한결같이 열성적으로 연기한 결과 마침내 극단의 정식 연기자가 되었다.

무대에 오르는 횟수에 비례해 명성도 높아지면서 셰익스피어는 사회 각계각층의 사람들과 교류하기 시작했다. 이는 훗날 셰익스피어가 다채로운 희곡 작품을 창작하는 데 자양분이 되었다. 당시 영국을 통치한 엘리자베스 여왕도 셰익스피어의 공연을 즐겨 보았다고 한다. 이렇게 희곡이 영국 사회에서 큰 인기를 끈 것은 사실이지만, 배우의 사회적 지위는 그다지 높지 않았다. 그런데도 배우들 사이의 경쟁은 상당히 치열했다.

이런 상황은 진취적인 성향의 셰익스피어를 자극하여 성공으로 가는 길을 찾게 했다.

◀ 셰익스피어 생가
스트랫퍼드에 있는 셰익스피어의 생가는 오늘날까지 당시의 모습을 간직하고 있다. 집들이 하나같이 아름다운 정원을 가꿔 놓은 이곳에는 해마다 셰익스피어에 매료된 관광객들이 줄을 잇는다.

두각을 드러내다

당시 런던 연극계는 배우의 수에 비해 좋은 극본이 턱없이 부족했다. 그리고 희곡이 인기를 끌면서 참신한 시나리오를 갈구하는 목소리도 높아졌다. 각 극단은 수준 높고 참신한 극본을 구하지 못해 골치를 앓았다. 타고난 극작가 셰익스피어는 이러한 환경에서 물 만난 물고기처럼 재능을 펼치기 시작했다. 1592년, 셰익스피어가 스물여덟 살에 내놓은 첫 작품 〈헨리 6세〉는 첫 공연에서부터 박수갈채가 쏟아졌다. 가뭄 끝의 단비 같은 슈퍼스타의 출현에 당시 희곡계는 환호성을 질렀다.

1592년부터 1594년까지 셰익스피어는 장편 서사시와 14행시 등을 몇 편 창작했는데 이 역시 출간과 동시에 영국 사회에 큰 반향을 일으켰다.

▼ 로미오와 줄리엣

1823년에 이탈리아 화가가 그린 작품이다. 〈로미오와 줄리엣〉에서 두 사람이 밀회를 나누는 장면을 묘사했다.

1594년 이후 셰익스피어는 주로 남녀 간의 사랑을 다룬 작품을 선보였다. 〈한여름 밤의 꿈〉, 〈베니스의 상인〉, 〈로미오와 줄리엣〉 등이 바로 이 시기에 만들어진 작품이다. 그중에서도 가장 화제가 된 작품은 단연 〈로미오와 줄리엣〉이었다. 이 작품은 이루어질 수 없는 두 연인의 비극적인 사랑을 이야기한다. 로미오와 줄리엣의 가문은 만나기만 하면 으르렁대는 원수 지간이다. 그러니 두 사람이 아무리 절절하게 사랑한다고 해도 두 집안에서 결혼을 허락할 리 없다. 줄리엣의 가문에서는 줄리엣을 고귀한 혈통의 파리스 백작과 혼인시키려 한다. 그래서 줄리엣은 이 결혼을 피하기 위해 적당량을 마시면 가사 상태에 빠져서 한동안 죽은 사람처럼 보이게 하는 약을 마신다. 그리고 로렌스 신부에게 자신이 가짜 독약을 먹었다는 사실을 로미오에게 알리게 한다.

그런데 로렌스 신부가 도착하기 전에 로미오가 먼저 줄리엣이 '죽은' 사실을 알게 된다. 로미오는 줄리엣이 독약을 먹어 가사 상태에 빠졌으리라고는 꿈에도 생각지 못하고 그녀를 따라 자살한다. 그리고 이윽고 정신을 차린 줄리엣은 자신의 곁에 사랑하는 로미오가 죽어 있는 것을 보고, 그를 따라 스스로 목숨을 끊는다. 두 사람이 안타깝게 목숨을 버린 후에야 두 가문은 후회의 눈물을 흘리며 로미오와 줄리엣의 조각상을 만들어준다.

이렇듯 사랑을 주제로 한 작품을 몇 편 쓴 후, 셰익스피어의 작품 세계는 점차 다채로워졌다. 시간이 흐를수록 더 좋은 작품이 탄생했고, 대중은 셰익스피어의 매력에 빠져들었다. 그렇게 셰익스피어는 삶의 정점을 향해 힘차게 나아갔다.

4대 비극

1600년 이후, 어느덧 불혹의 나이에 접어든 셰익스피어는 세상과 인생, 인성에 대해 깊은 통찰력을 보였다. 그러면서 작품 성향이 비극으로 바뀌어 4대 비극으로 불리는 〈햄릿〉, 〈리어 왕〉, 〈맥베스〉, 〈오셀로〉를 잇달아 창작했다. 이 4대 비극은 셰익스피어 문학의 진수를 보여 주는 작품들로, 오늘날에도 끊임없이 무대에 오르고 있다.

〈햄릿〉은 덴마크 왕궁에서 벌어지는 피비린내 나는 싸움을 묘사한 작품이다. 덴마크 왕이 갑자기 세상을 떠나자, 온 나라가 비탄에 빠진 틈을 타 동생 클로디어스가 형수를 아내로 맞고 왕위를 계승한다. 그런데 그 후 왕궁을 지키던 근위병들은 밤중에 성 안을 떠도는 선왕의 유령을 보게 되고, 몰래 햄릿 왕자를 찾아가서 이 사실을 알린다. 햄릿은 용기를 내어 유령과 이야기를 나눈 끝에 숙부 클로디어스가 선왕을 살해했다는 사실을 알게 된다. 이에 햄릿은 비통한 마음을 억누르며 부왕의 복수를 다짐한다. 이후 햄릿은 일부러 미친 척하며 복수할 기회를 노린다. 그러던 어느 날, 햄릿은 극단이 왕궁에서 공연하는 기회를 틈 타 선왕의 죽음에 관한 진상을 밝히기 위해 일을 꾸민다. 햄릿은 선왕이 공원에 누워 있다가 누군가가 풀어 놓은 독사에 물려 죽는 내용의 연극을 하도록 지시하고, 숙부와 왕비를 불러 공연을 관람하게 한다. 예상대로 숙부는 새파랗게 질려서 공연이 채 끝나기도 전에 황급히 자리를 떴고, 왕비도 얼굴색이 흙

▲ 곤자고의 살인
19세기 회화로 〈햄릿〉 중, 햄릿이 숙부 클로디어스에게 보여준 연극 〈곤자고의 살인〉의 한 장면을 묘사했다.

빛으로 변한다. 햄릿은 어머니인 왕비에게 클로디어스를 멀리하라고 간청한다. 그러다 장막 뒤에서 두 사람의 대화를 엿듣던 플로니어스의 존재를 알아차리고는 그를 숙부로 착각해 칼로 찔러 죽인다. 한편, 이 일로 햄릿을 의심하게 된 클로디어스는 영국 국왕에게 밀서를 보내 햄릿을 특사로 파견할 테니 죽여달라고 요청한다. 그러나 클로디어스의 음모를 간파한 햄릿은 영국으로 향하던 발길을 덴마크로 돌린다. 돌아오는 길에 그는 아버지 플로니어스의 죽음에 충격을 받고 미쳐서 돌아다니다가 그만 물에 빠져 죽은 자신의 연인 오필리어의 장례 행렬을 보게 된다. 오필리어의 오빠 레어티스는 클로디어스의 꾐에 빠져 햄릿과 결투를 하게 된다. 왕비는 레어티스와 햄릿의 결투를 관전하다가 클로디어스가 햄릿을 독살하려고 준비한 독주를 모르고 마셔서 죽고, 레어티스는 햄릿의 검에 찔려 죽는다.

독을 바른 레어티스의 검에 찔린 햄릿도 숙부를 찔러 죽인 후 자신도 죽게 된다.

〈리어 왕〉은 친족 간의 비극을 그린 작품이다. 브리튼왕국의 리어 왕은 나이가 들자 세 딸이 자신을 사랑하는 정도에 따라 영토를 나눠주기로 한다. 이에 큰딸 고네릴과 둘째딸 리건은 온갖 아첨을 떨며 아버지의 환심을 사 많은 영토를 물려받는다. 그러나 정직하고 진실한 막내딸 코델리어는 자식으로서 아버지를 진심으로 사랑하며, 나머지 절반의 사랑은 미래의 남편에게 바칠 것이라고 담담하게 말한다. 이에 분노한 리어 왕은 막내딸 코델리어와 부녀 관계를 끊고 영토도 나눠주지 않은 채 프랑스로 시집보내버린다. 그 후, 이미 영토를 물려받아 더는 아버지가 필요 없어진 고네릴과 리건은 아버지인 리어 왕의 권력을 빼앗고 독설과 폭언을 일삼으며 괴롭힌다. 두 딸의 학대를 견디다 못한 리어 왕은 폭풍우가 휘몰아치는 밤, 왕궁을 뛰쳐나와 황야를 떠돈다. 무정한 두 딸과 불공평한 세상에 대한 분노가 리어 왕을 집어삼킨다. 프랑스에서 이 소식을 들은 코델리어는 곧장 프랑스군을 이끌고 불효한 언니들을 응징하러 온다. 그러나 전쟁에 패해 포로가 된 코델리어는 결국 죽임을 당하고, 모든 사실을 알게 된 리어 왕도 분노와 슬픔을 이기지 못해 죽고 만다.

셰익스피어는 4대 비극을 선보인 뒤로도 펜을 놓지 않았지만, 더는 그만한 수작을 내놓지 못했다. 훗날 자신이 몸담았던 글로브 극장이 화재로 타버리자 런던을 떠나 고향으로 돌아갔다. 이때, 셰익스피어는 런던뿐만 아니라 희곡과도 안녕을 고했다. 1616년 4월, 위대한 문학가 셰익스피어는 마침내 영원히 잠들었다. 그러나 우리는 지금도 그가 남긴 작품을 통해 세계적 문학가를 느낄 수 있다.

돛을 올리고 항해에 나선 '메이플라워'

1620년, 작은 배에 올라탄 한 무리의 사람들이 온갖 역경을 이겨낸 끝에 북아메리카 대륙에 첫발을 내디뎠다. 그들의 마음속에 담긴 꿈은 이 땅에서 뿌리를 내리고 싹을 틔웠으며, 역사의 수레바퀴 속에서 울창한 나무로 자라났다. 이들은 종교 박해를 피해 조국을 떠나온 영국의 청교도이며, 메이플라워 호를 타고 북아메리카 대륙으로 와 미국이라는 울창한 나무를 키워냈다.

▼ 닻을 올리기 전에 메이플라워 호에서 올린 기도

1620년 7월 22일, 메이플라워 호 갑판에서 《성경》을 손에 든 존 로빈슨 목사가 윌리엄 브래드포드, 윌리엄 브루스터, 마일즈 스탠디시와 그들의 가족을 데리고 출항 전 기도를 올리고 있다. 여성과 아이들이 유독 눈에 띄는데, 이는 당시 사회에서 가정이 무척 중요했다는 것을 보여준다. 왼쪽에 보이는 무지개는 희망과 신의 가호를 상징한다.

박해받는 청교도

영국의 종교 개혁 과정에서 청교도는 정부와 사회로부터 온갖 박해를 받았다. 청교도는 만인제사장론에 따라 누구나 하느님을 만날 수 있다고 생각했다. 그래서 그들은 교회의 다단계 계급 제도와 교회가 관장하는 각종 허례허식에 반대하며 경건주의와 복음주의를

주장했다. 그러나 청교도의 주장은 교회의 이익에 반하는 것이었다. 누구나 하느님과 만날 수 있고 또 교회의 계급 제도를 철폐한다면, 교회의 권위는 땅에 떨어질 것이며 기존에 누리던 혜택도 잃을 것이 분명했다. 그래서 교회는 청교도를 박해했다.

영국에서 종교적, 정치적 탄압을 받던 청교도는 존 로빈슨을 따라 영국을 떠나 비교적 다른 종교에 너그럽던 네덜란드 레이던으로 망명했다. 그러나 그곳이라고 다를 바 없었다. 고국에서 이방인 취급을 받으며 따돌림을 당한 청교도는 네덜란드에서도 똑같이 이질감을 느꼈다. 그러던 중에 일부 신도들이 차라리 북아메리카로 가서 그들만의 공동체를 세우자고 주장했다. 그러나 미국 이민은 말처럼 쉬운 일이 아니었다. 일단 영국 정부의 동의를 얻어야 했다. 당시 북아메리카는 영국의 식민지였기 때문이다. 또한 대서양을 건너려면 많은 돈이 필요했다. 그들은 북아메리카의 토지개척권을 얻기 위해 버지니아라는 식민지 건설회사와 계약을 맺고 이 회사를 통해 영국 정부에 북아메리카 토지개척을 신청했다. 1620년에 드디어 영국 정부의 승인을 받아 첫 번째 문제를 해결한 청교도들은 이제 대서양을 건너는 데 필요한 경비를 마련하기 위해 동분서주했다. 여러 상인을 찾아다닌 끝에 토머스 웨스턴이라는 상인에게서 모든 경비를 지원받기로 한다. 단, 이주하고 나서 7년 동안 거둔 수확을 모두 내어주어야 한다는 조건이 있었다.

1620년 9월 23일, 화물선을 개조한 '메이플라워' 호는 102명을 싣고 영국을 떠나 북아메리카로 향했다. 이 배에는 청교도들을 비롯해 실직한 노동자, 가난한 농민들이 탔다. 27미터 길이의 이 선박은 이상적인 노아의 방주나 다름없었다. 그들은 메이플라워 호에 미래에 대한 희망을 가득 실었다.

메이플라워 서약

메이플라워 호가 영국에서 돛을 올린 시기는 마침 대서양에 거센 계절풍이 불던 때였다. 폭풍우와 기약 없는 표류, 각종 질병, 식량과 물 부족에 시달렸지만, 배에 탄 사람들은 새로운 세계에 대한 갈망으로 이를 악물고 버텼다. 그렇게 66일째 되던 날, 드디어 꿈에도 그리던 아메리카 대륙에 도착했다. 그러나 그곳은 특허장 상에서 거주를 허락받은 버지니아가 아니라 케이프코드였다.[1] 긴 항해에 지친

추수감사절의 기원

플리머스에 터를 잡은 개척자들은 생각지도 못한 문제에 부딪혔다. 바로 엄동설한이었다. 긴 항해로 지칠 대로 지친 사람들은 혹한과 질병, 그리고 배고픔을 견디지 못하고 쓰러졌다. 그리하여 겨울이 지나 다시 봄이 왔을 때, 살아남은 사람은 고작 50여 명뿐이었다. 그들을 살린 사람은 다름 아닌 현지 인디언이었다. 인디언은 개척자들에게 생활에 필요한 것을 나누어 주고 사냥과 고기잡이, 농사 짓는 방법까지 가르쳐주었다. 인디언의 도움 덕분에 북아메리카에 뿌리를 내리고 첫 수확까지 한 개척자들은 감사의 의미로 인디언을 초대해 수확한 음식을 나누어 먹었다. 이후, 그들은 매년 11월 넷째 주 목요일을 추수감사절로 정해 신에게 감사하고 수확의 기쁨을 함께 나누었다.

사람들은 다시 배에 올라 버지니아로 찾아갈 엄두가 나지 않았다. 그래서 하는 수 없이 그곳에 정착하기로 한다. 그런데 한 번 잘못 끼운 단추 탓에 이후 여기저기에서 문제가 터졌다. 버지니아가 아니면 북아메리카 토지의 개척을 허가한 특허장은 아무런 효력이 없다. 그렇다면 백여 명에 이르는 이민자들을 통제할 법적 권한을 인정받는 사람이 없게 된다. 이런 상황에서 모두가 우두머리 자리를 놓고 다툰다면, 그들이 처음에 품은 꿈은 한낱 물거품이 되고 말 것이다.

이민자들을 이끌던 윌리엄 브래드포드와 윌리엄 브루스터는 질서가 어지러워지고 내부 분란이 발생하는 것을 막기 위해 성인 남자 41명을 모아 이 문제를 상의했다. 마침내 그들은 개척지를 관리할 규칙을 정하고 참석자 전원이 이에 서명했다. 이것이 바로 '메이플라워 서약'이다. 이 서약은 다음과 같은 내용을 담고 있다. 개척지에 온 이민자는 모두 프로테스탄트[2] 이념을 따라야 하며, 영국 국왕에게 충성을 맹세해야 한다. 또한 개척지에 스스로 민간 자치 체제를 수립하고 개척지의 관리를 위해서 정한 법률, 규정 및 제도를 준수해야 한다. '메이플라워 서약'은 미국 역사상 최초의 정치적 계약 문서이다. 이 서약서는 미국 정치의 근간이 되었으며, 서약에 담긴 '자치'라는 말의 민주성은 지금도 이야기되는 고귀한 가치이다.

이 서약을 체결한 후, 개척자들은 케이프코드를 출발해 플리머스에 도착했다. 그렇게 새 땅에 터를 잡은 청교도들은 스스로 새로운 미래를 개척해나갔다.

---

1) 지금의 미국 매사추세츠 주에 위치
2) 16세기 종교 개혁의 결과로 로마 가톨릭에서 떨어져 나와 성립된 종교 단체 또는 그 분파

내전의 신호탄

그것은 분명히 내전이었지만, 새로운 시대의 도화선이었고 부르주아혁명이라고 불렸다. 내전을 일으킨 사람은 영국 왕 찰스 1세였고, 그와 칼을 맞댄 자들은 왕권을 제한하려던 의회였다. 신하가 왕의 권한을 제한하다니! 감히 상상조차 할 수 없는 일이 영국에서 일어난 것이다.

국왕과 의회의 갈등

1603년, 영국 역사에 한 획을 그은 엘리자베스 여왕이 직계 후손을 남기지 않고 세상을 떠났다. 그래서 스코틀랜드 왕 제임스가 영국 왕위를 계승하여 제임스 1세에 즉위했다. 제임스 1세는 권력욕에 불탄 봉건 군주로, 의회를 무시하고 사치와 향락을 일삼았으며 절대권력을 휘둘렀다.

1625년에 제임스 1세가 서거하고 그의 아들 찰스가 왕위를 계승해 찰스 1세가 되었다. 그 아버지에 그 아들이라더니, 찰스 1세도 제임스 1세와 별반 다르지 않았다. 찰스 1세는 왕의 권력은 신으로부터 부여되었다는 왕권신수설을 신봉해 왕권을 제한하려던 의회와 갈등을 빚었다. 그는 괴팍하기 짝이 없는 인물로, 융통성이 없고 과묵한 편이었다. 무엇이든 자기가 정한 대로 착착 진행해야만 직성이 풀리는 성격이었다. 그런 그가 '왕이 곧 국가다'라고 생각한다면, 다른 사람의 의견은 무시하고 자기 식대로 밀어붙일 것이 분명했다.

찰스 1세가 즉위하고 나서 몇 년 동안 영국은 끊임없이 스페인과 프랑스를 공격했다. 전쟁을 치르려면 엄청난 경비가 필요했지만 당시 영국 국고는 텅텅 비어 있었다. 다시 말해, 전쟁 경비를 충당하려면 어쩔 수 없이 세금을 더 거둬야 하는 상황이었다. 그러나 아무리 왕이라고 해도 세금을 거두려면 반드시 의회의 승인을 얻어야 했다. 따라서 서둘러 의회를 소집해 이 문제를 논의해야 했지만, 또 다른 골칫거리가 왕의 발목을 잡았다. 바로 의회와의 관계가 몹시 껄끄럽다는 것이었다. 하지만 찰스는 전쟁 경비를 마련하기 위해 한발 물러나기로 마음먹었다. 그리하여 1625년 6월부터 8월까지 찰스 1세가 즉위한 이후 처음으

▼ 찰스 1세상

벨기에 화가 안토니 반 다이크의 〈사냥 나온 찰스 1세〉에서 찰스 1세는 옆으로 비스듬히 선 자세로 한 손은 지팡이를 짚고 다른 한 손은 허리에 올린 채 도도한 표정을 짓고 있다.

로 의회가 소집되었다. 찰스 1세가 막대한 규모의 세금을 징수하겠다고 하자 의회는 일말의 여지도 없이 단칼에 거절했다. 그뿐만 아니라 톤세와 파운드세도 겨우 1년치만 징수하게 했다. 톤세와 파운드세는 관세의 일종으로, 그전의 왕들은 재위기간 내내 관세를 부과할 권리가 있었다. 그런데 바라던 바는 이루지도 못하고 가진 것마저 빼앗겼으니 찰스 1세가 분노한 것은 당연한 일이었다.

정상적인 수단으로 목적을 달성할 수 없게 되자 찰스 1세는 왕권을 동원해서 의회를 통하지 않고 각종 세금을 강제로 징수하기 시작했다. 1627년에 기사 다섯 명이 국왕의 불법적인 세금 징수에 반발하여 세금 납부를 거부하다가 감옥에 갇히는 사건이 일어났다. 이 일을 계기로 의회의 분노는 극에 달했다. 1628년에 의회는 이에 대한 항의의 뜻으로 '권리청원'을 제출했다. '권리청원'은 국왕이 의회의 동의를 거치지 않고는 함부로 과세할 수 없으며 불법적으로 인신을 구속할 수 없다는 내용을 담고 있었다.

찰스 1세는 의회의 비위를 맞추어 재정적 지원을 얻기 위해 일단 '권리청원'을 승인했지만, 그 후로도 여전히 강제로 관세를 부과했다. 이에 의회가 항의하려고 하자, 찰스 1세는 1629년 3월에 의회를 강제 해산하고 이후 11년 동안 의회를 소집하지 않았다.

다시 의회를 소집하다

왕권을 제한할 의회가 없어지자 찰스 1세는 고삐 풀린 망아지처럼 제멋대로 권력을 행사했다. 이에 민중의 불만은 걷잡을 수 없이 커졌고, 1636년부터 영국 각지에서 찰스 1세를 비판하는 내용의 소책자들이 출간되기 시작했다. 어떤 것은 찰스 1세의 악행을 매섭게 비판했고, 왕궁의 부패 실상을 적나라하게 묘사한 것도 있었다. 찰스 1세의 측근인 윌리엄 로드 대주교를 비난한 것도 있고, 그저 가슴속에 쌓인 울분을 토한 것도 있었다. 이런 소책자들은 대도시는 물론이고 산간벽지까지 퍼져 나갔다.

이처럼 영국 군중의 분노가 부글부글 끓고 있을 때, 스코틀랜드인들이 자국에 대한 찰스 1세의 적대 정책에 반발해 봉기를 일으켰다. 스코틀랜드는 1603년에 제임스 1세가 영국 왕으로 즉위한 후부터 그의 통치를 받았다. 그러나 스코틀랜드와 영국은 물과 기름처럼 섞일 수 없는 사이로 여전히 독립 왕국의 틀을 유지했으므로, 실제로는 한 명의 왕이 두 나라를 통치하는 셈이었다. 가장 큰 문제는 스코틀랜드와 영국이 각기 다른 교파를 믿는다는 것이었다. 아무리 종교가 같더라도 교파가 다르다면 결국 다른 종교를 믿는 것이나 마찬가지였다. 그런데 영국 왕위에 오른 찰스 1세는 윌리엄 로드 대주교의 뜻에 따라 스코틀랜드인에게 영국과 같은 교파를 따르라고 강요했다. 1633년, 스코틀랜드를 방문해 실정을 살핀 찰스 1세는 영국에서 사용하는 기도서를 스코틀랜드에 보급하기로 했다. 이는 물론 교파를 통일하기 위한 조치였다. 그러나 강제로 교파를 바꾸려는 그의 조치에 스코틀랜드인은 모두 분노를 감추지 못했

▲ 영국 왕 찰스 1세와 부인 마리아 왕비

찰스 1세의 곁에 있는 아이가 훗날의 제임스 2세이며, 왕비의 품에 안긴 아이가 훗날의 찰스 2세이다.

다. 1634년에 스코틀랜드의 한 귀족이 영국 기도서를 사용하는 데 반대하는 청원서를 가지고 있다는 제보가 접수되었고, 찰스 1세는 그를 반역죄로 체포했다. 이 사건은 그렇지 않아도 들끓는 스코틀랜드 여론에 기름을 부었다. 곧 온 스코틀랜드에서 걷잡을 수 없는 분노의 불길이 타올랐다.

1637년에 스코틀랜드는 자체 선거를 치러 대표단을 선발했다. 이 대표단은 1638년 2월에 '국민 언약'을 작성해 새로운 기도서와 종교 의식을 받아들일 수 없다고 선언했다. 상당히 부드러운 문체에서 나라를 통치하는 영국 왕과 갈등을 빚지 않으려는 의도를 읽을 수 있었지만, 이 소식을 접한 찰스 1세는 화가 나서 길길이 날뛰었다. 그는 곧바로 스코틀랜드의 저항을 강경 진압하겠다고 외쳐 평화적인 해결의 여지를 원천 봉쇄했다. 1639년, 스코틀랜드 군대가 먼저 영국으로 진격했다.

찰스 1세는 대규모 군대를 파견해서 스코틀랜드를 제압하려고 했다. 그러나 이번에도 전쟁 경비를 마련하는 것이 문제였다. 대상인들도 비용을 지원하라는 왕의 요구에 고개를 저었다. 진퇴양난에 빠진 찰스 1세는 결국 1639년 6월에 스코틀랜드인과 정전 협정을 맺었다. 그러나 이것은 적을 속이려는 제스처였을 뿐, 실은 스코틀랜드를 공격할 준비를 마칠 때까지 시간을 벌려는 속셈이었다. 1640년 4월에 찰스 1세는 세금 징수에 대한 의회의 승인을 받기 위해 지난 11년 동안 굳게 걸려 있던 의회의 빗장을 풀었다. 그러나 의회는 국왕이 요구한 세금 관련 사안의 승인은 제쳐놓고 의회의 권리에 대해 다시 한 번 천명했다. 이에 머리끝까지 화가 난 찰스 1세는 또다시 의회를 해산해버렸다.

스코틀랜드는 찰스 1세가 전쟁을 끝낼 생각이 없다는 것을 깨닫고, 다시 영국 국경을 넘어 파죽지세로 공격했다. 스코틀랜드의 공격에 속수무책으로 당한 찰스 1세는 1640년 9월에 다시 정전 협정을 맺었다. 이번에 스코틀랜드는 거액의 배상금까지 요구했다. 그러나 당시 영국의 국고는 텅텅 비어 있었기 때문에 왕은 전쟁 배상금을 모으기 위해 울며 겨자 먹기로 의회를 소집했다.

내전 발발

1640년 11월, 찰스 1세가 의회를 소집했다. 그러나 여론은 악화일로로 치달았고 의원 대다수가 왕에게 등을 돌린 상태였다. 이런 상황에서 소집된 의회였기에 찰스 1세의 뜻대로 풀릴 리 없었다. 의회가 열리자마자 일부 의원이 왕의 측근을 처단해야 한다고 주장했다. 특히 스트래퍼드 백작에 대한 성토가 끊이지 않았다. 이 같은 의회의 움직임에 군중은 열화와 같은 성원을 보내며 대규모 거리 시위를 벌여 스트래퍼드 백작에 대한 조속한 처단을 촉구했다. 1641년 5월 8일, 마침내 의회는 스트래퍼드 백작의 처형안을 통과시켰다.

그러나 의회가 통과시킨 안건이라고 해도 처형이 실제로 집행되려면 왕의 동의를 받아야 했다. 찰스 1세는 전쟁 경비를 마련할 목적으로 소집한 의회에서 생각지도 못한 안건이 발의되자 당황했다. 하지만 그는 이 안건에 거부권을 행사할 생각이었고, 스트래퍼드 백작에게 그의 생명과 재산을 지켜주겠노라고 약속했다. 찰스 1세가 사태의 심각성을 깨닫지 못하고 끝까지 스트래퍼드 백작을 싸고돌

Earl of Strafford

자 애써 분노를 참고 있던 군중은 결국 폭발했다. 서슬 퍼런 군중이 구름처럼 몰려와서 왕궁을 에워싸자 찰스 1세는 간담이 서늘해졌다. 그제야 자신에게 승산이 없다는 것을 깨달은 그는 결국 의회가 요구한 스트래퍼드 백작 처형안에 동의했다. 스트래퍼드 백작이 처형되던 5월 12일, 단두대 주변은 곳곳에서 몰려든 인파로 북새통을 이루었다. 이것은 영국 민중의 승리이자 의회의 승리였다.

이후 스트래퍼드 백작과 함께 악명을 떨쳤던 왕의 측근 윌리엄 로드 대주교도 반역죄로 체포되어 런던 탑에 갇혔다. 날개 잃은 독수리 꼴이 된 찰스 1세는 의회가 제출한 '3년 회기법'도 승인해야 했다. 이 법안은 3년에 한 번씩 정기적으로 의회를 소집할 것, 그리고 런던 탑은 런던에 있는 유명한 건축물로 오늘날 런던을 대표하는 관광지로 사랑받는다. 런던 탑은 탑 여러 개로 이루어진 구조이며 11세기에 요새를 방어할 목적으로 만들어졌다. 그 후 역대 왕들이 보수 공사로 조금씩 규모를 넓혔다. 런던 탑은 난공불락의 요새이자 휘황찬란한 궁전으로 수많은 왕이 이곳에 머물렀다. 그런 한편, 런던 탑에는 감옥도 있었다. 역사에 이름을 남긴 수많은 인물이 런던 탑을 거쳐 갔으며 베이컨도 그 중의 한 명이다.

왕이 의회를 소집하지 않으면 자체적으로 의회를 소집한다는 내용이었다. 더불어 왕이 멋대로 의회를 해산할 수 없다는 내용도 포함되었다. 이어서 찰스 1세는 휴회 기간에 세금을 부과한 것은 모두 위법이었다고 선포했다.

그야말로 게도, 구럭도 다 놓친 꼴이었다. 전쟁 비용은 말할 것도 없고 권력까지 빼앗긴 찰스 1세는 의회에 이를 갈았다. 속으로 복수의 칼을 갈던 찰스 1세는 의회에서 왕권 제한을 요구한 급진파 의원 5명을 체포하라고 명령했다. 그러나 사전에 이 사실을 안 의원들은 서둘러 몸을 피했다. 그리고 일주일 후에 그들은 군중에 둘러싸여 다시 당당하게 의회에 입성했다.

런던에서는 더 이상 어찌해 볼 방도가 없자 1642년 1월에 찰스 1세는 지지자들을 이끌고 영국 북부의 요크로 도망쳐 그곳에 결집한 왕당파와 합세해서 의회파에 반격할 준비를 했다. 8월 22일, 노팅엄의 산 정상에서 왕당파가 깃발을 휘날리며 의회 안의 '반란군'을 토벌하겠노라고 선포해 내전의 신호탄을 쏘아 올렸다.

네이즈비 전투

네이즈비 전투는 영국 내전의 승부를 가른 결정적인 전투로, 찰스 1세의 운명은 물론 영국의 운명까지 결정지었다. 전투 그 자체만으로도 유럽 전쟁사에 길이 남을 명전투였다.

서로 창을 겨누다

1642년 8월 22일, 국왕군은 의회 안의 '반란군'을 토벌하겠다고 선포하며 내전의 신호탄을 쏘아 올렸다. 이에 대응하여 의회는 신속하게 대항군을 조직했다. 왕당파의 주력 부대는 영국 북부와 서북부 지역에 자리를 잡았고, 의회군은 동남부 지역에 진을 쳤다. 의회군이 머무는 지역의 주민들은 의회군 활동을 적극적으로 지지했으며 특히 자영농은 온갖 지원을 아끼지 않았다.

내전이 일어난 초기만 하더라도 객관적 전력이 우세한 의회군의 압승이 기대되었다. 그러나 1642년부터 1644년까지 의회군은 국왕군의 공격에 맥을 못 추고 퇴각했다. 이렇게 된 데에는 의회군의 준비가 부족했던 탓도 있지만, 의회군 내부의 분란도 한몫했다. 의회군 내의 온건파는 국왕과의 전쟁에 심적 부담을 느껴 대화와 협상으로 문제를 해결하고자 했다.

한편, 크롬웰이 이끄는 부대는 국왕군과의 전투에서 뛰어난 전과를 올렸다. 특히 1644년에 벌어진 마스턴 무어 전투에서 큰 승리를 거둔 후 '철기대'라는 명예로운 이름까지 얻었다. 1644년 이후, 의회군 내의 온건파마저 오직 승리만이 권리를 실현할 길이라는 것을 깨닫고 강경파로 돌아섰으며, 의회군이 총공세에 나서면서 역사에 길이 남을 네이즈비 전투의 서막이 올랐다.

네이즈비 교전

1645년 6월, 의회군과 국왕군의 주력 부대가 네이즈비 근처에서 맞부딪쳤다. 국왕군은 네이즈비에서 북쪽으로 8킬로미터 정도 떨어진 구릉에 주둔했고, 의회군은 네이즈비에서 남쪽으로 8킬로미터 부근에 자리를 잡았다. 양측은 서로 기회를 엿볼 뿐 섣불리 먼저 움직이지 않았다. 6월 14일 새벽, 의회군 총사령관 페어팩스는 국왕군이 철수한 줄 알고 그 뒤를 쫓으라고 명령했다. 그러나 후퇴한 줄로만 알았던 국왕군이 갑자기 총공격을 펼치기 시작했고, 페어팩스는 속았다는 것을 깨달았다. 이 절체절명의 순간, 페어팩스는 이 상황을 이용해 오히려 적을 유인하는 계책을 세우고 바로 전군에 퇴각 명령을 내렸다.

아니나 다를까, 국왕군 총사령관 루퍼트는 페어팩스의 계략에 걸려들었다. 루퍼트는 의회군이 자신들에게 밀려 후퇴하는 줄 알고 뒤를 쫓으라고 명령했다. 그리고 곧바로 찰스 1세에게 보고했다. 이때 페어팩스는 단번에 적을 섬멸할 수 있는 유리한 고지에 자리를 잡았다. 이 소식을 전해들은 다른 의회군도 페어팩스 부대에 합류해 마지막 결전을 준비했다. 오전 10시경, 국왕군의 추격 부대가 도착하자마자 포성이 울리며 격전이 시작되었다.

찰스 1세는 국왕군을 세 부대로 나누어 제1선의 중앙에 보병을 배치하고 애스틀리에게 지휘를 맡겼다. 오른쪽에는 루퍼트가 이끄는

▼ 지휘관 크롬웰
네이즈비 전투에서 크롬웰(오른쪽)은 직접 전선에 나가 작전을 지휘했다.

기병을, 그리고 왼쪽에는 랭데일이 지휘하는 기병을 배치했다. 제2선은 하워드가 이끄는 보병을 배치하고, 후방은 자신이 직접 지휘하는 근위대를 배치했다. 이에 비해 의회군은 왼쪽, 중앙, 오른쪽으로 대형을 삼분해서 스키폰의 보병이 중앙, 아이어턴과 크롬웰이 이끄는 기병이 각각 왼쪽과 오른쪽을 맡았을 뿐, 만일의 사태에 투입할 예비 병력은 겨우 세 개 군단밖에 없었다.

교전이 시작된 지 얼마 지나지 않아 의회군의 왼쪽을 지휘하던 아이어턴이 총탄에 맞았고, 지휘관을 잃은 의회군은 순식간에 무너졌다. 이들을 상대하던 국왕군 오른쪽 부대의 루퍼트 총사령관은 의회군 왼쪽 부대를 궤멸시키고 네이즈비까지 추격했다. 왼쪽 부대가 무너진 상황에서 의

회군의 중앙군은 국왕군의 중앙군과 오른쪽 부대 사이에 끼어 양쪽에서 공격당했다. 그러던 중에 사령관 스키폰이 부상을 당해 의회군은 중앙군마저 위태로워졌다.

사면초가의 상황에서 크롬웰은 오히려 과감한 작전을 펼쳤다. 그는 오른쪽 부대의 3,000여 기병에게 국왕군의 왼쪽 부대를 집중적으로 공격하라고 명령했다. 죽을 각오로 적을 향해 돌진한 철기군은 몇 차례 교전한 끝에 결국 국왕군의 부대를 궤멸시켰다. 이어서 크롬웰은 오른쪽 부대의 기병에게 중앙으로 가서 국왕군의 중앙군 왼쪽을 공격하라고 명령했다. 예상 밖의 공격에 국왕군의 중앙군은 우왕좌왕했고, 고전하던 의회군의 중앙군은 크롬웰의 부대가 도착하자 힘을 합쳐 반격을 개시했다. 국왕군의 중앙군은 갈수록 수세에 몰려 제2선의 보병 부대마저 심각한 타격을 입었다. 확연하게 형세가 불리해지자 찰스 1세는 근위대를 내보내 애스틀리의 중앙군을 지원하게 했다. 그런데 바로 이때, 황당한 일이 벌어졌다. 찰스 1세가 탄 말이 갑자기 전장을 벗어나 오른쪽으로 내달린 것이다. 이에 당황한 찰스 1세의 근위대도 국왕을 따라 오른쪽으로 달리기 시작했다. 이로써 찰스 1세의 지원을 받지 못한 국왕군의 중앙군은 크롬웰이 이끄는 철기군의 공격에 무너졌다. 이 전투에서 패한 후 국왕군은 더 이상 재기의 발판을 마련하지 못한 채 완전히 무너졌고, 승리의 여신은 의회군을 향해 미소를 지었다.

1646년, 의회군은 국왕군의 본진을 격파하고 찰스 1세를 사로잡았다.

찰스 1세의 말로

시대를 역행한 죄로 찰스 1세는 한 나라의 군주에서 포로로 전락하고 말았다. 그러나 찰스 1세는 유폐된 상태에서도 지난날의 영화를 되찾고자 폭동을 꾸몄다. 그 결과, 더는 국왕의 악행을 참지 못한 군중의 비난을 받으며 단두대에 오르게 되었다. 영국 내전을 마무리 지은 국왕 처형 사건은 전 유럽을 충격에 빠뜨렸다.

제2차 내전

▼ 크롬웰의 초상화
크롬웰은 영국 내전에서 뛰어난 공을 세운 지휘관으로, 의회군이 국왕군을 격파하는 데 결정적 역할을 했다.

1646년 6월, 의회군이 국왕파 본진이 주둔한 옥스퍼드를 공격하자 국왕 찰스 1세는 변장한 채 스코틀랜드로 도망쳤다. 얼마 후, 영국 의회는 스코틀랜드 의회와 협상해 40만 파운드를 주고 찰스 1세를 넘겨받았다. 이후 찰스 1세는 영국 의회의 포로 신세가 되어 햄프턴 궁에 갇혔으나, 비교적 자유롭게 생활할 수 있었다.

찰스 1세를 가둔 의회는 왕을 어떻게 할지를 놓고 갈등을 빚었다. 크롬웰을 비롯한 의원 대다수는 국왕을 처형할 뜻이 없었다. 오히려 국왕이 어느 정도 양보하는 선에서 사태를 일단락 지을 생각까지 하고 있었다. 그러나 찰스 1세는 잘못을 뉘우치기는커녕 1647년 10월부터 자신을 지지하는 스코틀랜드인들과 은밀히 만나 스코틀랜드의 봉건 귀족들과 힘을 합쳐 영국 통치권을 되찾을 음모를 꾸몄다. 11월 11일 밤, 찰스 1세는 햄프턴 궁의 수비가 허술한 틈을 타 남부의 아일 오브 와이트로 도망쳐 스코틀랜드에서 온 사자를 만났다.

찰스 1세가 도망쳤다는 소식이 퍼지자 온 영국이 들썩거렸다. 민중과 하층 기사들은 당장 왕을 잡아들이라고 아우성쳤다. 처음에 크롬웰은 국왕이 도망쳐서 오히려 다행이라고 생각했다. 국왕과 정면으로 충돌하는 일만은 피하고 싶었기 때문이다. 그는 이러나저러나 왕은 왕이라고 생각하며 찰스 1세가 자신들의 요구 사항을 들어줄 것이라는 환상까지 품고 있었다. 그러나 11월 21일, 크롬웰의 생각을 바꿔놓은 사건이 발생했다. 찰스 1세가 스코틀랜드인과 손을 잡을망정 크롬웰과는 협상하지 않겠다는 내용의 밀서를 왕비에게 보냈는데,

그것이 크롬웰의 손에 들어간 것이다. 게다가 의회파를 제압하고 나면 스코틀랜드인에게 여러 가지 특혜를 주겠다는 내용도 쓰여 있었다. 국왕에 대한 믿음이 산산이 조각나는 순간이었다. 이에 크롬웰은 국왕과 협상할 마음을 버리게 되었다. 11월 말, 크롬웰은 자신을 만나러 온 국왕의 사자에게 이렇게 말했다. "나는 언제나 국왕에게 충성을 바칠 각오가 되어 있었다. 그러나 그렇다고 해서 국왕을 위해 자멸할 생각은 없다."

1647년 12월 26일, 찰스 1세와 스코틀랜드인은 비밀 협정을 맺었다. 스코틀랜드인은 찰스 1

▲ 왕당파 헨리 리치

헨리 리치는 첫 번째 영국 네덜란드 백작이다. 영국 내전이 발발하자 영국 왕당파의 핵심 인물이 되어 활약했고, 1648년의 제2차 내전 시기에 사로잡혀 반역죄로 처형되었다.

세에게 군대를 파견해 왕위 회복을 돕고 영국 의회군과 의회를 해산시키겠다고 제안했다. 이에 찰스 1세는 스코틀랜드인이 믿는 교파를 영국 전역에 전파시키겠다고 약속했다. 또다시 내전의 시작되려는 순간이었다.

1648년 2월, 남웨일스에서 왕당파가 폭동을 일으키자 스코틀랜드인은 곧바로 행동에 나섰다. 원래 영국 의회와 손을 잡았던 스코틀랜드인이 비밀 협정에 따라 찰스 1세를 지지하면서 제2차 영국 내전이 일어났다. 이에 런던과 다른 도시에 남아 있던 왕당파도 움직이기 시작했고, 일부 해군 함대마저 왕당파에 가세하면서 상황은 긴박하게 돌아갔다.

외부의 적이 쳐들어오는 마당에 같은 편끼리 계속 반목할 수는 없었다. 의회군은 다시 전선으로 향해 국왕군과 맞섰고, 목숨을 내던지며 용감하게 싸웠다. 게다가 그들 뒤에는 민중이 버티고 있었기에 전세는 금세 역전되었다. 1648년 7월 초, 의회군은 남웨일스에서 일어난 왕당파의 반란을 잠재웠다. 그리고 그해 8월, 의회군이 왕당파 군대를 완전히 제압하면서 제2차 내전은 끝이 났다.

국왕을 어찌할 것인가

1648년 12월, 찰스 1세는 다시 포로 신세가 되어 윈저 궁에 갇혔다. 막 감금될 때만 하더라도 찰스 1세는 왕답게 거드름을 피우며 무례한 시종의 태도를 꾸짖었다. "국왕의 권위를 능멸하는 것보다 비참한 것이 어디 있느냐!" 그러나 그로부터 몇 달도 채 지나지 않아 찰스 1세는 그보다 훨씬 비참한 일이 있다는 것을 알게 되었다.

제2차 내전에서도 승리를 거두었지만, 크롬웰을 비롯한 의회파는 여전히 국왕을 어떻게 처리해야 할지를 놓고 고심했다. 의회파는 국왕을 처형할 생각도, 군주제를 폐지할 뜻도 없었다. 그러나 민중과 하급 군인들은 달랐다. 민중의 성화에 못 이겨 의회는 결국 국왕의 재판 문제를 토론하기로 했다. 하지만 그 후로도 보름 가까이 재판 여부를 놓고 옥신각신하다가, 12월 28일에야 드디어 하원에서 반역, 내전 초래, 폭정, 불법 체포 및 구금 등을 이유로 국왕 찰스 1세를 재판에 넘기기로 하는 결의안을 통과시켰다.

그러나 국왕에 대한 재판을 어쩔 수 없는 선택이었다고 생각한 크롬웰은 12월 말 국왕 재판을 논의하는 자리에서 이렇게 말한다. "누구라도 국왕을 폐위하고 그 자손의 왕위 계승권을 박탈한다면, 그는 가장 무도한 반역자이자 왕실을 거스른 대역 죄인이 될 것이다. 그러나 지금 하느님이 우리에게 그 역할을 맡겼으니 따르지 않을 길이 없다."

영국 의회는 상원과 하원으로 나뉜다. 당시 법률 규정에서, 결의안이 최종적으로 법적 효력을 얻으려면 먼저 하원을 통과한 다음 상원의 동의를 얻어야만 했다. 그런데 하원이 결의안을 제출하자 상원의원 16명이 모두 반대표를 던졌다. 이 같은 결과에 민중과 군인들은 크게 분노해서 상원이 동의하지 않는다면 하원에 최고 권력을 부여하기로 했다. 1649년 1월 4일, 민중과 군인들의 적극적인 지지 속에서 하원에 최고 권력을 부여한다는 결의안이 통과되었다. 결의안의 내용은 다음과 같았다. '국가의 법은 국민에게서 나오며, 국민을 대표하는 하원은 최고 권력 기관이다. 하원의 결의안은 상원과 국왕의 동의를 거치지 않고도 효력을 발휘한다.'

이리하여 1월 6일에 하원은 국왕 찰스 1세의 재판에 관한 최종 결의안을 통과시켰다. 그리고 법관과 의원, 고위 장교 135명으로 구성된 특별 법정을 구성했다.

단두대에 오른 찰스 1세

1649년 1월 20일, 찰스 1세에 대한 재판이 시작되었다. 고소장의 내용은 이러했다. '국왕은 국가의 평화와 국민의 이익을 위해 최선을 다해야 한다. 그러나 찰스 1세는 권력욕에 눈이 멀어 폭정을 일삼고 의회가 자신의 무리한 요구를 들어주지 않는다는 이유로 내전을 일으켜 수많은 인명을 죽음으로 내몰았다. 그는 국민에게 크나큰 범죄를 저질렀다.'

고등법원은 만장일치로 국왕의 처벌안을 통과시켰다. 그런데 산 넘어 산이라더니, 이번에는 처벌 방법을 두고 의견이 갈렸다. 일부 재판관이 국왕을 사형시키자고 건의하자 수많은 사람이 반대하고 나섰다. 과거 국왕군과의 전투를 이끈 의회군 총사령관 페어팩스는 판결하는 자리에 출석하지 않겠다고 선언하기까지 했다. 그러나 찰스 1세를 사형에 처해야 한다는 민중과 군인들의 뜻은 너무도 확고했다. 결국, 찰스 1세는 자신이 뿌린 대로 거두게 된다.

1월 20일, 찰스 1세는 런던 웨스트민스터 홀로 끌려갔다. 그는 이제 곧 재판을 받을 것이며 가장 비참한 최후를 맞이하게 될 것이었다. 그런데도 찰스 1세는 언제나처럼 오만하게 행동했다. 심지어 자신을 피고라고 생각하지도 않고 재판관이 자신에 대한 소송장을 다 읽자 무엇에 근거해 자신을 심판하느냐고 따졌다. 사실 왕의 말은 틀리지 않았다. 전제 왕권 국가에 국왕을 심문하는 것에 관한 법률 조항이 있을 리 없었다. 그래서 재판관들은 로마법에 근거해 재판을 진행했다.

1월 27일, 국왕에 대한 최종 판결문에 서명하는 자리에는 특별 법정 재판관 135명 중 67명만 참석했다. 그중에서도 판결문에 서명한 사람은 52명뿐이었다. 이는 아직도 국왕을 지지하는 사람이 많다는 뜻이었다. 판결문의 내용은 이러했다. '그는 폭군이자 반역자, 살인자, 선량한 국민의 공적이다. 이에 찰스 1세를 사형에 처하며, 1월 30일에 형을 집행한다.'

1월 30일, 구름 한 점 없이 맑은 날이었지만 뼛속까지 스미는 칼바람이 불었다. 화이트홀 궁전 앞에 마련된 처형장 주변은 단두대에 오르는 찰스 1세를 보기 위해 모인 사람들로 발 디딜 틈이 없었다. 민중의 손으로 국왕을 처형하는 일은 영국은 물론이고 전 유럽에서 처음 있는 일이었다. 이 자리에 모인 사람들은 모두 역사적 사건의 증인인 셈이었다.

이때 찰스 1세는 이미 화이트홀 궁전에서 멀지 않은 방에 끌려와 있었다. 그곳에서 그는 삶의 마지막을 준비하고 있었다. 자녀 두 명

▼ 찰스 1세의 죽음
1649년 1월 30일, 찰스 1세는 화이트홀 궁전 앞에서 단두대로 보내진다.

34

과 작별 인사를 마쳤고 신에게 마지막 기도를 올렸다. 찰스 1세는 자신의 목이 떨어지는 모습을 구경하기 위해 몰려든 사람들을 보고도 그다지 두려워하지 않았다. 그는 시대를 거스른 것에 대한 죗값을 치러야 했다. 이제 곧 형장의 이슬로 사라질 운명이었지만, 찰스 1세는 왕으로서의 위엄을 잃지 않았다. 그는 담담하게 옷매무시를 고쳤다. 살을 에는 추위에 대비해 찰스 1세는 특별히 옷 두 벌을 더 껴입었다. 칼바람에 덜덜 떠는 모습을 보고 사람들이 그가 두려워서 떠는 것으로 오해하지 않도록 하기 위해서였다. 마침내 찰스 1세는 단두대에 올랐다. 죽음을 앞에 두고도 찰스 1세는 왕의 위엄과 기품을 잃지 않으려고 온 힘을 다했다. 그는 구경꾼들을 향해 이렇게 말했다. "나는 나를 단두대에 보낸 자들을 용서하겠노라. 용서는 국왕의 권력이니 말이다." 말을 마친 찰스 1세는 마음속으로 기도를 올렸다. 그리고 얼마 후, 그는 영원히 변치 않는 나라로 떠났다.

찰스 1세의 죽음은 유럽 봉건 왕조들의 분노를 불러일으켰고, 각국의 군주들은 감히 국왕을 사형에 처한 크롬웰을 저주했다. 같은 해 5월 19일, 그들의 비난 속에서 영국 의회는 공화국의 수립을 선포했다.

마리아 왕비

앙리에타 마리아가 영국으로 시집오면서 영국은 변혁의 시대로 들어섰다. 그런데 마리아 왕비는 단순히 구경꾼에 머무르지 않고 이 변혁에 적극적으로 참여했다. 어떤 의미에서 보자면 이 변혁이 발생하는 데 그녀가 어느 정도 영향을 미쳤다고 할 수도 있다. 마리아 왕비는 권력을 갈망했고 만인이 우러러보는 존재가 되고 싶었다. 결국, 그녀는 자신의 바람대로 영국 역사는 물론이고 세계 역사에도 그 이름 한 줄을 남겼다.

뜻밖의 결혼

영국 국왕 제임스 1세는 아들 찰스가 아직 왕자 신분일 때부터 스페인 공주를 며느리로 맞이하려고 물밑 협상을 벌였다. 이 정략결혼을 통해 영국의 지위를 공고히 다지려는 생각이었다. 그러나 30년 전쟁 중에 가톨릭을 버리고 성공회를 국교로 받아들인 영국은 가톨릭을 믿는 스페인과는 같은 길을 갈 수 없었다. 당연히 스페인은 제임스 1세의 요청을 거절했다. 그 후 찰스의 왕비로 거론된 인물이 바로 프랑스 공주 앙리에타 마리아였다. 그러나 앙리에타 마리아도 가톨릭교도였기 때문에 그녀를 왕비로 받아들이면서부터 영국에 변혁의 기운이 움트기 시작했다.

▼ 마리아 왕비의 초상

1625년 6월, 영국 왕위에 오른 찰스 1세는 정식으로 앙리에타 마리아를 왕비로 맞았다. 솔직한 성품의 앙리에타 마리아는 영국에 도착한 순간부터 답답한 마음을 감추지 못했다. 영국의 종교, 언어, 제도 등 무엇 하나 마음에 드는 것이 없었다. 마리아 왕비는 결혼하고 얼마 동안은 찰스 1세에게조차 무례하게 굴었다. 걸핏하면 찰스 1세가 듣는 자리에서 영국이 프랑스보다 한참 뒤처진다고 깎아내리기 일쑤였다. 결국, 이를 참다못한 찰스 1세는 왕비가 프랑스에서 데려온 시종들을 돌려보내고 모든 시종을 영국인으로 바꿔 영국의 모든 것을 받아들이고 적응하도록 했다.

그 후, 앙리에타 마리아는 차츰 남편에 대한 태도를 바꾸게 되었다. 그리고 프랑스에서 멀리 떨어진 영국으로 시집오면서 삶의 낙을 잃었던 마리아는 얼마 지나지 않아 매혹적인 대상을 발견했다. 그것은 다름 아닌 권력이었다. 마리아 왕비는 의회와 대치하는 남편을 적극적으로 지지했다. 그러면서 젊은 국왕의 정책에 자신의 생각을 반영하기 시작했다. 찰스 1세도 아내의 간섭을 기꺼

▲ 찰스 1세 부부

두 사람은 1625년 6월 12일에 결혼해 슬하에 자녀 아홉 명을 두었다.

이 받아들였다. 원래 그의 왕비가 될 사람은 앙리에타 마리아가 아니었던 데다 그녀가 유럽 대륙의 변방인 영국까지 시집와서 자신의 왕비가 되어 준 것에 매우 고마워했기 때문이다.

문제는 앙리에타 마리아가 독실한 가톨릭교도라는 데 있었다. 영국 국교회 교도들은 이 문제로 골머리를 앓았지만, 국왕과 충돌하는 일을 피하고자 일부러 들추지 않았다. 그 와중에 찰스 1세는 왕비의 환심을 사려고 그녀가 바라는 것이라면 무엇이든지 들어주었다. 앙리에타 마리아는 찰스 1세에게 그 어떤 무리한 요구도 서슴지 않았다. 한 예로, 민중이 진심으로 왕비를 떠받들게 하려면 국왕이 솔선수범을 보여야 한다며 어떤 일이든 자신과 상의하고 자신의 '합리적'인 조언을 받아들이라고 요구했다. 어쩌다 찰스 1세가 그녀의 뜻을 따르지 않으면 불같이 화를 내며 그의 인품을 모욕했다. 그런데도 찰스 1세는 왕비가 휘두르는 채찍을 꺾기는커녕 언제나 순한 양처럼 고분고분 그 뜻을 받아주었다.

성정이 억센 왕비의 주변으로 순식간에 사람들이 몰려들었다. 성직자, 대신, 귀족 등 왕비 곁에 몰려든 파리떼는 왕비가 권력욕의 화신이며 원하는 것은 기필코 얻고야 마는 사람이라는 것을 간파하고, 왕비의 곁에 머물면서 그녀의 환심을 사려고 온갖 아첨을 떨었다. 그들은 왕비와 유럽 대륙의 풍속, 문화를 비롯해 천주교와는 한 배를 탈 수 없는 영국 국교회에 대해서도 토론했다. 또 왕비의 입김으로 국왕에게 발탁되기도 했다.

내전 중의 왕비

앙리에타 마리아는 점점 적극적으로 국정에 참여했고, 찰스 1세가 내전을 일으킬 때에도 그 뜻에 동참했다. 그녀는 권력에 무한한 갈증을 느꼈다. 그래서 의회가 국왕의 결정에 감 놔라 배 놔라 할 수 없도록 남편이 영국의 모든 권력을 손에 넣길 바랐다. 그것이 곧 자신의 권력을 강화하는 길이었기 때문이다.

왕당파 군대는 내전에 쓸 대량의 무기와 탄약이 필요했다. 1642년 초, 왕당파가 지배하는 지역은 의회파가 지배하는 지역보다 빈곤해서 탄약이 금세 바닥을 드러냈다. 그러자 드디어 마리아 왕비가 나섰다. 그녀는 자신의 귀금속을 포함해 왕실의 보석을 가지고 네덜란드로 가서 무기와 탄약으로 바꿔오겠다고 했다. 또 그 김에 유럽 각국 군주들의 지지를 얻어내고 다시 영국으로 돌아와 요크에 머물겠다고 했다. 그때 찰스 1세는 시간을 벌기 위해 의회와 협상을 계속하며 천천히 북쪽으로 퇴각했다. 그곳에서 기회를 엿보며 다시 의회파를 공격할 셈이었다. 모든 준비를 마치고 1642년 1월 20일에 앙리에타 마리아 왕비는 비밀리에 유럽 대륙으로 출발했다.

네덜란드로 향한 마리아는 그곳에서 머문 1년여 동안 단순히 무기와 탄약만 사들인 것이 아니라 탁월한 정치적 수완을 유감없이 발휘했다. 부탁할 때의 마리아는 거만한 태도를 버리고 너그러운 왕비로 변신했다. 그리고 듣기 좋은 말로 상대방을 구슬려 자기편으로 만들었다. 그리하여 자유에 목매는 네덜란드인들마저 왕비의 달콤한 언변에 속아 넘어가 찰스 1세의 전제 정권을 지지하게 되었다.

왕비가 네덜란드에 머무는 동안, 영국 의회도 네덜란드의 수도 헤이그로 특사 월터를 파견했다. 의회는 과거에 영국이 네덜란드가 스페인의 통치에서 벗어나 독립 국가를 세우는 데 일조했던 사실을 잊지 말 것과 영국이 군주의 전제 정치에서 벗어나 공화국이 될 수 있도록 내분에 끼어들지 말 것을 요청할 참이었다. 그러나 일은 생각처럼 순조롭게 풀리지 않았다. 네덜란드 총독은 월터의 면담 요청을 거절했고, 네덜란드 민중도 특사보다는 마리아 왕비에게 더 호의적이었다. 월터는 온갖 노력을 한 끝에 겨우 네덜란드 정부로부터 뜨뜻미지근한 승낙을 받아냈다. 그러나 그의 노력에도, 1643년 2월에 앙리에타 마리아 왕비가 네덜란드에서 마련한 화약과 무기, 군사를 가득 실은 전함 네 척을 이끌고 영국으로 돌아왔다.

이 소식을 들은 의회는 의회파 군대에 왕비가 가져온 군수물자가 국왕군의 손에 들어가지 않도록 상륙을 막으라고 지시했다. 그러나 의회군이 군사를 이끌고 달려갔을 때에는 앙리에타 마리아 왕비가 탄 배가 이미 브리들링턴 항구에 도착해 있었다. 의회군 지휘관은 즉시 공격 명령을 내렸다. 이에 이때 부두에 머물고 있던 앙리에타 마리아 왕비는 뜻하지 않은 공격을 받게 되었다. 사방에 포탄이 떨어지고 그녀의 침실에까지 총탄이 날아들었다. 그 후, 앙리에타 마리아 왕비가 용감하게 적에 맞서 싸웠고 위기의 순간에도 눈 하나 깜짝하지 않았다는 소문이 전국으로 퍼졌다. 이에 뉴캐슬 공작이 군사를 이끌고 와서 왕비를 약속 장소인 요크까지 호위했다. 한편, 왕비의 군대를 공격한 의회군 지휘관은 한순간에 반역자로 몰렸다. 뉴캐슬 공작은 요크 지역에서 군사와 군수물자를 모으며 신속하게 군대를 확충했다. 그러자 뉴캐슬 공작의 군대를 '가톨릭과 왕비의 군대'라고 모함해 영국 국교도들의 불만을 고조시키고 뉴캐슬 공작의 공을 폄하하고 위협하려는 이들도 있었지만 그다지 성과를 거두지는 못했다.

▼ 찰스 1세의 자녀들
찰스 1세와 마리아 왕비가 낳은 다섯 자녀이다. (왼쪽부터) 메리 공주, 제임스 2세, 찰스 2세, 엘리자베스 공주와 앤 공주이다.

의회군의 손아귀에서 벗어난 앙리에타 마리아 왕비는 계속 요크에 머물렀다. 왕비는 서둘러 찰스 1세를 만나러 가지 않았다. 혼자 요크에 머물면 마음대로 명령을 내릴 수도 있고 거리낌 없이 권력을 휘두를 수 있기 때문이었다. 마리아는 스코틀랜드에서 달려온 해밀턴, 몬트로즈와 함께 스코틀랜드의 힘을 빌릴 방법을 논의했다. 해밀턴은 스코틀랜드 의회의 지지를 얻고자 했고, 몬트로즈는 북아일랜드 후작들의 도움을 받아 의회 내의 불순분자들을 처단하자고 했다. 왕비는 두 사람의 의견에 따르면서 의회 내의 왕당파와도 은밀하게 연락해 많은 성과를 거두었다. 또 찰스 1세에게 편지를 보내서 의회와 협상하지 말고 기존의 입장을 고수하라고 거듭 당부했다. 이에 찰스 1세는 일부 대신들이 제기한 휴전 방안을 거절하고, 스코틀랜드의 사자가 영국 국왕과 의회의 관계 개선을 위해 나서겠다는 데도 단호하게 거절했다. 심지어 스코틀랜드 사자에게 자신더러 의회에 무릎을 꿇으라는 뜻이냐며 영국 국왕을 모욕하지 말라고 경고하기까지 했다.

영국 내전이 순식간에 격화된 데는 앙리에타 마리아가 찰스 1세를 지지한 탓이 크다. 그리고 그녀는 이때 권력의 매력에 흠뻑 취하게 된다.

권력의 소용돌이에서 비켜서다

앙리에타 마리아는 찰스 1세와의 사이에 왕정이 복고되면서 왕위에 오른 찰스 2세와 명예혁명 중 왕위에서 끌어내려진 제임스 2세를 포함해 자녀 아홉 명을 두었다. 앙리에타 마리아 왕비는 권력에 빠지긴 했지만, 가족에 대한 애정만큼은 누구에게도 뒤지지 않는 좋은 어머니이자 아내였다.

1644년에 앙리에타 마리아는 아홉 번째 아이를 낳았다. 당시에 찰스 1세는 내전 중인 영국에 머무는 것이 왕비와 갓 태어난 아이에게 안전하지 않다고 생각해 잠시 프랑스로 피해 있으라고 권유했다. 앙리에타 마리아는 남편의 뜻에 따라 영국을 떠났지만 그 길로 영영 이별하게 될 줄은 꿈에도 생각지 못했다. 프랑스로 돌아가서도 마리아 왕비는 찰스 1세를 돕기 위해 프랑스와 유럽 각국에 원조를 요청하면서 자신의 힘을 과시했다. 그러나 마리아 왕비가 제아무리 탁월한 수완가라고 해도 찰스 1세의 몰락을 막을 수는 없었다.

1649년 1월, 찰스 1세가 단두대에 오르면서 영국은 공화국이 되었다. 이후 앙리에타 마리아는 왕정이 복고되어 아들 찰스 2세가 왕위에 오르는 것까지 보고 나서 1669년 8월에 프랑스에서 눈을 감았다. 그런데 그녀는 죽어서도 영국의 운명에 영향을 미쳤다. 그녀가 두 아들 찰스 2세와 제임스 2세를 독실한 가톨릭교도로 키운 탓에 국교가 아닌 다른 신앙을 신봉하는 이가 왕위에 오르면서 1688년에 영국의 명예혁명이 촉발되었기 때문이다. 이를 계기로 영국은 입헌군주제 국가의 기틀을 다졌다. 이 점에서 보면, 앙리에타 마리아 왕비는 영국의 발전에 크나큰 영향을 미친 인물인 것이 분명하다.

모순의 독재자 크롬웰

크롬웰은 의회군의 지도자로 영국 내전을 거치며 성공한 인물이다. 영국이 전제군주제의 그늘에서 벗어나면서 크롬웰의 권력욕도 커지기 시작했다. 청교도였던 크롬웰은 원래 민주주의를 지향했으나 점점 독재의 길로 빠져들어 독재적인 호국경이 되었다.

정치에 다가서다

1599년 4월, 크롬웰은 잉글랜드 동부 헌팅던의 젠트리 계층 집안에서 태어나 유복한 환경에서 좋은 교육을 받으며 성장했다. 1616년에 크롬웰은 케임브리지 대학에 입학해 공부하면서 청교도주의의 영향을 크게 받아 독실한 청교도가 되었다. 그 밖에도 다양한 분야의 지식을 습득하는 한편 승마와 사냥에 푹 빠져서 연습을 게을리하지 않았다. 이때 익힌 기마술과 사격술은 훗날 그가 군대를 이끄는 데 큰 도움이 되었다.

1617년에 아버지가 갑자기 세상을 뜨는 바람에 크롬웰이 집안의 가장이 되었다. 이후 런던으로 간 크롬웰은 부유한 상인의 딸 엘리자베스를 알게 되었고 1620년에 그녀와 결혼했다. 아버지에게서 엄청난 재산을 물려받은 데다 엘리자베스가 시집올 때 가져온 막대한 혼수 덕분에 재력가가 된 크롬웰은 고향 헌팅던으로 돌아가서 정치에 입문하기로 했다.

▼ 올리버 크롬웰

올리버 크롬웰(1599~1658)은 영국의 정치가이자 군인, 종교 지도자였다. 1653년에 호국경으로 불리며 독재 정치를 펼쳤다.

전쟁을 통해 성장하다

1628년에 크롬웰은 헌팅던 지역구 의원에 선출되어 현지의 유력 인사가 되었으나, 그로부터 얼마 지나지 않아 찰스 1세가 의회를 해산했다. 그 후 1640년에 찰스 1세가 전쟁 비용을 충당하려고 다시 의회를 소집했을 때 크롬웰은 단숨에 하원에 입성해서 왕권에 맞섰다.

1642년 8월에 영국 내전이 발발하자 크롬웰은 사비를 털어 무기와 군수물자를 마련하고 지원병들을 모아 군사 훈련을 했다. 내전이 일어난 지 일주일 되었을 때, 크롬웰은 자신이 조직한 기병대 60명을 점검하고 2주 후에 이들을 이끌고 에식스 백작이 지휘하는 의회군의 주력 부대로 들어갔다. 기병 부대에 배치된 크롬웰은 에지힐 전투에 참가했다. 이 전투에서 의회군이 국왕군에 패했는데, 크롬웰은 그 원인을 자세히 분석하고 명철한 판단을 내려 의회군의 지휘관 햄프든에게 보고했다. 이를 계기로 크롬웰은 햄프든의 눈에 들었다.

1643년 봄, 크롬웰은 의회군 대령으로 진급해 기병대를 모집하고 훈련하는 일을 맡았다. 크롬웰은 용감하고 강인한 데다 능력까지 탁월했기 때문에 수많은 자영농이 그의 기병대에 자원해 순식간에 부대를 조직하게 되었다. 이후 크롬웰은 자신이 훈련시킨 기병대를 이끌고 전쟁터를 누비며 잇달아 승리를 거두었다. 그전까지 연이어 승전보를 울리던 국왕군은 뜻밖의 패배를 안겨준 '크롬웰'에게 주목하기 시작했다. 1644년 7월 2일, 마스턴무어 전투의 포성이 울렸다. 영국 내전에서 매우 중요한 전투로 기록된 이 전투에서 국왕군의 루퍼트 공은 크롬웰과 승부를 겨루고 싶어 했다.

양측은 전통적인 방식으로 대형을 세웠다. 주력군인 보병은 중앙에, 그리고 보병 뒤에 기병을 배치했다. 의회군은 고지대에 자리를 잡았고 국왕군은 숲 뒤쪽에 진을 쳐서 양쪽 모두 유리한 지형을 차지하고 있었기 때문에 어느 쪽도 섣불리 먼저 군사를 움직이지 않았다. 그렇게 양측은 저녁이 될 때까지 대치했다. 저녁 7시 무렵, 갑자기 폭우가 쏟아지면서 천둥번개가 내리쳤다. 이에 루퍼트 공은 다음 날 날이 밝으면 전투를 치러야겠다고 생각했는데, 크롬웰이 이끄는 의회군은 천둥소리를 뚫고 공격해 왔다. 루퍼트 공은 서둘러 대오를 갖추고 적에 맞서려 했지만 크롬웰의 기병대는 그럴 틈도 주지 않고 순식간에 국왕군을 덮쳤다. 한바탕 살육을 벌인 의회군은 대승을 거두었고 이때 루퍼트 공은 하마터면 포로로 잡힐 뻔했다. 이후로 크롬웰의 기병대는 '철기대'라는 이름을 얻었다.

이후 국왕군과의 승부를 가를 결정적인 전투였던 네이즈비 전투에서 의회군이 위기에 몰렸을 때, 크롬웰의 '신新모범군' 기병대가

▲ 국왕군과 의회군의 깃발
왼쪽 깃발은 네이즈비 전투에 쓰인 국왕군의 깃발이고, 오른쪽은 크롬웰의 의회군이 사용한 깃발이다.

전세를 역전시키면서 의회군에 승리를 안겨주었다. 이렇게 수많은 전투를 거치면서 세력을 키운 크롬웰은 내전이 끝날 무렵에는 이미 의회군의 핵심 인물이 되어 있었다.

전제 정치

1649년 1월 30일, 찰스 1세가 단두대의 이슬로 사라졌다. 그리고 2월 들어 하원은 상원과 왕권을 폐지하는 결의안을 통과시켰으며, 이때의 영국은 이미 공화국이 되어 있었다. 이 밖에 2월에 통과된 결의안에 따라 국가의 행정권은 41명으로 구성된 국무회의에 넘겨졌다. 국무회의의 구성원은 대부분이 의회 의원이었다. 그들 가운데 지위와 명망이 가장 높은 크롬웰이 영국의 실질적 통치자가 되었다.

잉글랜드가 공화국이 된 후에도 스코틀랜드와 아일랜드에는 평화가 찾아오지 않았다. 찰스 1세의 아들, 즉 훗날 왕정이 복고되면서 왕위에 오르는 찰스 2세는 잉글랜드를 공격하기 위해 스코틀랜드에서 힘을 모으고 있었고 아일랜드 왕당파도 기회를 엿보고 있었다. 결국, 크롬웰은 다시 전쟁터로 향할 수밖에 없었다. 1649년 8월에 1만 대군을 이끌고 아일랜드로 향한 크롬웰은 아일랜드에 행복과 평화를 가져다주겠다고 선언했다. 그러나 그가 데려온 1만 대군은 아일랜드를 피바다로 만들었다. 크롬웰은 가장 먼저 군사 2,000여 명이 지키는 드로이다를 공격했다. 이때 그는 전통적인 공성전 방식에 따라 성을 직접 공격하지 않고 성 안의 군사들이 투항할 때까지 포위하고 기다릴 수도 있었다. 그러나 크롬웰은 전투를 속전속결로 마무리 짓기 위해 대포로 성벽을 부수고 성 안으로 쳐들어갔다. 이것은 엄청난 인명을 희생시키는 잔인한 방법이

▼ 조지 멍크의 초상화

조지 멍크는 영국 부르주아 혁명 당시에 활동한 왕당파 인물이다. 탁월한 정치가로서 찰스 2세가 권력을 되찾는 데 중요한 역할을 했다.

GENERAL MONK

었다. 성을 함락한 크롬웰은 곧바로 전군에 학살 명령을 내렸고, 드로이다 성은 곧 시뻘건 지옥으로 변했다.

1650년에 크롬웰이 아일랜드의 연안을 모두 장악하자, 아일랜드는 더 이상의 반격을 포기했다. 이에 크롬웰은 아일랜드 정복 임무를 부하에게 맡기고, 자신은 찰스 스튜어트[3]와 스코틀랜드군을 토벌하기 위해 군대를 이끌고 스코틀랜드로 향했다. 1650년 7월 말, 크롬웰이 이끈 1만 6,000명의 대군이 스코틀랜드를 공략했다. 이때도 크롬웰은 서둘러 전투를 마무리 짓고 싶어 했지만, 스코틀랜드인은 정면 승부를 피하면서 계속 우회 전략을 펼쳤다. 그 결과, 크롬웰은 군량 부족과 전염병 때문에 제대로 전투를 치러 보지도 못하고 군사를 5,000명이나 잃고 말았다.

9월 1일, 크롬웰의 군대는 던바에서 야영을 했다. 그때, 2만 3,000명에 이르는 스코틀랜드 대군이 던바 근처의 산지를 점령했다. 수적으로 우세한 스코틀랜드군은 크롬웰의 군대를 격파할 수 있으리라고 자신했다. 이러한 절체절명의 상황에서도 크롬웰은 당황하지 않고 적의 진형을 자세히 살폈다. 그리고 스코틀랜드군을 무너뜨릴 약점을 발견했다. 적군은 산과 해안 사이의 좁고 긴 지대에 진을 쳤는데 군사 대부분이 오른쪽에 몰려 있었다. 이런 곳에서 크롬웰군이 선제공격을 펼친다면 스코틀랜드군은 속수무책으로 당할 수밖에 없었다.

스코틀랜드군은 크롬웰이 겨우 1만 군사로 선제공격을 감행하리라고는 상상도 하지 못했다. 크롬웰은 바로 그 점을 노리고 적이 방심한 틈을 타 공격하기로 했다. 9월 2일 저녁, 크롬웰은 공격 대형을 갖추도록 명령을 내렸다. 그리고 이튿날 동이 트자마자 스코틀랜드군을 향해 총공세를 펼쳤다. 불시의 습격을 받은 스코틀랜드군은 서둘러 대응 태세를 갖췄다. 처음에는 뜻밖의 공격에 우왕좌왕했으나, 수적으로 우세한 스코틀랜드군은 시간이 지날수록 대형이 안정을 찾아갔다. 바로 그때, 대형의 왼쪽 앞부분에서 또 다른 기마병들이 나타나 스코틀랜드군의 대형을 헤집기 시작했다. 안정되었던 스코틀랜드군의 대형은 생각지 못한 기마병의 출현에 또다시 무너졌다. 사실, 크롬웰은 총공세를 펼치기 전에 스코틀랜드군의 대형이 안정을 찾았을 때를 대비해 네 개 부대를 후발 부대로 남겨 두었는데 그

---

3) 훗날의 찰스 2세

의 예상은 그대로 적중했다. 크롬웰군에 크게 패한 스코틀랜드는 이후 완전히 영국의 지배를 받게 되었다.

스코틀랜드를 제압한 크롬웰이 런던에 입성할 때 거리는 온통 환영 인파로 북새통을 이루었다. 바람 앞의 등불 신세이던 영국을 구한 영웅이었기에 크롬웰의 위세는 하늘을 찔렀다. 그러나 크롬웰의 야망은 여기서 그치지 않았다.

호국경의 전제 정치

내전이 끝난 후, 영국 사회는 정치 환경이 빠르게 안정되고 평화와 행복을 선사할 새로운 정권이 세워지길 간절히 염원했다. 그리고 그 바람을 실현해줄 인물로 크롬웰을 선택했다. 크롬웰은 뛰어난 군인이면서 능수능란한 정치가이기도 했다. 군권을 손에 쥔 그는 권력의 정점에 섰고, 막강한 군대를 등에 업은 그에게 두려울 것은 없었다. 이때부터 크롬웰은 절대 권력을 휘두르기 시작했다.

1653년 4월 19일, 크롬웰은 런던 화이트홀에서 장교 회의를 소집해 의회의 자진 해산을 요구했다. 왕권과 오랜 힘겨루기 끝에 겨우 권력을 잡은 의회로서는 크롬웰의 요구가 청천벽력과 같았다. 이는 자연히 크롬웰에 대한 반발을 불러일으켰고, 4월 20일에 의회는 선거 법안을 통과시키고 공개적으로 크롬웰과 맞섰다. 이 소식을 들은 크롬웰은 불같이 화를 내며 당장 군대를 이끌고 의회로 난입해서 의원들에게 소리쳤다. "온종일 탁상공론만 할 뿐 너희가 하는 일이 무엇인가! 술이나 여자에 빠져 지내거나 부정부패만 일삼는 주제에! 이 나라는 너희가 아닌 더 유능한 사람을 선택해야 한다." 그러고는 강제로 의회를 해산했다.

의회가 없으니, 이제 크롬웰이 최고 권력자가 되는 것을 막을 수 있는 이는 아무도 없었다. 1653년 12월, 장교 회의에서 헌법을 작성했다. 이 초안에 따르면 크롬웰은 종신 호국경이 되며 호국경의 권력은 국무회의의 견제를 받지만 국무회의의 의원이 되려면 호국경의 비준을 받아야만 했기에 사실상 그 누구도 크롬웰의 권력을 제한할 수 없었다.

1653년 12월 16일, 영국 사회의 명사들이 모두 런던 시청사로 모여들었다. 크롬웰의 호국경 취임식이 열리는 날이었기 때문이다. 긴 망토를 걸치고 엄숙한 표정으로 나타난 크롬웰이 최고 권력을 상징

디거스 운동

영국 부르주아 혁명이 승리한 뒤, 부르주아 계급과 신귀족은 민주주의 혁명을 거부했다. 이 결과 빈민들의 삶은 더욱 곤궁해져서 결국 그들 스스로 토지 문제를 해결하기에 이르렀다. 1649년 4월, 가난에 찌든 빈농과 도시의 프롤레타리아들이 런던 근처의 황무지를 개간해 농작물을 경작하며 공동 노동, 공동 생활을 기반으로 한 사회주의 집단을 형성했다. 그들은 황무지를 개간해서 경작했기 때문에 '디거스(Diggers)', 즉 '땅을 파는 자들'이라고 불렸다. 디거스 운동은 순식간에 다른 빈농들의 호응을 이끌어내어 곧 영국 각지에서 황무지를 개간해 경작하는 운동이 벌어졌다. 그중에는 수천 명이 공동체를 이룬 곳도 있었다. 그러나 마른 장작에 불붙듯 삽시간에 타오른 디거스 운동은 사유제의 기반을 위협했기 때문에 부르주아와 신귀족 계층의 두려움을 불러일으켰다. 그래서 크롬웰 정권은 무력으로 디거스를 강경 진압하기 시작했고, 1651년 말에 이르러 영국 전역에 번졌던 디거스의 불길은 완전히 사그라졌다.

하는 국새와 칼을 넘겨받자 우렁찬 박수소리가 쏟아졌고 크롬웰도 득의양양한 표정으로 대중의 환호에 답했다. 이리하여 크롬웰은 마침내 잉글랜드, 스코틀랜드, 아일랜드의 최고 통치자가 되었다.

호국경의 내정과 외교

통치 초기에 크롬웰은 더 많은 지지를 얻기 위해 왕당파의 지난 잘못을 묻지 않기로 했다. 또한 다른 종교에 관용을 베풀어 모든 교파가 자신의 방식대로 하느님을 믿을 수 있게 했다. 그리고 유대인에게도 영국에서 생활할 수 있도록 나라의 문을 활짝 열었다. 그러나 크롬웰이 선심 쓰듯 취한 정책에 복종할 왕당파가 아니었다. 그들은 여전히 크롬웰 정권을 뒤집을 기회만 호시탐탐 엿보았다. 이밖에 크롬웰의 독재에 반대하는 사람들도 불만의 목소리를 높였다. 이렇게 기껏 베푼 호의에 대한 반응이 예상을 벗어나자, 크롬웰은 기존의 관용적인 정책을 버리고 강경 노선으로 돌아섰다. 그는 무력을 동원해 반대자들을 모조리 감옥에 집어넣고 대규모 감찰 기관을 만들어 온갖 정보를 수집하게 했다.

크롬웰은 전국을 더욱 쉽게 통치하기 위해 군관구 12개로 나누고, 각 관구에 해당 지역의 군사와 정치 분야를 모두 맡아 보는 군정관을 한 명씩 파견해서 관리 감독하고 기병과 민병이 군정관을 보좌하게 했다. 군관구 체제에서는 왕당파뿐 아니라 평범한 민중의 언론과 자유도 제약을 받았다. 다시 말해, 사람들은 입이 있어도 말을 할 수 없게 되었다.

경제 분야에서 크롬웰은 대★상인 집단의 이익을 보호하는 조치를 했다. 크롬웰이 다스리기 전에 영국에는 대형 무역 회사가 대거 생겨났는데 이들은 종종 한 지역의 시장을 독점하며 몸집을 더욱 키웠다. 그러던 중에 영국 내전이 일어나자 민중은 이 회사들에 대해 불만을 터뜨렸다. 영국인들은 호국경에 오른 크롬웰에게 대상인들이 무역을 독점하지 못하게 규제해달라고 강력하게 요구했다. 그러나 크롬웰은 민중의 뜻을 따를 생각이 없었다. 개인이 회사를 독점한다면 문제가 생기겠지만 여러 상인이 함께 회사를 운영한다면 불합리한 문제가 해결될 것이라고 생각했기 때문이다. 이러한 크롬웰의 지지를 등에 업고 상인 단체에서 세운 무역 회사들은 활발하게 활동했다. 이 회사들은 영국 국내 경제의 발전과 대외 무역을 확장하는 데

중요한 역할을 했다.

크롬웰은 내정 분야에서 많은 개혁을 단행했지만 그 효과는 미미했다. 반면에 외교에서는 눈에 띄는 성과들을 거두었다. 크롬웰의 통치 시기에 영국은 여러 유럽 국가와 총포를 맞댔다. 네덜란드와 전쟁을 치렀고, 북쪽으로 발틱 해에 진출하려 했으나 덴마크와 스웨덴의 저지에 막혔다. 포르투갈은 영국 왕당파를 지지하면서 크롬웰 정부의 선박을 약탈하기도 했다. 또 스페인은 영국이 지중해를 지나가지 못하게 했다. 사면초가에 빠진 크롬웰은 결국 이웃 나라들에 총구를 겨누기 시작했다. 네덜란드와 전쟁을 벌여 네덜란드 함대를 격파하고, 네덜란드가 영국의 항해 조례에 따르며 거액의 배상금을 지급하게 했다. 스웨덴, 덴마크, 포르투갈과는 힘겨운 협상을 벌이면서 당근과 채찍을 적절히 사용한 끝에 영국에 유리한 무역 조약을 체결했다. 1655년에 영국은 프랑스의 지원을

▲ 크롬웰의 초상
1658년 9월 3일, 한 시대를 주름잡은 권력자 크롬웰은 런던에서 말라리아로 눈을 감았다.

받으며 스페인과 전쟁을 벌였고, 그 결과 스페인에 속한 카리브 해의 자메이카를 점령해 자국의 식민지로 만들었다.

외교 분야에서 투지를 불태우며 많은 성과를 거두었지만, 크롬웰 자신의 몸 상태는 점점 나빠졌다. 1658년 9월 3일에 크롬웰이 화이트홀에서 병으로 죽었다. 그는 호국경으로서 영광을 누리며 살았으나 죽을 때는 쓸쓸하게 눈을 감았다. 누구도 그의 죽음을 애도하지 않았고 침묵으로 일관했다. 당시 크롬웰 정부의 한 서기관은 이런 기록을 남겼다. "개 짖는 소리조차 들리지 않는다. 사방이 고요할 뿐이다." 1661년에 찰스 2세가 왕위에 오르며 스튜어트 왕조가 되살아나 군주제가 부활했다. 왕당파는 크롬웰에게 복수하기 위해 그의 시체를 무덤에서 꺼내서 매질한 뒤 웨스트민스터 성당의 기둥에 못 박았다. 한 시대를 풍미한 영웅이었지만 그 마지막은 이처럼 비참하기 이를 데 없었다.

스튜어트 왕조 복권

크롬웰의 독재 정치가 막을 내리고 찰스 스튜어트가 왕위에 올랐다. 그가
바로 영국 왕 찰스 2세로, 이로써 스튜어트 왕조가 부활했다. 이 시기에는
모든 것이 거꾸로 가는 것 같았다. 영국은 짙은 먹구름에 휩싸여 그 어둠을
거둬낼 바람을 기다렸다.

크롬웰의 사후

1658년에 크롬웰이 죽자 아들 리처드가 호국경의 자리를 이었다.
그런데 리처드는 왕당파가 '머저리'라고 부를 정도로 나약한 인물
이었다. 크롬웰의 부하였던 장교들조차 그의 명령에 따르지 않았다.
장교들은 저마다 자신이 정권을 장악하고 제2의 크롬웰이 될 야망
에 부풀었다. 이로써 영국의 정치는 다시 격랑에 휩쓸리게 된다.

1658년 12월, 리처드는 새 의회를 소집했다. 그는 칼이 아닌 펜으
로 통치할 생각이었으나, 장교들의 강한 반발에 부딪혔다. 의원들도
군대에 적대적이기는 마찬가지였다. 그들은 군인이 통치하는 나라
는 있을 수 없다고 생각했다. 이에 플리트우드를 비롯한 장교들은
서둘러 행동에 나서 리처드를 압박해서 의회를 해산시켰다. 그
러나 곧이어 하급 군인들이 장교들에 대한 불만을 터뜨리면서
다시 의회를 소집할 것을 호소했다. 그리하여 1659년 7월에 두
번째 의회가 소집되었지만, 의원들은 여전히 군부가 정권을 장
악한 것에 불만을 토로했다. 그러자 플리트우드는 다시 군대를
동원해서 의회를 강제로 해산하고, 고위 장교들로 '안전위원회'
를 구성해 국가 대사를 관장하는 임시 정부로 삼았다. 이와 함께 리
처드는 호국경에서 물러나 정치 무대에서 사라졌다.

▼ 소년 찰스 2세

찰스 2세의 귀환

플리트우드가 주축이 된 '안전위원회'는 국민의 지지를 받지
못했다. 런던 귀족 중에서도 플리트우드의 통치를 거부하는 이
들이 있었다. 또 장교들 사이의 권력 쟁탈전은 갈수록 치열해졌다.
이때, 스코틀랜드에 머무르던 조지 멍크 장군이 혼란에 빠진
런던으로 진격할 준비를 했다.

▲ 찰스 2세가 왕권을 되찾은 것
을 축하하는 장면

　　멍크 장군은 열성적인 왕당파였다. 왕당파 군대가 의회군에 패한
후, 멍크는 의회파에 복종하겠다고 해놓고는 자신의 군대를 이끌고
스코틀랜드로 도망쳤다. 그 덕분에 멍크 장군은 런던에서 일어난 정
치적 소용돌이에 휩쓸리지 않을 수 있었다. 그리고 스코틀랜드에서
찰스 1세의 아들 찰스 스튜어트와 수시로 연락하며 기회를 엿보았
다. 그러던 중에 플리트우드가 의회를 해산하자 멍크 장군은 의회를
지키고 국민의 권리를 수호하기 위해 런던으로 진격하겠다고 선언
했다. 멍크 장군의 진격 소식이 전해지자 곧이어 페어팩스 군대가
지지하고 나섰다.

　　1660년 2월 초, 멍크는 제대로 된 전투 한 번 치르지 않고 순조롭
게 런던에 입성했다. 그리고 플리트우드의 군사 정권은 날로 악화하
는 경제 문제를 해결하지 못한 탓에 성난 군중에게 뭇매를 맞고 물
러났다. 멍크는 정국을 안정시키기 위해 많은 노력을 기울였지만,
별다른 성과를 거두지 못했다. 눈에 띄는 막강한 세력이 없는 상황

에서 정권을 노리는 수많은 세력이 각축을 벌이느라 런던 정국은 진흙탕으로 변해 있었다. 불안한 정국에 넌더리가 난 민중이 그나마 안정적이었던 전제 군주 시대를 그리워하면서 스튜어트 왕조의 복권에 관심이 쏠린다. 1660년 4월, 런던에서 특별 회의를 열어 네덜란드에 있는 찰스 1세의 아들 찰스 스튜어트에게 귀국 문제를 의논할 사람을 보내기로 했다. 이때 찰스 스튜어트는 멍크의 뜻에 따라 만약 자신이 영국으로 돌아가 왕위를 계승한다면 내전 기간의 제도와 재산을 그대로 유지하겠다고 약속했다. 또 종교의 자유를 보장하며 찰스 1세의 죽음에 직접적으로 연관된 사람을 제외하고는 국왕 반대 세력이라고 하더라도 책임을 추궁하지 않겠다고 못 박았다.

찰스 스튜어트의 말이 전해지자 더 많은 영국인이 왕정 복고에 찬성했다. 1660년 5월, 찰스 스튜어트는 오랫동안 타국을 떠돈 끝에 런던으로 돌아와 왕위에 올랐다. 그가 바로 찰스 2세이며, 이로써 스튜어트 왕조도 부활했다.

찰스 2세의 통치

찰스 2세는 국왕이 되면 지난날의 전제 군주 체제를 회복시킬 생각이었다. 그러나 당시의 영국은 이미 과거의 영국이 아니었다. 대상인이 주축이 된 부르주아 계급이 무시할 수 없는 세력으로 성장했고, 찰스 2세의 정부에는 지난날의 왕당파와 의회파가 공존했다. 물과 기름 같은 그들이 화합할 리 없었다. 이 두 세력은 훗날 휘그당과 토리당으로 완전히 갈라서게 되며, 당시 정부 내에서 양측 모두 어느 정도 세력을 구축하고 있었다.

찰스 2세는 속으로는 전제 군주제의 부활을 꿈꿨지만, 국왕이 되고 얼마 동안은 영국인에게 희망을 주는 행보를 이어갔다. '국왕을 죽인 죄인'을 처벌하는 데서도 어느 정도 관용을 베풀었다. 찰스 1세에 반대했던 사람들은 대부분 사면했고, 찰스 1세의 사형 판결에 직접적으로 가담한 57명만 죄인으로 확정 지었다. 그중 20명은 이미 사망했고 10여 명은 외국으로 도피해서 실제로 처벌할 수 있는 사람은 고작 20여 명 정도였다. 찰스 2세는 이 중에서도 몇 명은 용서해 주고 최종적으로 9명에게만 사형 판결을 내렸다. 찰스 2세가 이렇게 관용을 베풀자 왕당파가 불만을 드러냈다. 그들은 크롬웰을 비롯해 이미 죽은 사람들의 시체를 꺼내서 매질하고 성당의 기둥에 못 박아

▲ 영국 왕 찰스 2세의 초상화

구경거리로 만들었으며, 찰스 2세가 사면한 사람도 사형에 처했다.

그러나 일부 의원들이 국왕의 권력을 최소한으로 제한하자 찰스 2세도 불만을 품기 시작했다. 찰스 2세는 외교 면에서 프랑스와 우호 관계를 유지했다. 당시 프랑스 국왕은 강력한 왕권을 휘두른 루이 14세였다. 그래서 영국인들은 찰스 2세가 프랑스의 태양왕을 본받아 왕권을 강화하고 민중의 자유를 억압하려는 속셈이라고 의심하게 되었다. 찰스 2세는 이러한 비난을 피하기 위해 외교에 이중 노선을 선택했다. 표면적으로는 네덜란드, 스웨덴과 반프랑스 동맹을 결성한 한편, 암암리에 프랑스와 비밀 협약을 맺어서 이후 프랑스와 네덜란드 사이에 전쟁이 일어나면 프랑스를 돕겠다고 한 것이다. 이에 대한 보답으로 프랑스는 찰스 2세에게 재정 지원을 약속했다. 영국에서는 왕이 경비를 사용하려면 의회의 승인을 받아야 했기 때문에 그동안 찰스 2세는 대놓고 의회와 맞설 수 없었다. 이 점을 잘 아는 의회는 국왕과 충돌할 때마다 이 카드를 내밀며 압박했다. 그러나 프랑스로부터 막대한 재정 지원을 약속받은 후에는 찰스 2세도 의회와의 싸움에서 몸을 사리지 않았다. 심지어 몇 번이나 의회를 해산하기도 했다. 또 자신에게 충성하는 지방 행정관과 의원을 적극적으로 지원하는 방식으로 의회의 결속을 방해하기도 했다.

시대를 역행한 제임스 2세

1685년에 찰스 2세의 동생 제임스가 왕위를 계승해 제임스 2세가 되었다. 즉위 초기에 그는 전제 독재를 하려는 뜻도 없고 의회와의 싸움에서도 한 수 뒤지는 듯했다. 또 제임스 2세는 가톨릭교도였지만 영국의 국교는 성공회였기 때문에 종교 문제에서도 관용적인 태도를 보였다.

그러나 얼마 지나지 않아 상황이 급변했다. 제임스 2세가 독재 정치를 하려는 뜻을 만천하에 드러냈기 때문이다. 그는 강력한 전제 정치를 하려면 왕에게만 복종하는 상비군이 필요하다고 생각했다. 당시 영국 왕은 강한 상비군을 양성할 수 없었기 때문에 강력한 권력을 가질 수도 없었다. 제임스 2세가 왕위에 오르고 얼마 후에 영국에서 작은 반란이 일어났다. 이 반란을 진압하는 과정에서 제임스 2세는 약 3만 명 규모의 군대를 모집했다. 그리고 반란을 진압하고 나서 제임스 2세가 이 군대를 국왕 상비군으로 편성하려고 하자, 사람들은 국왕을 의심하기 시작했다.

이 밖에 제임스 2세는 종교 문제에서도 대세를 거슬렀다. 그는 자신이 독실한 가톨릭교도인 것을 숨기지 않았다. 영국은 엘리자베스 여왕 이후 성공회를 신봉하고 가톨릭을 배척했는데 다른 사람도 아닌 국왕이 국가의 기본 방침을 따르지 않는 가톨릭교도인 것이다! 국왕뿐 아니라 왕비도 독실한 가톨릭교도였으니 둘 사이에서 태어난 왕자는 보나마나 가톨릭교도가 될 것이 분명했다. 그렇다면 앞으로 가톨릭교도인 국왕이 성공회를

▲ 제임스 2세의 초상화
제임스 2세는 영국 역사상 마지막 가톨릭교도 국왕이었다.

믿는 나라를 통치하게 된다는 말인가? 영국인의 불안을 부추기는 문제는 이뿐만이 아니었다. 제임스 2세는 가톨릭교도를 대거 발탁해 정부 요직에 앉혔다. 그리고 가톨릭교도에게 많은 재산과 농토를 하사하고 군대의 지휘권마저 가톨릭교도에게 주었다. 제임스 2세의 전폭적인 지지를 받으면서 가톨릭교도는 점점 활동 영역을 넓혀 갔다. 이러한 국왕의 행보에 영국 국교도들은 강한 불만을 나타냈다. 줄곧 제임스 2세를 지지하던 토리당조차 종교 문제에서만큼은 국왕의 반대편에 섰다. 결국, 토리당은 국왕과 거리를 두고 경쟁 상대인 휘그당과 손을 잡았다.

제임스 2세는 그제야 분위기가 심상치 않다는 것을 깨달았지만 그렇다고 자신의 생각을 바꾸지는 않았다. 1687년에 제임스 2세는 '종교 자유 선언'을 공포하며 모든 비국교도의 공개적인 종교 활동을 허락했다. 문자 그대로 보면 종교의 자유를 선언한 것이었지만, 당시 영국 국교도에게 이는 도발이나 다름없었다. 1688년 4월 말, 제임스 2세는 다시 한 번 '종교 자유 선언'을 공포하며 매주 일요일에

교회에서 이 선언문을 낭독하라고 명령했다. 이 소식이 전해지자 영국의 목사 열에 아홉이 거부 의사를 밝혔다. 그리고 캔터베리 대주교를 비롯한 주교 7명은 국왕에게 '청원서'를 보내 그가 불법을 자행하고 있다고 비난했다. 소식을 접한 제임스 2세는 불같이 화를 내며 청원서를 낸 주교 7명을 기소했다. 그러나 법원이 주교 7명에게 무죄 판결을 내리고 석방하면서 제임스 2세의 위신은 땅에 떨어졌다. 이와 함께 스튜어트 왕조도 마지막을 향해 치달았다.

명예혁명

명예혁명은 화약 연기 한 번 피워 올리지 않고 획기적인 변혁을 일궈내어 영국인뿐만 아니라 전 세계가 지금까지도 높이 평가하는 혁명이다. 영국은 내전을 두 번이나 치르면서 일군 성과를 바탕으로 명예혁명을 통해 법적으로도 의회 주권[4]을 확인하면서 영국 봉건 전제 체제에 안녕을 고하고 영국 의회제적 입헌군주제[5]를 확립했다.

날 선 갈등

영국 전역이 제임스 2세의 종교 정책 문제로 시끄럽던 1688년 5월 10일, 마리아 왕비가 왕자를 낳았다는 소식이 전해졌다. 제임스 2세와 마리아 왕비는 모두 가톨릭교도였다. 그래서 영국인은 제임스 2세가 죽으면 네덜란드로 시집간 국교도 메리 공주가 왕위를 물려받을 것으로 기대했다. 그러나 제임스 2세의 왕자가 태어나면서 사람들의 꿈은 물거품이 되고 말았다.

원하지 않는 왕자였기에 왕자의 출생을 둘러싸고 유언비어들이 떠돌았다. 사람들은 오랫동안 자식을 갖지 못하던 왕비가 어떻게 갑자기 왕자를 낳았는지 의문을 품었다. 이에 대해 가톨릭교도들이 일을 꾸몄다고 떠드는 이도 있었고, 어느 날 밤 정체 모를 누군가가 왕궁으로 아기를 안고 가는 것을 봤다는 이도 나타났다.

그러나 사람들이 아무리 왕자의 존재를 의심해도 제임스 2세에게 왕자가 생긴 것은 틀림없는 사실이었다. 그렇다면 제임스 2세의 뒤를 이어 왕위에 오를 국왕도 가톨릭교도일 것이 분명했다. 과연

▼ 제임스 2세와 앤 하이드

피터 렐리 경의 그림이다. 제임스 2세(1633~1701)는 영국 왕이었고 앤 하이드는 그의 첫 번째 부인이다. 둘 사이에서 태어난 메리(1662~1694)와 앤(1665~1714)은 훗날 모두 영국 여왕이 된다.

---

4) 주권이 의회에 있다고 하는 영국 특유의 주권 개념
5) 입헌군주제를 기반으로 한 의회민주주의 국가 제도

이 문제를 어떻게 할지를 놓고 영국인들은 고민에 빠졌다. 1688년 7
월 30일, 영국 정계의 주요 인물 7명이 런던에서 비밀 회담을 열었
다. 그중에는 한 달 전 공개적으로 국왕에 반대했던 런던 주교도 있
었고 휘그당과 토리당 의원들도 있었다. 이 비밀 회담은 휘그당과
토리당이 죽음을 무릅쓰고 계획한 것으로, 이후 영국의 운명이 이
회담 결과에 달려 있었다.

회담에 참석한 7명은 앞으로 영국을 누구의 손에 맡길지를 의논했
다. 그리고 결국 네덜란드 총독 윌리엄 공과 메리 공주가 가장 적합
한 인물이라고 결론을 내렸다. 메리는 제임스 2세의 장녀로 네덜란
드 총독 윌리엄 공과 결혼했다. 이 두 사람이 차기 군주로 결정된 데
는 그들이 신교도라는 점이 크게 작용했다. 만약 이 두 사람을 차기
군주로 추대한다면 국민 대다수가 그 결정을 지지할 것이었다. 이렇
게 결정을 내린 회담 참석자들은 윌리엄에게 밀서를 한 통 보냈다.
편지의 내용은 이러했다. '우리는 윌리엄 공과 메리 공주가 영국이
가톨릭교도의 천국으로 전락하지 않도록 영국을 구할 방법을 찾기
를 간절히 바랍니다.'

윌리엄으로서는 호박이 넝쿨째 저절로 굴러온 것이니 마다할 이
유가 없었다. 당시 네덜란드는 프랑스와의 관계가 극도로 악화해 영

국의 지지가 절실한 상황이었다. 그러나 현 영국 왕인 제임스 2세는 네덜란드를 지지할 뜻이 전혀 없었다. 이러한 때에 영국을 손에 넣게 된다면 프랑스의 위협을 두려워할 필요가 없었다. 사실 윌리엄은 얼마 전에 뒤늦게 왕자를 얻은 제임스 2세를 축하하러 영국에 다녀왔는데, 영국 대신들을 통해 제임스 2세가 신하들의 신망을 잃었다는 사실을 알게 되었다. 그러므로 이번에 자신이 군사를 일으켜 영국을 공격한다면 승리하는 것은 식은 죽 먹기였다. 윌리엄은 스스로 굴러들어 온 복에 감사하며 런던으로 진격할 준비를 했다.

윌리엄의 상륙

1688년 9월, 프랑스와 독일의 한 선제후가 서로 반목하던 끝에 전쟁을 벌였다. 이 덕분에 윌리엄은 다른 걱정 없이 영국을 손에 넣는데에 전념할 수 있었다. 11월 초, 윌리엄은 영국의 '종교, 자유와 재산'을 보호한다는 명분을 내세워 1만 4,000명의 대군을 이끌고 런던으로 향했다. 원래 윌리엄은 영국 북부에 상륙해서 미리 약속한 대로 영국의 귀족들과 힘을 합칠 생각이었다. 그러나 변화무쌍한 영국해협의 바람 때문에 예정대로 상륙하지 못하고 도버 해협까지 떠밀려 갔다. 11월 5일, 윌리엄이 이끄는 대군은 데번 주의 토베이에 상륙했다. 강풍 탓에 상륙이 미뤄졌지만, 오히려 윌리엄에게는 좋은일이었다. 영국 순시함도 강풍 때문에 배를 띄우지 못해서 영국 해군의 공격 한 번 받지 않고 순조롭게 상륙할 수 있었던 것이다.

그러나 그 누구도 영국에 도착한 윌리엄을 환영하지 않았다. 그곳은 사전에 약속한 장소가 아니었던 데다 여전히 국왕의 폐위를 반대하는 사람이 많았기 때문이다. 그러나 상황이 변하기까지는 그리 오랜 시간이 걸리지 않았다. 제임스 2세가 윌리엄의 침공에도 반성은커녕 여전히 제멋대로 행동했기 때문이다. 이에 일말의 기대를 품었던 귀족들조차 윌리엄의 편으로 돌아섰고 윌리엄은 순조롭게 런던으로 진격할 수 있었다.

그러나 윌리엄군은 겨우 1만 4,000명인데 영국군은 4만 대군이었다. 게다가 어중이떠중이가 모인 오합지졸이 아니라 제임스 2세가 직접 공들여 키운 군대였다. 단순히 숫자만 비교하더라도 다윗과 골리앗의 싸움이었다. 그뿐만 아니라 영국군은 윌리엄군보다 영국 지형을 잘 알고 있어 유리한 지형을 차지했다. 따라서 객관적으로 볼

휘그당과 토리당

휘그당과 토리당은 17세기 후반에 영국에서 세워진 정당이다. 그러나 당시의 휘그당과 토리당은 온전한 정당이라고 할 수는 없었다. 1679년에 의회에서 제임스 공작 (훗날의 제임스 2세)의 영국 왕위 계승 자격에 대해 토론할 때, 의견이 다른 의원들 간에 치열한 공방을 벌였다. 이때 반대하던 의원들이 찬성한 쪽을 일러 '토리'라고 불렀다. '토리'는 아일랜드어에서 비롯된 말로 '범법자'를 뜻한다. 제임스의 즉위를 반대하던 이들은 '휘그'라고 불렸는데, 이는 스코틀랜드어에서 비롯된 말로 '폭도'라는 뜻이다. 처음에는 상대방을 조롱하기 위해 쓰인 말이었으나 점점 자연스럽게 받아들여져서 '휘그당'과 '토리당'이 성립되었다. 훗날, 휘그당은 더 이상 군주제를 부정하지 않았다. '명예혁명' 이후 영국 왕은 힘을 잃고 의회가 강력한 권력을 행사하게 되었기 때문이다. 토리당도 더는 전제 왕권을 옹호하지 않았다. 군주의 권력이 지나치게 강해지면 피지배자에게는 득보다 실이 많기 때문이었다. 오늘날 영국의 양당제 전통은 바로 이 휘그당과 토리당에서 시작되었다.

때 윌리엄군이 영국군을 이길 가능성은 거의 없었다. 이때 제임스 2
세가 믿고 기댄 장군이 존 처칠이었다. 처칠의 아내가 제임스 2세의
차녀인 앤 공주의 시녀라 처칠은 왕실과 매우 가까운 사이였고, 제
임스 2세도 그를 매우 신뢰했다. 윌리엄이 영국에 상륙하자 제임스
2세는 병권을 처칠에게 넘겨주었고 처칠도 국왕에게 충성을 맹세했
다. 그러나 군대를 이끌고 당당하게 전선으로 향한 처칠은 윌리엄과
칼 한 번 맞대지 않은 채 그 앞에 엎드려 충성을 맹세했다. 예상치
못한 처칠의 배신으로 영국군은 완전히 싸울 의지를 잃었고, 남은
병력은 런던으로 되돌아올 수밖에 없었다.

영국은 더 이상 저항할 힘이 남아 있지 않았다. 윌리엄도 영국민
과 마음의 앙금을 쌓고 싶지 않았기 때문에 되도록 우회 전략을 펼
치며 영국 군대와 충돌하는 것을 피했다. 그리하여 윌리엄은 거의
피 한 방울 흘리지 않고 런던에 입성했고, 이 덕분에 더 많은 지지를
받게 되었다. 이쯤 되자 민중은 물론이고 신하, 가족조차도 제임스
2세를 떠났다. 이에 제임스 2세는 자신의 처지를 한탄하며 이렇게
말했다. "내 딸도 나를 버리고 내 손으로 키운 군대도 나를 배반하
는구나. 이들조차 나를 배반하는데, 내가 어디에서 희망을 찾아야
한단 말인가!"

권리장전

막다른 길에 이른 제임스 2세는 도망치기로 했다. 이때 그는 1649
년과 같은 일이 일어날까 두려워 왕비와 왕자를 먼저 프랑스로 보내
고, 자신은 밤의 어둠을 틈타 왕궁을 빠져나가서 템스 강을 건너 아
일랜드로 갔다가 프랑스로 이동할 작정이었다. 그러나 몰래 왕궁을
빠져나와서 배에 오르기 직전에 그만 한 어부에게 들키고 말았다.
어부는 곧바로 윌리엄에게 이 사실을 알렸다. 왕을 발견했다는 보고
를 받고 윌리엄은 깊은 고민에 빠졌다. 제임스 2세를 잡는다고 해도
뾰족한 해결 방법이 없었다. 왕을 죽일 것인가? 그것은 안 될 말이
었다. 그리고 또다시 국왕을 단두대로 보낼 수는 없었다. 그렇다고
국왕을 가둬놓기만 한다면 나중에 누군가가 구해내서 다시 왕위에
올릴 수도 있었다. 그렇게 되면 자신은 반역죄를 뒤집어쓸 것이 빤
했다. 결국, 윌리엄은 영국 왕의 외국 도피를 눈감아주기로 했다. 그
덕분에 제임스 2세는 프랑스로 도망칠 수 있었다.

제임스 2세가 무사히 영국을 빠져나가자 겨우 한숨 돌린 윌리엄은 영국의 앞날을 토론하기 위해 바로 각 지역의 대표를 뽑아 런던 회의에 참석시키라고 명령했다. 이는 처음에는 단순한 회의였지만, 점점 규모가 커져서 마침내는 의회로 발전했다. 의회는 제임스 2세가 몰래 영국을 떠나 국왕의 책무를 저버린 것은 스스로 퇴위한 것이나 다름없다고 선포했다. 그리고 네덜란드 총독 윌리엄과 메리 공주를 영국의 공동 왕으로 추대한다고 결정했다. 이는 휘그당과 토리당이 협상과 타협을 거쳐 내린 결론이었다.

윌리엄과 메리 공주를 왕으로 선정하는 과정에서 의

▲ 윌리엄 3세와 메리 2세

명예혁명의 성공으로 영국은 새로운 왕을 맞이했으며 권력의 중심이 왕에서 의회로 옮겨졌다. 이리하여 영국은 의회제적 입헌군주제 국가로 나아갔다.

회는 이미 과거의 의회가 아니었다. 의원들의 어깨에는 훨씬 힘이 들어갔고, 그들 스스로 왕의 권력을 제한하고 의회를 국가 최고 권력 기관으로 만드는 것이 국민의 이익에 부합한다는 사실을 분명히 깨닫고 있었다.

그래서 윌리엄과 메리 공주는 영국의 공동 왕으로 등극하기 전에 영국 왕이 되는 조건으로 의원들의 요구에 따라 '권리장전'을 승인해야만 했다. '권리장전'에서는 국민이 '참되고, 오래되고, 의심할 여지없는 권리'를 누리며 국민의 권리를 대변하는 기관은 의회라고 명확히 규정했다. 또 왕은 의회의 동의가 없이는 어떠한 법률도 제정하거나 폐지할 수 없으며, 세금을 거둘 수도 없고, 상비군을 둘 수도 없다고 못 박았다. 그뿐만 아니라 이 법안에 따라 영국인은 선거를 통해서 의원을 선출할 자유를 누리고 의원은 자유롭게 자신의 의견을 개진할 수 있게 되었다. 법안에는 반드시 정기적으로 의회를 개최해야 한다는 내용 등도 포함되어 있었다.

권리장전은 계약의 형태로 국민과 국왕 사이에 협정을 맺은 것이다. 따라서 그 자체로 획기적인 의미가 있는 법률이었으며, 영국의 입헌군주제의 중요한 토대가 되었다.

1689년 2월 13일, 윌리엄과 메리 공주는 성대한 대관식을 치르고 정식으로 영국 왕이 되었다. 그리고 같은 해 10월에 권리장전이 법률 형식으로 반포되면서 명예혁명은 성공적으로 끝을 맺었다. 서양 역사학자들이 이 혁명에 '명예'라는 이름을 붙인 것은 피비린내 풍기던 영국 내전과 비교해 유혈 사태 없이 마무리되었기 때문이다. 그래서 명예혁명이 일어난 지 많은 시간이 흐른 지금까지도 영국인들은 이에 대해 여전히 자부심을 느낀다.

정치가이자 시인 밀턴

밀턴은 17세기 영국 역사에서 매우 중요한 인물이다. 그가 쓴 정치 논설은 영국 사회에서 정치 사조의 변화를 이끌었고, 그의 시는 영국인을 아름다운 문학의 향연으로 안내했다. 그는 훌륭한 정치가이자 시인이었으며, 문학과 정치로 영국인들을 일깨웠다.

완벽한 가정

1608년 12월 9일, 영국 런던 브레드 가에 있는 날개를 펼친 매 문장이 걸린 사무소에서 남자아이가 태어났다. 이후 영국은 잇따른 내전과 공화정, 왕정복고의 소용돌이에 휘말려 침몰해 갔다. 이때만 하더라도 훗날 이 남자아이가 주장할 자유주의가 어둠 속에서 헤매는 영국인들을 밝은 세상으로 이끌어주리라고는 아무도 생각지 못했다. 그러나 지금까지처럼 사람들은 위대한 시인이자 정치가였던 그의 이름 '존 밀턴'을 영원히 기억할 것이다.

밀턴의 아버지는 의식 있는 지식인으로 개신교도였다. 옥스퍼드 대학에서 수학했고, 다양한 분야에 관심이 많았으며, 문화 전반에 걸쳐 높은 교양을 쌓았다. 어머니는 성품이 온화하고 시를 좋아했다. 게다가 물질적으로 풍족하고 개방적이며 교양 있는 가정에서 자란 밀턴은 행운아였다고 할 수 있다. 밀턴의 부모는 자식의 교육을 위해 완벽한 환경을 마련해주었고 그 안에서 밀턴은 다양한 분야의 지식을 마음껏 섭렵할 수 있었다. 그는 총명하고 기억력과 이해력이 탁월했다. 어려서부터 시의 매력에 빠져 호메로스의 시를 유창하게 읊었을 정도이다. 밀턴의 아버지는 그가 열두 살이 되자 성 바울 학교에 입학시켰다. 당시 성 바울 학교 교장은 옥스퍼드 대학 코퍼스 크리스티 칼리지에서 문학 석사 학위를 받은 인물로, 종종 영국 시인들의

▼ 밀턴(1608~1674)은 영국의 위대한 시인으로 《실낙원》의 저자이다.

▲ 17세기 영국의 다양한 직업

시를 교재에 실었다. 덕분에 밀턴은 시를 보는 눈을 높일 수 있었다. 또한 문학에 해박한 한편 독실한 청교도 신학자였던 밀턴의 아버지는 밀턴의 종교 사상에 큰 영향을 미쳤다.

시단에 첫발을 내디디다

1625년, 밀턴은 케임브리지 대학 크라이스트 칼리지에 입학했다. 밀턴의 아버지는 아들이 자유롭게 학문을 연구하는 환경에서 좋은 가르침을 얻기를 바랐다. 그러나 안타깝게도, 밀턴의 지도교수는 강압적인 학문 연구를 강요하는 사람이었다. 여태껏 자유롭고 개방적인 환경에서 학문을 익혀 온 밀턴은 억압적인 분위기에 반감을 느꼈다. 이를 참다못한 밀턴은 딱딱한 규율과 자로 잰 듯한 교육 방식에 반항했고, 결국 그 벌로 학업을 중단하고 집으로 돌아가야 했다. 나중에 학교 측이 지도교수를 바꿔주어서 다시 학교로 돌아가기는 했지만 이미 그는 학교에 대해 크게 실망한 후였다. 1632년에 밀턴은 석사 학위를 받고 학교를 졸업했다. 당시 국교회는 시대를 거스르고 있었기 때문에 밀턴은 성직자가 되려던 꿈을 접었다. 그 대신 놀라운 업적을 남기려면 더욱 소양을 쌓아야 한다고 생각하고 아버지의 고향에 있는 별장에서 은거하며 열심히 학문에 정진했다. 그 후 6년 동안 밀턴은 다양한 언어를 익히고 문학, 역사, 철학 등 여러 분야의 고전 작품을 섭렵했다. 시 창작에도 힘써서 〈쾌활한 사람〉, 〈사색하는 사람〉, 〈리시다스〉 등 대표적인 초기 단편시를 남겼다.

위대한 정치가

1638년 봄, 밀턴은 가족의 곁을 떠나 인생의 새로운 여정을 시작했다. 바로 유럽 대륙을 여행하기로 한 것이다. 밀턴이 처음으로 찾은 곳은 프랑스 파리였다. 이곳에서 그는 따뜻한 환대를 받았고, 네덜란드 법학자이자 국제법의 시조로 일컬어지는 그로티우스를 알게되었다. 이어서 니스, 제노바를 거쳐 이탈리아 피렌체로 향했다. 그는 피렌체에서 각종 모임에 참가하며 많은 문학가, 예술가와 교류했는데, 그들은 밀턴의 시를 높이 평가했다. 또 밀턴은 이곳에서 종교재판소의 박해를 받던 갈릴레이를 알게 되었다. 밀턴은 과학계에 길이 남을 업적을 남기고 진리에 대한 숭고한 신념을 지키는 갈릴레이에게 존경심을 느꼈다. 그리고 시력을 잃고 서서히 늙어가는 갈릴레이를 보며 복잡한 심경을 느꼈다. 어쩌면 밀턴의 운명도 이때 이미결정되었는지도 모른다. 그러나 당시 밀턴은 몇 년 후에 자신도 갈릴레이와 같은 처지가 될 줄은 짐작조차 하지 못했다. 밀턴이 갈릴레이와 헤어지고 여행을 계속하려 할 때, 영국에서 혁명이 일어날조짐이 보인다는 소식을 듣게 되었다. 이에 밀턴은 서둘러 귀국길에오르면서 혁명에 몸을 던지기로 마음을 굳혔다. 이때부터 밀턴의 운명에 큰 변화가 일어났다.

1641년에 밀턴은 영국으로 돌아온 후 청교도 측에 서서 정치 논설과 소책자를 무기로 봉건 왕조의 국교회와 정치 체제를 공격했다. 1년 동안 밀턴은 종교의 자유에 관한 소책자 다섯 권을 발표해 사회적으로 큰 반향을 일으켰다.

1641년에 서른세 살이 된 밀턴은 아버지의 뜻에 따라 이제 겨우열일곱 살인 메리 파웰과 결혼했다. 그런데 밀턴과 메리는 그다지화목한 결혼 생활을 꾸리지 못했다. 결혼한 지 한 달 남짓 되었을때, 메리는 친정으로 돌아가버렸다. 이에 감정이 격앙된 밀턴은 이혼에 관한 소책자를 연달아 네 편이나 발표해 영국 사회를 발칵 뒤집어놓았다. 당시 사회적 통념에 따르면 결혼은 매우 신성하므로 결코 깰 수 없는 것이었다. 결혼 반지에도 '신이 내린, 결코 나눌 수없는'이라는 글자를 새길 정도였다. 전통적인 관념에 위배되는 선언을 한 죄로 밀턴은 온갖 조롱과 공격에 시달려야 했다. 정부마저그의 소책자 출판을 억압할 정도였다. 훗날 밀턴과 메리는 친구들의중재로 화해하고 재결합하지만, 이 일로 밀턴의 결혼 생활에는 암울한 그림자가 드리웠다. 메리와 사별한 후 밀턴은 두 번이나 더 결혼했고, 그중 세 번째 아내와는 짧지만 행복한 결혼 생활을 했다. 그

▲ 낙원에서 추방당한 아담과 이브

러나 메리와의 사이에 낳은 세 딸과는
사이가 몹시 나빠서 그는 평생 괴로워
했다.

　1649년에 혁명 정부의 독립파가 국
왕 찰스 1세를 단두대로 보내고 공화
정을 세웠다. 이에 밀턴은 적극적으로
공화정을 옹호하면서 독립파의 정권
기반을 다지고 혁명의 의지를 고취하
기 위해 자진해서 나팔수 역할을 맡아
'국왕과 관료들의 재직 조건' 등의 글
을 썼다. 이후 이때부터 1657년까지 밀
턴은 친구의 소개로 크롬웰 정부에서
라틴어 서기관으로 일했다. 1651~
1652년, 밀턴이 거의 실명했을 때 그의
나이는 겨우 마흔셋이었다. 그러나 이
기간에 밀턴은 《우상타파론》, 《영국민
을 위한 변호》, 《영국민을 위한 두 번
째 변호》 등 소책자 총 25편을 발표했
다. 밀턴은 이런 소책자를 통해 전제
봉건주의에 단호히 반대하고 공화정을
지지하며 기본적인 인권을 수호하는
혁명 애국주의 정신을 드러냈다.

시단의 거장

　1660년에 왕정이 복고되어 스튜어트
왕조가 부활했다. 이로써 봉건 세력이
다시 권력을 잡고 영국 사회에는 민주
혁명의 서광 대신 다시 공포의 빛이 서
렸다. 과거 혁명을 지지하던 사람들은
거의 변절했지만, 밀턴은 태도를 바꾸
지 않았다. 그는 《자유공화국》을 발표
해 전제 왕권과 투쟁을 이어가다가 감
옥에 갇히게 되었다. 스튜어트 왕조의

국왕은 곧 밀턴을 풀어주었으나, 감옥에서 나왔을 때 밀턴의 인생은 이미 바닥까지 추락한 상태였다. 그런데도 경이로운 의지로 이후 십여 년 동안 《실낙원》, 《복낙원》, 《투사 삼손》과 같은 명작을 써 내며 절대 꺾이지 않는 투쟁 정신을 문학 작품으로 표현했다.

《실낙원》은 밀턴이 남긴 수많은 작품 중 가장 뛰어난 대표작으로 《성경》의 '창세기'에서 소재를 얻었으며 총 12권, 1만여 행에 이르는 장편 서사시이다. 이 책에서 사탄은 천사들의 수장이었다. 그는 하느님이 예수를 뭇 신들의 수장으로 삼은 데 불만을 품고 천사들을 모아 반란을 꾀한다. 그러나 무참히 패하고, 그 벌로 반란에 동참한 다른 천사들과 함께 지옥의 불구덩이에 떨어진다. 그런데도 사탄은 굴복하지 않고 하느님이 새 세상과 인간을 창조했다는 말을 듣고 에덴동산으로 가서 아담과 이브를 유혹한다. 뱀으로 변신한 사탄은 온갖 거짓말로 이브를 꼬여 금단의 열매인 선악과를 먹게 한다. 그러자 이브를 너무 사랑한 아담은 그녀와 함께 벌을 받기로 한다. 하느님은 예수의 간곡한 부탁으로 아담과 이브를 죽이지는 않았지만 대신 낙원에서 추방하는 벌을 내린다. 이 모습을 본 사탄은 자신의 계획이 이루어진 줄 알고 매우 통쾌해했다. 그런데 하나님이 사탄을 뱀의 모습으로 바꾸어 그도 금단의 열매를 먹게 한다. 뜻밖에도, 낙원에 열려 있던 선악과의 맛은 쓰디썼다. 《실낙원》에서 밀턴은 아담과 이브가 유혹을 이기지 못한 것과 사탄이 반란을 일으켜 벌을 받는 이야기를 통해 인간이 불행한 근원에 대한 생각을 밝혔다. 이후 잇달아 출간한 《복낙원》과 《투사 삼손》 또한 《성경》을 바탕으로 쓴 시로, 예수의 비범한 이미지와 투사 삼손의 영웅 이미지를 통해 자신의 독실한 신앙과 혁명에 대한 열정을 표현했다.

1674년 11월 8일, 병마에 시달리던 밀턴이 향년 예순여섯의 나이에 세상을 등졌다. 당시 그는 장편 논설 '기독교 교리를 논하다'를 준비하던 중이었다. 밀턴은 평생 손에서 펜을 놓지 않았고 인생의 마지막까지 투쟁을 멈추지 않았지만, 결국 정치적 이상을 실현하지는 못했다. 그러나 1688년에 '명예혁명'이 일어나 스튜어트 왕조가 몰락하고 영국에 자유 민주 시대가 도래하면서 밀턴이 심어둔 자유사상의 씨앗은 서양 전역으로 퍼져 더 많은 나라에서 부르주아 민주 혁명이 일어나는 밑바탕이 되었다.

거센 물살을 가른 로크

로크는 학자이자 사회 활동가였다. 형이상학적인 철학 연구에만 매달리지 않고 사회 문제도 고민했다. 이는 《인간오성론》은 물론이고 《정부론》에서도 잘 드러난다. 로크는 영국 정치의 변혁을 직접 목격했고, 이 과정에서 인생의 희로애락을 모두 경험했다.

끔찍한 학교생활

"내가 이 세상에서 나의 존재를 느꼈을 때, 나는 이미 거센 폭풍우의 한가운데 놓여 있었다." 존 로크는 자신이 태어나던 때의 사회 환경을 이렇게 묘사했다. 로크의 말처럼 1632년 당시 영국의 상황은 매우 위태로웠다. 국왕 찰스 1세는 제멋대로 권력을 휘두르며 의회와 날 선 대립을 이어가서 관계가 이미 돌이킬 수 없을 정도로 악화한 상태였다. 이미 많은 사람이 영국에 한바탕 정치 풍파가 불어닥칠 것을 예감하고 있었다.

로크의 아버지는 자유를 숭상하는 시골 변호사였다. 1642년에 내전이 일어나자마자 그는 마치 기다렸다는 듯이 의회군에 가담해 왕당파에 맞섰다. 오랜 전쟁 끝에 1649년에 오만하기 짝이 없던 찰스 1세가 마침내 단두대로 보내졌다. 그러나 뒤이어 또 다른 독재자 크롬웰이 등장해 영국은 암흑시대로 접어들었다. 로크는 두려움과 공포로 물든 이 혼란한 시대에 성장기를 보냈다.

로크는 열여덟 살에 런던 명문 웨스트민스터 학교에 진학했다. 그러나 그는 강압적인 학교 분위기를 몹시 싫어했다. 이곳에서 로크의 자유 사상은 막다른 벽에 가로막혀 옴짝달싹 못하게 되었다. 로크는 스무 살에 옥스퍼드 대학 크라이스트 처치 칼리지에 입학했지만 대학생이 되어도 달라지는 것은 없었다. 교수들은 따분하고 지루한 수업으로 일관했고, 열정을 표출할 수 있는 토론 수업은 거의 없었다. 훗날 로크는 대학 생활을 돌아보며 이렇게 말했다. "나는 대학에서 아무것도 얻지 못했다. 심지어 내 이해력을 높여줄 그

▼ 로크의 초상화

존 로크(1632~1704)는 영국 철학자이자 정치가로 고전적인 영국 경험주의의 전통을 세웠다. 그의 정치 저서는 현대 민주주의의 근간을 다졌다.

어떤 가르침도 받지 못했다."

대학 생활은 싫어했지만 로크의 학교 성적은 매우 우수해서 졸업 후에 학교에 남아 그리스어를 가르치게 되었다. 그는 학생들을 가르치는 한편 의학, 물리학, 화학도 섭렵하기 시작해 모든 분야에서 눈에 띄는 성취를 거두었는데 그중에서도 의학에 특히 뛰어났다.

그러나 교단에 선 지 얼마 지나지 않아 로크의 인생에 큰 파도가 밀어닥쳤다. 아버지와 형이 잇달아 병으로 세상을 등진 것이다. 어려서 어머니를 잃은 로크는 이제 세상천지에 홀로 남게 되었다. 이에 괴로운 마음을 가눌 길이 없던 로크는 더욱 학술 연구에 매진했고, 많은 지식인과 교류했다.

이때 사귄 친구 중에는 당시 영국에서

▲ 로크의 친구였던 화학자 보일
화학 역사가들은 1661년을 근대 화학이 시작된 해로 본다. 바로 이 해에 로크의 친구 보일이 화학 발전에 지대한 영향을 미친 《회의적인 화학자》를 출판했기 때문이다. 혁명의 아버지 마르크스는 "보일은 화학을 과학으로 확립했다."라고 평가했다.

가장 유명한 과학자이던 로버트 보일도 있다. 1654년에 보일이 옥스퍼드 대학으로 오면서 로크와 보일은 금세 절친한 친구가 되었다. 로크는 틈만 나면 보일을 찾아가서 물리와 화학에 대해 가르침을 청했다. 현대 물리학과 화학의 기초를 다진 중요한 과학자 중 한 명에게 말이다. 로크는 보일뿐만 아니라 뉴턴과도 막역한 사이로, 두 사람은 편지로 많은 대화를 나누었다. 1668년에 로크는 서른여섯 살의 나이에 영국 왕립협회 회원이 되어 기상학 분야에서 많은 성취를 거두었다. 그러나 로크가 가장 크게 공헌한 자연과학 분야를 꼽으라면 단연 의학이었다. 로크는 의학으로 학사 학위를 받았고, 후원금까지 받았다. 런던 제일의 의사 시드넘 박사는 친구에게 보낸 편지에 이렇게 적었다. "로크는 의학적 판단력이 뛰어나고 기술이 매우 숙련되었다네. 나에 버금가는 전문가라고 해도 과언이 아니지. 로크가 열병 치료에 관한 내 치료 방법에 모두 동의했다는 것이 너무도 기쁘네." 이로 볼 때 로크가 탁월한 의사였다는 것을 알 수 있지만, 안타깝게도 그는 병원을 열지 않아서 그 혜택을 본 환자가 별로 없었다. 몇몇 안 되는 환자 중 한 사람인 애슐리 경은 매우 운이 좋았던 셈이다.

애슐리 경을 따르다

로크는 당시 영국 정치계의 거물급 인사인 애슐리 경의 고문이 되었다. 로크가 치료하기 어려운 병에 걸린 애슐리 경의 복부를 절개해서 커다란 암 덩어리를 제거한 후, 애슐리 경은 의술이 뛰어나고 박학다식한 로크에게 호감을 느꼈고 두 사람은 이내 속마음까지 털어놓는 절친한 사이가 되었다. 로크는 정치적인 문제에 대해서도 애슐리 경에게 조언을 아끼지 않았다.

1660년에 찰스 1세의 아들인 찰스 2세가 런던으로 돌아오면서 스튜어트 왕조가 부활했다. 권력을 잡은 찰스 2세는 마음으로야 강력한 왕권을 세우고 싶었지만 이미 강대해진 의회 세력을 무시할 수 없었다. 1672년에 애슐리 경은 섀프츠베리 백작 1세에 봉해졌다. 그는 의회를 대표하는 인물이었기 때문에 찰스 2세는 그에게 대법관이라는 중책을 맡겼다. 이로써 권력의 중심에 선 애슐리 경은 휘그당을 수립해서 왕권을 옹호하던 토리당에 맞섰다. 이때 애슐리 경의 신임을 받던 로크도 정부의 요직에 앉게 되었다.

그러나 얼마 지나지 않아 애슐리 경을 의심하기 시작한 찰스 2세는 그의 직위를 박탈하고 런던 탑에 가두었다. 이에 신변의 위협을 느낀 로크는 곧 프랑스 남부로 몸을 피해 다행히 정치적 소용돌이에 휘말려 들지 않았다. 그곳에서 로크는 유명한 저서 《인간오성론》을 집필하기 시작했다.

로크가 다시 영국으로 돌아왔을 때에는 애슐리 경이 국왕의 신임을 되찾아 영국 의회 상원 의장이 되었다. 그러나 그로부터 2년이 채 되지 않아 그는 다시 반역죄를 뒤집어쓰고 런던 탑에 갇혔다. 이에 정치에 실망한 애슐리는 억울한 누명을 쓴 채 죽게 되었다. 애슐리의 정적들은 그의 측근이던 로크도 감옥에 집어넣으려 했지만 로크를 체포할 명분이 없었다.

찰스 2세는 만일의 경우를 위해 당시 옥스퍼드 대학의 전통을 무시하고 로크를 파직하라고 강요했다. 옥스퍼드 대학은 결국 왕의 압력에 밀려 로크를 파직했다. 교직에서 물러난 후에도 런던에 머무르던 로크는 영국이 점점 전제 정치로 되돌아가고 있다고 느끼고 그나마 자유로운 네덜란드로 떠나 집필 활동에 몰두했다.

당시 네덜란드는 경제도 융성하고 정치적으로도 관용적인 편이었다. 그래서 데카르트와 스피노자 같은 인물도 네덜란드에서 활동했다. 네덜란드에서 보낸 6년 동안 로크는 필생의 걸작 《인간오성론》을 완성했다. 로크는 '인간의 이성적 사유 능력은 타고난 것'이라는 데카르트의 주장을 부정하고, 인간의 마음은 원래 하얀 백지와 같으며 지식과 관념은 모두 후천적으로 얻은 것이라고 주장했다. 감각과 반성을 거쳐 지식과 관념을 얻는다는 것이 경험론의 가장 중요한 원칙이었다. 이 밖에도 로크는 《인간오성론》에서 또 한 가지 중요한 관점을 밝혔다. 바로 인간의 이성은 유한한 것으로 '우리의 마음은 진리와 같이 위대하지 않고, 존재하는 모든 사물을 받아들일 수도 없다.'는 것이다. 이것이야말로 로크 사상의 핵심이다.

영국으로 귀환

로크가 네덜란드에서 집필에 몰두할 때, 영국의 정세에 거대한 변화가 일어났다. 1688년에 찰스 2세의 뒤를 이은 제임스 2세가 어쩔 수 없이 런던을 등지면서 찰스 2세의 딸 메리와 사위인 네덜란드 총독 윌리엄이 영국 공동 왕으로 즉위했다. 이것이 바로 역사적으로 유명한 사건인 명예혁명이다. 혁명의 주체 세력은 애슐리 경이 만든 휘그당이었다. 이제 의회가 왕권을 제한할 수 있는 힘을 갖게 되면서, 도망갔던 휘그당 의원들이 하나둘씩 영국으로 돌아왔고 로크도 금의환향했다.

1689년에 쉰일곱이던 로크는 법원의 상소 법관으로 임명되었다. 당시 왕권을 제한하는 데 대해 일부 보수 세력이 문제를 제기하자 로크는 많은 정치 논설을 발표해 그들의 의견을 반박했다.

1689년에 로크의 《인간오성론》이 출간되자 전국에서 격렬한 논쟁이 벌어졌다. 그리고 《인간오성론》은 순식간에 여러 언어로 번역되어 유럽 전역에 전해졌다. 같은 해에 로크는 자신의 정치 사상 체계를 정리해서 《정부론》을 썼는데, 이 책에서 사회계약론 사상을 제기했다. 그는 사람들이 사회를 만들기 전에 자연 상태가 존재하며, 이 자연 상태에서 사람들은 개인의 생명과 재산을 안전하게 보호할 수 없기 때문에 모든 사람이 자신의 권리를 일부 양도해서 사회와 정부를 세웠다고 했다. 그의 이론에 따르면 정부는 사람들의 생명과 재산을 안전하게 지키기 위해 존재하며, 왕은 정부의 우두머리로서 정부를 통치하는 권력만 가진다. 그러나 일단 정부가 처음에 사람들이 정부를 만든 의도를 저버리면, 정부나 국왕을 바꿀 수 있다. 이 밖에

로크와 홉스 사상

영국의 철학자 토머스 홉스는 로크보다 앞서 크롬웰 정부에서 관직을 맡았고 크롬웰의 신임을 얻은 바 있다. 홉스의 대표작은 《리바이어던》이다. '리바이어던'은 《성경》에 나오는 거대한 괴물로, 홉스는 이에 빗대어 국가를 표현했다. 홉스도 자연 상태에 대해 서술했지만, 그는 로크와 생각이 달랐다. 홉스는 자연 상태에서는 '만인에 대한 만인의 투쟁'이 일어나기 때문에 국가를 성립해야 하며, 국가를 성립하고 나면 이를 관리할 사람을 뽑아야 하기 때문에 군주가 나타난 것이라고 주장했다. 이에 따라 홉스는 전제 군주제를 지지했고, 크롬웰의 독재 정권을 변호했다. 반면에 로크는 자연 상태에서 사회계약론을 이끌어냈다. 이 사상은 명예혁명 이후 군주의 권위를 제한하는 근거가 되었다.

도 로크는 정부가 제 역할을 제대로 수행하게 하려면 입법권, 행정권, 외교권을 분리해야 한다는 권력 분립 원칙도 제기했다.

세상을 등지다

로크의 명성은 갈수록 높아졌지만 그의 몸은 반대로 나날이 쇠약해졌다. 1704년 여름, 로크는 그의 마지막 여름을 맞이했다. 찌는 듯한 더위에도 로크는 영국을 위해 바쁘게 움직였다. 그는 대중 교육을 개선하기 위해 힘썼고, 모든 사람이 자유롭게 의견을 표현할 수 있도록 출판의 자유를 쟁취하기 위해 두 팔을 걷어붙였다. 또 소책자를 통해 노동법을 변호하고, 공업의 발전에 많은 관심을 쏟았다. 10월, 가을이 다가오면서 로크의 인생도 막바지에 이르렀다. 그는 친구들을 불러 자신은 단 한 순간도 인생을 허비하지 않았고, 진리를 추구한 삶에 만족하며, 아무런 여한도 없다고 고백했다. 그리고 28일에 로크는 영원히 눈을 감았다.

▼ 런던 탑

런던 탑은 중세 영국의 전형적인 성채로, 수백 년 동안 요새, 궁전, 감옥, 형장, 법원 등 다양한 용도로 쓰였다. 애슐리 경은 두 번이나 런던 탑에 갇혔다.

과학의 거장 뉴턴

아이작 뉴턴은 인류 역사상 가장 위대한 과학자로 손꼽히는 인물이다. 천문학, 역학, 광학, 수학 등 여러 분야에서 탁월한 과학적 성과를 거두었다. 이러한 과학적 성과들은 빛나는 별처럼 인류의 문명사를 수놓으며 역사에 뉴턴이라는 이름을 아로새겼다.

독서를 사랑한 소년

1643년에 영국 링컨셔에 있는 작은 마을 울즈소프의 평범한 농민 가정에서 조산아가 태어났다. 이 남자아이는 체구가 매우 작았고 체중이 약 1.36킬로그램밖에 나가지 않았다. 그래서 사람들은 아이가 오래 살지 못할 것이라고 생각했다. 그러나 얼마 못 가 죽을 줄로만 알았던 아이는 기적처럼 목숨을 이어갔다. 그리고 이후 꾸준히 몸을 단련하고 건강을 돌보아 튼튼하게 자라났고, 여든다섯 살까지 장수했다(1643~1727). 이 남자아이가 세계 과학사에 남긴 업적은 그의 삶처럼 기적을 만들었다. 그는 바로 한 세기에 한 명 나올까 말까 한 천재 과학자 아이작 뉴턴이다.

뉴턴의 아버지는 그가 태어나기 두 달 전에 세상을 떠났다. 그리고 몇 년 후에 어머니가 재혼하면서 뉴턴을 외할머니에게 맡겼다. 어린 시절의 이런 경험은 뉴턴의 성격에 큰 영향을 미쳐 과묵하고 고집 센 성품을 갖게 되었다. 뉴턴이 남긴 눈부신 업적을 접하고 사람들은 그가 어려서부터 신동이나 천재 소리를 들었을 것이라고 생각했다. 그러나 사실

▼ 위대한 과학자 뉴턴

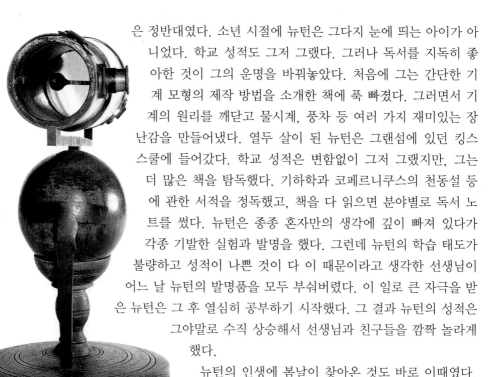

▲ **반사 망원경**
뉴턴은 이 망원경으로 천문학을
연구해 많은 성과를 거두었다.

은 정반대였다. 소년 시절에 뉴턴은 그다지 눈에 띄는 아이가 아니었다. 학교 성적도 그저 그랬다. 그러나 독서를 지독히 좋아한 것이 그의 운명을 바꿔놓았다. 처음에 그는 간단한 기계 모형의 제작 방법을 소개한 책에 푹 빠졌다. 그러면서 기계의 원리를 깨닫고 물시계, 풍차 등 여러 가지 재미있는 장난감을 만들어냈다. 열두 살이 된 뉴턴은 그랜섬에 있던 킹스스쿨에 들어갔다. 학교 성적은 변함없이 그저 그랬지만, 그는 더 많은 책을 탐독했다. 기하학과 코페르니쿠스의 천동설 등에 관한 서적을 정독했고, 책을 다 읽으면 분야별로 독서 노트를 썼다. 뉴턴은 종종 혼자만의 생각에 깊이 빠져 있다가 각종 기발한 실험과 발명을 했다. 그런데 뉴턴의 학습 태도가 불량하고 성적이 나쁜 것이 다 이 때문이라고 생각한 선생님이 어느 날 뉴턴의 발명품을 모두 부숴버렸다. 이 일로 큰 자극을 받은 뉴턴은 그 후 열심히 공부하기 시작했다. 그 결과 뉴턴의 성적은 그야말로 수직 상승해서 선생님과 친구들을 깜짝 놀라게 했다.

뉴턴의 인생에 봄날이 찾아온 것도 바로 이때였다. 이곳에서 학교에 다닐 때 뉴턴은 약제사 윌리엄 클라크의 집에서 하숙했다. 그리고 뉴턴은 화학 실험에만 매료된 것이 아니라 약제사의 딸 스토러와 사랑에 빠졌다. 뜻이 잘 맞았던 두 사람은 풋풋한 사랑을 나누었고 뉴턴은 스토러에게 푹 빠졌지만, 여러 가지 이유로 결혼에 이르지는 못했다. 그래도 뉴턴은 스토러를 잊지 않아 그녀가 다른 사람과 결혼한 후에도 도움이 필요할 때면 주저 없이 나섰고 평생 독신을 고수했다.

학문 탐구의 길

뉴턴은 학문을 탐구하기 위해 험한 가시밭길을 헤치고 나아가야 했다. 뉴턴의 어머니는 두 번째 남편이 죽자 배다른 동생 세 명을 데리고 뉴턴의 곁으로 돌아왔다. 그리고 홀몸으로 아이들을 키우기가 힘들자 그녀는 뉴턴에게 학교를 중퇴하고 집으로 돌아와 자신을 돕게 했다. 그러나 뉴턴은 여전히 책의 매력에 빠져 헤어나오지 못했다. 어느 날, 신부인 뉴턴의 외삼촌이 할 일을 제쳐놓고 수학 문제를 푸는 데 열중하는 뉴턴을 보았다. 그는 어린 나이에도 학구열에 불

타는 조카가 무척 기특했다. 그래서 누이를 설득해 뉴턴을 다시 학교로 돌려보냈고, 어렵게 학교로 돌아온 뉴턴은 더욱 열심히 공부했다.

1661년, 열아홉 살의 뉴턴은 학문 연구 분위기가 강하고 자유롭게 학문을 탐구할 수 있는 케임브리지 대학 트리니티 칼리지에 입학했다. 당시 케임브리지 대학은 사회적 환경 때문에 여전히 중세의 스콜라철학을 위주로 교육했다. 그런 케임브리지에 유럽 각국을 다니며 풍부한 견문을 쌓은 아이작 배로가 오면서 새로운 학문인 자연과학이 뿌리를 내렸다. 배로 교수는 언제나 과학적 사고에 바탕을 둔 강의를 했고 학생들에게 자신이 연구한 유럽 대륙의 각종 과학 이론과 연구 방법을 소개했다. 그 덕분에 케임브리지 대학 학생들은 더 넓은 세상을 경험할 수 있었고 뉴턴도 그 혜택을 톡톡히 보았다. 뉴턴은 방대한 과학 분야에 깊이 빠져들었다. 천부적인 재능과 더불어 지치지 않는 학구열로 연구에 몰두한 뉴턴은 금세 배로 교수의 눈에 들었다. 배로 교수는 뉴턴의 타고난 재능과 과학에 대한 열정을 높이 사 자신의 수학 지식을 남김없이 그에게 전수했다. 또 뉴턴에게 근대 자연과학의 연구 분야들을 알려주었다. 이 밖에도 뉴턴은 케플러, 데카르트, 갈릴레이, 훅, 유클리드 등의 과학 저서를 깊이 파고들었다. 1664년에 뉴턴은 배로 교수의 조수가 되고 장학금도 받게 되었다. 그리고 이듬해인 1665년에 뉴턴은 케임브리지 대학의 학사 학위를 받았다.

그런데 바로 이때 런던에 전염병이 창궐했다. 이에 케임브리지 대학은 수업을 중단하고 학생들을 집으로 돌려보냈다. 1665년 여름에 뉴턴도 고향으로 돌아갔다. 그 후로 한동안 온 영국이 전염병의 공포에 시달렸지만, 뉴턴은 조금도 개의치 않았다. 오히려 집에 머물던 2년 동안 편안한 환경에서 과학 연구와 생각에 몰두할 수 있었다. 뉴턴은 케임브리지 대학에서 몸에 밴 자연과학과 수학에 대한 탐구 정신을 바탕으로 한 차원 높은 사고를 하기 시작했다. 1665년에 스물셋의 뉴턴은 수학 분야에서 '이항식 정리'를 발견하고 미분학을 확립했으며, 이어서 적분학까지 완성했다. 1666년에 뉴턴은 광학을 연구하기 시작했고 프리즘으로 색깔 이론을 연구해서 최초로 태양 스펙트럼을 발견했다. 중력에 대해서도 연구한 그는 중력 이론을 달의 운행 궤도에까지 확장시켜서 케플러 법칙을 바탕으로 항성이 궤도를 유지하게 하는 힘과 항성에서 회전 중심까지 거리의 제곱이 반비례한다는 결론을 이끌어냈다. 이 밖에, 나무에 달려 있던 사과가 땅에 떨어지는 것을 보고 지구의 인력을 생각해낸 것도 바로 이 즈음이었다.

눈부신 업적

1667년 초에 이르자 전염병의 기세가 차차 잦아들었다. 뉴턴도 케임브리지 대학에서 보낸 개학 통지서를 받았다. 그는 고향, 가족, 그리고 편안한 환경에서 연구에 몰두하던 시절과 작별하고 케임브리지 대학으로 돌아갔다. 학교로 돌아간 뉴턴은 그동안의 연구 성과를 공개하는 것을 잠시 미뤘다. 하지만 그런 것이 없어도 대학 측은 뉴턴에게 깊은 관심을 표명했다. 과학에 대한 열정과 이미 공개한 연구 성과만으로도 뉴턴이 얼마나 탁월한 과학자인지 알 수 있었기 때문이다. 1669년에 뉴턴은 케임브리지 대학 교수로 임명되었고, 배로 교수의 뒤를 이어 루카스 석좌 교수가 되었다. 이때 뉴턴은 겨우 스물일곱 살이었다.

뉴턴이 케임브리지로 돌아온 후에 거둔 첫 번째 연구 성과는 반사 망원경이었다. 이 망원경은 길이가 152센티미터에 불과했지만, 대상물을 40배로 확대할 수 있었다. 게다가 빛의 파장에 따라 유리의 굴절률이 달라지기 때문에 생기는 색수차가 없어서 굴절 망원경보다 훨씬 선명하게 목성과 그 위성 네 개, 금성과 달 표면의 계곡까지 관측할 수 있었다. 곧 지도교수인 배로 교수에게 이 발명품을 소개한 뉴턴은 큰 칭찬을 받았다. 어느 날, 영국 왕립학회 회원인 국왕 찰스 2세가 교수직에서 물러나 왕실 교회 의식을 담당하던 배로 교수를 찾아왔다. 이때 배로 교수가 뉴턴의 발명품을 소개하자 찰스 2세는 깊은 관심을 보였다. 다른 왕립학회 회원들도 새로운 망원경에 주목했다. 1672년 1월, 왕립학회 회장이 뉴턴의 반사 망원경을 인정하면서 뉴턴은 왕립학회 회원이 되었다. 당시 뉴턴은 서른도 채 되지 않은 청년이었다.

1672년 2월, 뉴턴은 왕립학회가 자신을 회원으로 받아준 데 대한 보답으로 지난 몇 년 동안 연구한 광학 연구 성과를 '빛과 색깔에 관한 이론'이라는 제목의 논문으로 엮어서 왕립학회에 제출했다. 여기에는 '빛의 색깔 이론'도 포함되어 있었다. 이 또한 과학계의 이목을 단번에 사로잡았다. 이후 몇 년에 걸쳐 빛의 본성에 대한 논증이 벌어졌는데 결국 뉴턴이 제시한 입자설의 승리로 일단락되었다. 이 덕분에 뉴턴은 가장 명망 높은 과학자로 존경받게 되었다. 이밖에도 뉴턴은《자연철학의 수학적 원리》라는 책을 출판했다. 이 책은 역학의 기초를 다져 역학 혁명을 완성한 거작이다. 이 책으로 뉴턴은 과학사에 길이 이름을 남겼다. 그리고 1703년에 뉴턴은 왕립학회 회장으로 선출되었다.

뉴턴은 과학자에 머무르지 않고 정계에도 뛰어들어 사회적 책무를 맡았다. 당시 영국의 화폐 제도는 문제가 매우 많았다. 그래서 영국 재정부는 뉴턴에게 '왕실 조폐국 감독'이라는 중요한 자리를 맡겼다. 뉴턴은 오랫동안 연구한 연금술을 활용해 3년밖에 안 되는 시간 안에 전국의 화폐 갱신 사업을 성공적으로 마무리했다. 그뿐만 아니라 두 차례나 의회 의원으로 선출되기도 했다. 1705년에 앤 여왕이 직접 뉴턴에게 기사 작위를 수여하면서 뉴턴은 영국 역사상 처

▼ **웨스트민스터 성당 내 뉴턴 묘**
웨스트민스터 성당은 영국 역대 국왕의 대관식과 혼례식을 거행한 장소이자 영국 왕실 인사들의 무덤이 있는 곳이다. 위대한 과학자 뉴턴도 이곳에 묻혔다.

음으로 작위를 받은 학자가 되었다. 이 무렵, 뉴턴은 전국적으로 이름이 알려진 유명 인사가 되었다.

말년에 뉴턴은 종교 신학에 빠져들어 하느님이 우주 만물의 힘의 원천이라고 생각했다. 그리고 1727년 3월 20일, 위대한 과학자 뉴턴이 향년 여든다섯의 나이로 영원히 눈을 감았다. 영국 정부는 뉴턴을 위해 국장을 거행하고 런던의 웨스트민스터 성당에 안장했다.

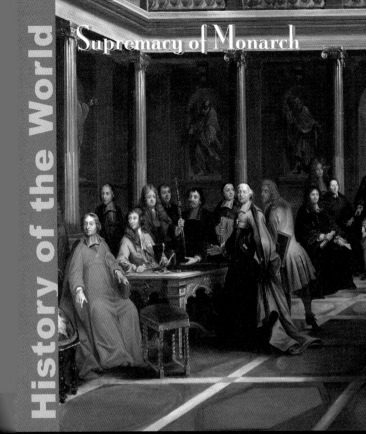

제 2 장

프랑스와 러시아의 융성

앙리 4세의 통치법

앙리 4세는 다른 두 앙리와 겨루며 두각을 드러냈고, 나라를 통치하는 수단으로 종교를 이용했다. 그가 다스릴 프랑스는 몰락의 기미가 역력했지만 총명하고 유능한 왕은 이 나라에 꼭 맞는 통치 방법을 찾아냈다. 1598년에 앙리 4세는 역사적인 '낭트 칙령'을 반포했다. 비록 프랑스 왕으로 보낸 시간은 짧았지만 그는 조국을 위해 부흥의 기틀을 다졌다.

세 앙리의 전쟁

1572년에 나바라 여왕 잔 달브레가 병사하자 아들 앙리가 열아홉 살에 왕위를 계승했다. 이때 나바라왕국은 사실상 독립된 국가였지만 표면적으로는 프랑스에 복속되어 있었다. 앙리는 왕위에 오르면서 곧바로 종교 전쟁의 소용돌이에 휩쓸렸고, 그는 위그노의 명목상 수장이 되어 가톨릭과 대적했다. 당시 프랑스 국왕과 귀족 대부분은 가톨릭교도였다.

프로테스탄트인 위그노와 가톨릭 교파의 충돌로 촉발된 종교 전쟁이 끝날 기미를 보이지 않으면서 프랑스 사회는 혼란에 빠졌고, 백성의 삶은 이루 말할 수 없이 처참했다. 신구 교파를 화해시키기 위해 당시 프랑스 국왕 샤를 9세(1560~1574년 재위)의 어머니 카트린 드 메디치는 딸 마르그리트 드 발루아를 나바라 국왕 앙리와 결혼시키기로 했다. 결혼식 날짜는 1572년 8월 18일이었다. 위그노 지도자와 가톨릭 공주가 결혼하는 날이었으니 이 날은 가톨릭교도와 위그노 모두에게 성대한 축제의 날이었다. 그래서 많은 신교도가 앙리의 결혼식을 보기 위해 파리로 향했다. 위그노의 핵심 인물인 해군 제독 가스파르 드 콜리니도 축하 행렬에 끼어 있었다. 8월 22일, 가톨릭교도 기즈 공작 앙리는 자객을 고용해 콜리니가 방심한 틈을 타 살해하라고 시켰다. 다행히 콜리니는 중상을 입었을 뿐 생명은 건졌지만, 이 일로 위그노 교도들은 격분했다.

카트린은 분노한 위그노들이 파리에서 반란을 일으켜 왕실의 안전을 위협할까 봐 두려웠다. 그래서 샤를 9세를 압박해 파리에 있는 위그노를 학살하라는 명령을 내리게 했다. 8월 23일부터 8월 24일 밤까지 이어진 학살로 2,000명이 넘는 위그노가 학살당했다. 파리

시내는 위그노의 시체로 뒤덮였다. 이것이 바로 역사상 유명한 '성
바르톨로메오 축일의 대학살'이다. 파리 시내에서 잔인한 살육이
일어나고 있을 때, 이제 막 결혼식을 올린 나바라 국왕 앙리
(1574~1589년 재위)는 가톨릭으로 개종하겠다고 맹세한 덕분에 죽음
을 피할 수 있었다.

1574년 5월, 샤를 9세가 병으로 죽자 동생인 앙주 공작 앙리가 앙리
3세로 즉위했다. 앙리 3세는 다시 위그노로 개종한 나바라 국왕 앙리
와 갈등을 겪는 한편, 날로 세력이 커지는 기즈 공작 앙리와도 반목했
다. 이 세 명의 앙리는 아주 오랫동안 총성 없는 전쟁을 치렀다.

1588년, 기즈 공작은 파리의 일부 세력과 손을 잡고 앙리 3세에게
수도 파리를 떠나라고 압박했다. 이에 분노한 앙리 3세는 파리를 빠
져나간 후 자객을 보내서 기즈 공작 앙리를 암살했다. 기즈 공작이
죽자 그의 동생 마옌 공작이 복수에 나섰다. 그는 파리에서 추기경
한 명을 국왕으로 내세우고 모든 권력을 장악한 뒤, 앙리 3세에게
전면전을 선포했다. 이에 앙리 3세는 왕위를 되찾기 위해 나바라 국

▲ 앙리 4세 초상화
프랑스 국왕 앙리 4세(1553~ 1610)
는 앙리 대왕이라고 불렸다.

왕 앙리와 손을 잡았다. 1589년, 앙리 3세와 나바라 국왕 앙리의 연맹군이 파리를 포위하고 공격을 시작했다. 그러나 승리를 눈앞에 둔 시점에 앙리 3세가 자객의 습격을 받아 살해당했다. 그에게는 왕위를 물려줄 적자가 없었기 때문에 왕위 계승 서열 1위인 나바라 국왕 앙리가 프랑스 왕위에 오르면서 앙리 4세(1589~1610년 재위)가 되어 부르봉 왕조가 탄생했다.

신망을 얻다

앙리 4세는 프로테스탄트 중 위그노를 지지했기 때문에 대다수가 가톨릭교도인 프랑스인은 새로 등극한 왕을 인정하지 않았다. 오랜 종교 전쟁을 몸소 겪은 앙리 4세는 이 점을 누구보다 잘 알고 있었다. 그는 나라를 통치하는 데 종교 문제로 갈등을 겪고 싶지 않았다. 그래서 1593년 7월에 생 드니 성당에서 가톨릭으로 개종하겠다고 정식으로 선언한다. 고통스러운 결정이었지만 충분한 보상이 뒤따랐다. 개종을 선언한 지 며칠 후에 적대 세력과 화해하게 된 것이다. 1594년 3월, 앙리 4세는 군중의 환호를 받으며 파리에 입성해 전 국민이 인정하는 새 왕으로 등극했다.

그러나 앙리 4세가 가톨릭으로 개종하면서 또 다른 문제가 발생했다. 자연히 프로테스탄트가 앙리 4세에게 불만을 품은 것이다. 앙리 4세도 가톨릭교도의 지지만으로는 부족하다는 사실을 알고 있었다. 만약 위그노의 마음을 잡지 못한다면 신구 교파의 갈등은 끝나지 않을 것이고 이는 새로운 프랑스를 건설하는 데 큰 걸림돌이 될 것이 분명했다.

그래서 1598년에 앙리 4세는 가톨릭의 반대를 무릅쓰고 위그노를 보호하기 위해 유명한 '낭트 칙령'을 반포했다. 이 칙령은 가톨릭을 프랑스 국교로 규정하는 한편, 프랑스인에게 신교를 믿을 자유를 주고 위그노의 평등한 지위를 인정하고 보장한다는 내용을 담고 있었다. 낭트 칙령이 반포되자 예상대로 위그노는 왕의 편으로 돌아섰다. 그러나 당시 파리의 고등법원은 이 법령의 등록 수속을 거부하며 위법이라고 맞섰다.

　이런 상황에서 앙리 4세는 당근과 채찍을 적절히 활용했다. 먼저 그는 법관들을 소집해 경고했다. "나는 프랑스 국왕이다. 명실상부한 프랑스 국왕에게 그대들은 복종해야 한다. 그대들 법관은 나의 오른팔이나 다름없다. 만약 오른팔에 문제가 생겨 쓸 수 없게 된다면 나는 망설이지 않고 왼팔을 들어 오른팔을 자를 것이다." 이렇게 위협하고 나서는 가톨릭에 대한 독실한 마음을 드러냈다. 그는 가톨릭교회가 주최하는 각종 자선 사업에 기부하겠다고 선언하고, 이후 정기적으로 성당을 찾아 예배를 올렸다.

　앙리 4세는 때로는 엄하게 휘어잡고 또 때로는 부드럽게 어루만지는 수법으로 파리 고등법원을 손안에 넣고 주물렀다. 그 결과, 파리 고등법원이 마침내 낭트 칙령을 인정하여 전국적으로 이 법령이 시행되었고 이로써 국왕 앙리 4세는 프랑스 안팎을 다스리는 기틀을 마련했다.

나라 안팎을 돌보다

　더 효과적으로 프랑스를 통치하려면 무엇보다도 왕의 권위를 확립할 필요가 있었다. 앙리 4세는 핵심 권력 기관인 파리 고등법원을 통제하기 위해 심복인 아를리를 파리 고등법원 원장에 임명했다. 이렇게 해서 파리 고등법원이 국왕의 정책에 어깃장을 놓거나 왕권을 제한하지 못하도록 미리 손을 쓴 것이다.

　중앙 권력을 더욱 강화하기 위해 앙리 4세는 관리 임면권을 장악하고, 지방 제후와 귀족의 권력을 제한했다. 그러자 이에 반발한 일부 귀족이 1600년에 왕권을 빼앗으려고 모의했다. 반란의 핵심 인물은 비롱 원수와 부용 공작 등이었다. 이들은 프랑스 서부에서 소금세에 대한 불만이 커지자 그 틈을 타 폭동을 일으키려고 했다. 그러나 앙리 4세는 반란 세력을 신속하게 제압하고 비롱을 사로잡아 재판에 회부했고, 1602년에 비롱은 반역죄로 사형에 처해졌다. 이어서 앙리 4세는 강력한 군대를 이끌고 병권을 쥔 부용 공작을 습격했다. 1606년에 부용 공작이 투항했을 무렵에는 아무도 앙리 4세의 권력을 넘볼 엄두를 내지 못했다.

　왕권을 다지는 한편, 앙리 4세는 오랜 종교 전쟁으로 피폐해진 프

▲ 마르그리트 왕비 초상

마르그리트 왕비는 1553년에 태어났다. 앙리 4세는 그녀와 결혼한 덕분에 대학살의 혼란에서 살아남았지만, 오히려 그녀가 자신을 배신했다고 생각해서 이후로 그녀를 냉대했다.

▲ 앙리 4세와 마리 드 메디치의 결혼식

랑스 경제를 회복하는 데 힘썼다. 그는 오랜 친구이자 똑똑하고 유능한 쉴리 공작에게 프랑스 재정을 맡겼다. 쉴리는 앙리 4세의 기대를 저버리지 않고 각종 조치를 통해 프랑스 경제와 재정을 되살렸다. 효과적으로 세금을 거두기 위해 1596년에 세금을 면제해 1597년 이후로는 백성이 적극적으로 세금을 납부하게 했다. 앙리는 세금 징수를 엄격히 관리하며 선왕들이 확정한 항목의 세금만 확실히 거두고, 그 이상으로 지나치게 많이 징수하지 않았다.

당시 프랑스는 농업 대국으로 백성 대부분이 농업에 종사했다. 따라서 국가 재정과 세입을 극대화하려면 반드시 농업을 먼저 발전시켜야 했다. 쉴리는 농민들의 의욕을 고취하기 위해 농민의 인두세를 감면해주는 한편, 농토를 떠난 유민들을 불러 모으고 일부 군인들도 고향으로 돌려보내 농사를 짓게 했다. 그리고 농업 생산 환경을 개선하기 위해 정부는 수로를 만들고 제방을 손보고 황무지를 개간했다. 또 앙리 4세와 쉴리는 농업 생산을 늘리기 위해 네덜란드에서 전문가를 초빙해 배수 기술을 배우고 농사 서적을 대량으로 인쇄해서 배포했다. 쉴리의 노력 덕분에 프랑스의 국고는 날로 풍족해졌고 사회 곳곳에도 생기가 넘쳤다.

앙리 4세는 내정뿐만 아니라 외교에도 힘을 쏟아서 많은 성과를 거두었다. 1600년 이후 프랑스는 다른 국가의 공작들이 점유한 프랑스 국토를 잇달아 되찾았다. 또한 이탈리아 지역과 적극적인 외교를 펼쳐 프랑스의 국제적 지위를 끌어올렸다.

앙리 4세는 만약 신이 자신에게 충분한 시간을 준다면 프랑스가 유럽의 강국으로 부상하는 것을 보여줄 수 있을 테지만 안타깝게도 주어진 시간이 많지 않다고 말한 적이 있다. 1610년 5월의 어느 날, 앙리 4세는 마차를 타고 가던 중에 가톨릭 광신도가 휘두른 칼에 맞아 세상을 떠났다. 비록 비참하게 생을 마쳤지만, 역사는 앙리 4세의 위대한 업적을 기억할 것이다.

추기경 리슐리외

그는 추기경이자 프랑스를 쥐락펴락한 재상이었다. 그는 자신의 목숨보다 국가의 이익을 더 중요하게 생각했다. 그리고 행동으로 자신의 말을 실천했다. "사람이 영원히 산다면 언젠가 구원할 수 있다. 국가는 영생할 수 없으니 지금 당장 구원해야 한다."

첫 등장

1610년 5월 14일, 프랑스 국민의 사랑을 받던 국왕 앙리 4세가 자객의 칼에 맞아 죽었다. 그 후 사람들은 비통한 마음을 누르며 아직 어린 루이 13세를 왕으로 맞았다(1610~1643년 재위). 그리고 아홉 살밖에 안 된 어린 왕을 보좌하기 위해 왕의 어머니인 마리 드 메디치 왕비가 섭정에 나섰다.

그러나 마리 왕비는 어떤 정치적 포부도, 견해도 없는 사람이었다. 앙리 4세가 죽자 제후와 귀족들이 지난날의 영화를 되찾고자 왕권에 도전했는데, 정치적 수완이 없던 마리 왕비는 돈으로 그들을 매수하려고 한다. 이렇게 해서 왕비의 심복이 된 사람 중에 가장 총애를 받은 인물은 이탈리아인 콘치니였다. 그러나 돈으로 권력에 대한 귀족들의 야망을 잠재우는 데는 한계가 있었다. 결국, 일부 귀족이 반란을 일으키고 삼부회를 소집해서 권력을 재분배할 것을 요구했다.

귀족들이 삼부회 개최를 요구한 것은 왕실에 맞서려는 의도였다. 그런데 뜻밖에도 삼부회에 참석한 대표 중 상당수가 왕실 편에 섰다. 그들은 왕권을 강화하고 또 귀족들이 폭리를 취하는 수단인 녹봉 제도를 폐지하라고 요구했다. 삼부회 소집을 요구한 귀족들은 도끼로 제 발등을 찍은 꼴이 되었고, 왕권은 더욱 강화되었다. 바로 이 삼부회에서 '프랑스 역사상 가장 위대하고, 가장 지략이 뛰어나며, 가장 냉혹한 정치가'인 리슐리외(1585~1642)가 역사에 등장했다.

뤼송 주교였던 리슐리외는 성직자 대표로 삼부회에 참석해서 적극적으로 왕실을 옹호하는 명연설을 해 회의 결과에 중요한 영향을 미쳤다. 같은 자리에 참석한 콘치니는 그

▼ 추기경 리슐리외

모습을 보고 리슐리외에게 호감을 느꼈고 섭정인 마리 왕비에게 그를 천거해서 국방과 외교 사무를 관장하게 했다. 이때부터 리슐리외는 파란만장한 정치 생애를 시작했다.

정상에 오르다

1617년에 루이 13세가 친정을 시작했다. 그는 뤼네 공의 도움을 받아 신속하게 콘치니가 임명한 대신들을 제거하고 콘치니의 아내이자 마리 왕비의 유모의 딸로 왕비와 자매처럼 자란 갈리가이를 마녀로 몰아 화형에 처했다. 분위기가 심상치 않자 마리 왕비는 자신도 화를 입을까 봐 서둘러 블루아로 도망쳤다. 마리 왕비와 콘치니의 신임을 얻어 중용된 리슐리외도 교황의 영지인 아비뇽으로 도망칠 수밖에 없었다. 리슐리외는 다방면에 재능이 뛰어난 사람이었다. 그는 도망가 있으면서도 《가톨릭 신앙을 수호하는 주요 원리》라는 책을 써서 교황에게 바쳤다. 이를 본 교황은 매우 흡족해하며 리슐리외를 추기경에 임명했다.

한번 정치에 발을 들인 리슐리외는 추기경으로 일생을 마치고 싶지 않았다. 그는 루이 13세와 그의 어머니인 마리 왕비를 화해시키는 데 적극적으로 나섰다. 리슐리외의 노력 덕분에 루이 13세와 마리 왕비는 결국 1619년에 화해했고 리슐리외는 이 일로 국왕 루이 13세에게 깊은 인상을 남겼다.

1621년에 권력을 손에 쥔 지 4년 만에 뤼네 공이 세상을 떠났다. 그 후 루이 13세는 더욱 리슐리외에게 의지했고 리슐리외는 점점 권력의 중심으로 다가섰다. 1624년 8월,

▼ **리슐리외의 삼면 초상**
필리프 드 샹파뉴는 리슐리외라는 위대한 인물을 묘사하면서 그의 외모와 심리적 특성 같은 인물의 성격을 드러내는 데 주안점을 두었다. 그래서 한 화면에 각기 다른 각도에서 모델을 그린 초상화 세 개를 동시에 배치하는 특이한 화법을 구사했다.

리슐리외는 드디어 경쟁자들을 제치고 재상에 임명되었다. 그리고 이때부터 18년 동안 정계를 주름잡는 실세로 활약한다.

음모를 깨부수다

리슐리외는 허약한 편이었지만 강단 있고 의지가 굳은 사람이었다. 또한 부국강병이라는 웅대한 포부를 품고 있었다. 그와 비교해 루이 13세는 유약한 편이었다. 어머니의 섭정에서 벗어나자마자 뤼네 공에게 의지했고, 그 후에는 리슐리외에게 모든 것을 맡기는 등 자신이 앞장서서 정책을 결정하는 일은 드물었다. 리슐리외는 막강한 권력을 손에 쥐었지만 항상 국왕을 공경하며 재상으로 있던 18년 내내 루이 13세에게 충성을 다했다. 그는 자신의 인생 목표는 단 두 개뿐이라고 말한 바 있다. 첫 번째 목표는 왕의 위신을 드높이는 것이고, 두 번째 목표는 왕을 명예롭게 하는 것이었다. 리슐리외만 일방적으로 왕에게 충성한 것이 아니었다. 루이 13세도 이 강단 있는 재상이 하는 일이라면 무조건적인 지지를 보냈다. 그 덕분에 리슐리외는 자신의 재능을 십분 펼치며 프랑스를 강대한 나라로 만들 수 있었다.

루이 13세의 위신을 세우려면 먼저 내정을 잘 다스려야 했다. 재상이 된 리슐리외는 귀족들과 왕실이 첨예하게 대립하는 것을 보고 프랑스의 전제군주제를 굳건히 다질 방법을 고민했다. 그리고 오만불손하고 사사건건 왕을 거스르는 귀족들과 기약 없는 투쟁을 벌였다. 리슐리외는 귀족들을 제압하려면 먼저 그들의 경제력을 제한할 필요가 있다고 판단했다. 그래서 제후와 귀족들의 녹봉을 아예 주지 않거나 삭감하고, 그렇게 아낀 돈으로 현대적인 행정 기관을 세우고 강력한 함대와 상선을 제작해서 막강한 군사력을 기르는 것이 국가에 도움이 된다고 생각했다. 또 제후와 귀족들의 수입이 줄어들면 그들이 사사로이 군대를 양성해 왕권에 대항하지 못할 테니 그야말로 일석이조라고 생각했다. 리슐리외는 자신의 생각을 곧바로 행동에 옮겨 1626년에 제후와 귀족들이 참석하는 대규모 회의를 소집하고 국무 개혁을 진행해야 한다고 주장했다. 그러나 그로써 자신들의 특권과 이익이 침해받게 되는 귀족들이 이를 아무 말 없이 받아들일 리 없었다. 이 시점에서 정치적 음모가 꿈틀대기 시작했다.

1626년에 앤 왕비, 콩데 대공 등이 가담해 리슐리외에게 대적하려

▲ 〈마리 드 메디치의 마르세이유 상륙〉

    화가 루벤스가 그린 〈마리 드 메디치의 마르세이유 상륙〉은 허구와 사실이 섞여 있다. 마리의 호화로운 배가 마르세유 항구에
도착하자 투구를 쓴 처녀신이 두 팔을 벌리며 프랑스에 온 왕비를 맞이한다. 그리고 바다 요정 세 명이 왕비의 배가 어서 부두
에 닿도록 바닷속에서 끈을 당기고 있다.

는 음모를 꾸몄다. 그들은 후환을 없애기 위해 리슐리외를 제거하기로 했다. 그렇게 하면 오른팔을 잃은 루이 13세를 자신들 마음대로 조종할 수 있고, 지금의 특권을 유지하거나 더 많은 특권을 누리게 될 것이 분명했다. 음모는 착착 진행되어갔다. 그런데 행동에 나서기 직전에 그만 발각되고 말았다. 리슐리외는 자신과 왕의 위신에 먹칠한 이들을 용서할 수 없었다. 그는 감히 역심을 품은 자들에게 본때를 보여주기 위해 공작 여러 명을 감옥에 집어넣고 그중 한 명은 공개 처형했다. 개혁에 대한 자신의 결심이 그만큼 단호하다는 것을 보여주기 위해서였다.

그러나 첫 번째 음모가 물거품이 된 후에도 리슐리외를 제거하려는 음모는 계속되었고, 1630년에 또다시 실제로 행동에 옮겨졌다. 이번에는 왕의 어머니 마리 왕비가 주모자였고, 앤 왕비와 왕의 친동생인 오를레앙 공 가스통, 국새상서 마리약 등이 참가했다. 그들은 리슐리외에 대한 루이 13세의 신뢰가 예전만 같지 않은 틈을 타고 둘 사이를 이간질해서 리슐리외의 힘을 약화시키면 그를 수월하게 제거할 수 있을 것이라고 판단했다.

11월 10일, 마리 왕비가 뤽상부르 궁전에 나타나 국왕 루이 13세에게 냉정하고 무도한 리슐리외를 파면시키라고 눈물로 간청했다. 그 모습에 마음이 흔들린 루이 13세는 어머니의 뜻을 따르겠다고 약속했다. 이에 음모를 꾸민 이들은 자신들의 승리를 확신하며 미소를 지었다.

사람들은 모두 리슐리외의 마지막을 점쳤고, 리슐리외 자신도 절망을 감추지 못했다. 이러나저러나 모든 권력은 왕에게서 받은 것이기 때문이다. 리슐리외가 권력을 손에 쥐고 거침없이 그 힘을 행사할 수 있었던 것은 국왕 루이 13세가 오랫동안 귀족들과 맞서왔고 그를 신임한 덕분이었다. 만약 루이 13세가 마음을 바꿔 귀족 편에 선다면, 리슐리외가 오랫동안 공들여 쌓아올린 탑은 한순간에 무너질 것이고 그의 운명도 요동칠 것이 분명했다. 리슐리외는 절망의 나락에 빠졌다.

그러나 이들은 형세를 잘못 파악하고 있었다. 루이 13세는 강력한 군주는 아니었지만 자기편이 누구인지는 분명히 알고 있었다. 모든 사람이 루이 13세가 리슐리외를 파면할 것이라고 생각하고 있을 때, 루이 13세가 리슐리외를 불렀다. 그리고 리슐리외를 질책하기는커

▲ 라로셸을 시찰하는 리슐리외

1627년에 벌어진 유럽의 유명한 종교 전쟁 때 추기경 리슐리외의 군대는 15개월 동안 라로셸을 포위 공격했다. 리슐리외가 득의양양하게 라로셸 성 안으로 들어갔을 때, 그의 눈에 비친 것은 시체들이 즐비한 비참한 모습이었다. 5만 5,000명이 거주하던 성에 살아 있는 사람이라고는 2,000명도 채 되지 않았다.

녕 더 강한 믿음을 보여주었다. 루이 13세는 리슐리외에게 이렇게 말했다. "나는 어머니가 아니라 내 나라를 책임지는 사람이 필요하다." 왕이 보여주는 믿음에 리슐리외는 환희와 감동을 느꼈다. 왕이 자신이 하는 모든 일을 이해하고 지지한다는 것을 알았기 때문이다.

마음의 짐을 내려놓은 리슐리외는 마리 왕비 일당이 계속 음모를 꾸미도록 내버려두지 않았다. 그는 신속하고 과감하게 행동해 마리 왕비를 파리에서 80킬로미터나 떨어진 콩피에뉴로 추방하고, 왕의 동생 가스통에게는 불경죄로 근신 처분을 내렸다. 그리고 국새상서 마리약은 감옥에 가뒀다. 그 후에도 리슐리외를 겨냥한 음모와 반란이 몇 차례 일어났지만, 번번이 실패로 돌아갔다. 그동안 리슐리외는 귀족들의 음모를 무너뜨리는 한편 중앙집권을 강화하는 개혁도 차근차근 진행해 제도적으로 귀족들의 권력을 제한했다.

중앙집권 강화

리슐리외는 국왕의 위신을 세우려면 왕실이 강력한 권력을 쥐어야 한다고 생각했다. 그래서 중앙집권을 강화하기 위해 중앙에 재상 직속 대신들을 두었다. 대신들의 개인적인 이익은 국왕과 재상이 그들의 능력을 어떻게 평가하는지와 밀접하게 연관되어 있었기 때문에 왕실에 충성을 다했다. 그러면서 귀족들이 장악했던 '국무회의'는 빈 껍데기로 전락했다.

그러나 지방의 행정 총독은 여전히 일부 귀족이 맡고 있었다. 그래서 리슐리외는 지방을 통제하기 위해 한때 임시직으로 두었던 감독관을 정규직으로 바꿔 지방의 행정, 사법, 세수 등을 감독하게 했다. 감독관은 지방 행정관이 일을 부당하게 처리하면 바로 왕과 재상에게 보고했고, 루이 13세와 리슐리외가 보고를 토대로 그 문제를 직접 처리했다. 이로써 감독관의 지위는 지방 총독보다 높아졌고 중앙 정부는 지방의 권력을 통제할 수 있게 되었다. 그렇다고 감독관이 제멋대로 권력을 휘두르도록 내버려두지도 않았다. 감독관직은 중앙의 허락 없이 타인에게 넘겨주거나 세습할 수 없었고, 언제나 중앙 정부가 직접 임명했다. 이러한 방침은 중앙의 권력이 오랫동안 유지되는 데 크게 일조했다.

중앙집권을 강화하려면 정치뿐만 아니라 경제적으로도 탄탄한 기반을 마련해야 했다. 그래서 리슐리외는 중앙 정부가 더 많은 자금을 확보할 수 있도록 중상주의를 적극적으로 추진했다. 또 대외 무역과 식민지 개척에도 박차를 가했다. 리슐리외가 재상직에 있는 동안 프랑스는 캐나다에 식민지를 건설했고 터키, 이란, 러시아 등 시장에도 진출했다. 그리고 리슐리외는 백성에게서 세금을 과도하게 거둬들였다. 그는 그 점과 관련해 이런 말을 한 적이 있다. "만약 사는 것이 너무 편안하면 백성은 자족할 줄 모르게 된다. 그래서 백성은 죽도록 일하게 노새처럼 부려야 한다. 편안한 삶은 그들을 망칠 뿐이다." 리슐리외가 죽을 때, 그는 이후 3년의 세금을 미리 징수해 놓은 상태였다고 한다.

외교 수완

리슐리외는 유럽 대륙에서 프랑스의 위상을 끌어올리기 위해 온갖 노력을 아끼지 않았다. 추기경 신분이었음에도 유럽의 맹목적인 종교적 열정에 휘둘리지 않고 국가지상주의를 신념처럼 따랐다. 리슐리외는 유럽 각국을 분주히 돌아다니며 유럽의 절대 강자 합스부르크 왕가에 끊임없이 도전장을 던졌다. 어느 날 누군가가 리슐리외에게 그 이유를 묻자 그는 감동적인 명언을 남겼다. "사람이 영원히 산다면 언젠가 구원할 수 있다. 국가는 영생할 수 없으니 지금 당장 구원해야 한다."

1618년에 유럽에서 일어난 '30년 전쟁'은 인류 역사상 가장 참혹한 전쟁이었다. 재상이 된 리슐리외는 당시 프랑스가 합스부르크 왕가가 '혼인 외교'를 통해 구축한 포위망 안에 있다는 사실을 알게 되었다. 프랑스가 처한 상황은 몹시 위태로웠다. 일단 전쟁이 예상대로 진행되면 프랑스는 합스부르크 왕가의 패권에 눌려 꼼짝도 할 수 없게 될 터였다. 그래서 리슐리외는 종합적으로 상황을 고려하여 목표와 책략을 발 빠르게 세웠다.

▲ 루이 13세가 라로셸의 투항을
받아들이고 있다.

리슐리외가 재상으로 부임한 초기에는 내부의 혼란을 평정하느라 직접 전쟁에 참가할 수가 없었다. 그래서 그는 외교 수단을 적극적으로 활용해서 영국, 덴마크, 네덜란드와 반합스부르크 동맹을 맺는 것을 추진했다. 1625년이 되자 리슐리외의 활발한 외교 활동이 드디어 빛을 발했다. 영국, 덴마크, 네덜란드가 리슐리외의 뜻대로 합스부르크 왕가에 대항하는 동맹을 결성한 것이다. 같은 해에 덴마크가 독일의 프로테스탄트 제후를 돕기 위해 군대를 보내면서 독일 내부의 전쟁이던 30년 전쟁이 국제 전쟁으로 확대되었다. 1629년에 덴마크가 전쟁에서 패하자 리슐리외는 이번에는 구스타브 2세가 국왕으로 있는 스웨덴을 찾아가서 독일의 내부 전쟁에 참여하도록 자금을 원조했다. 또한 독일이 계속 분열된 상태를 유지하게 하려고 바이에른 선제후를 설득해서 독일 황제를 배반하고 중립을 유지하게 했다. 그리고 1635년에 내부 혼란이 평정되자 드디어 공개적으로 전쟁에 참가했다. 프랑스가 참전하면서 대치 상황에 큰 변화가 일어났고 이는 합스부르크 왕가에 결정적 타격을 주었다.

30년 전쟁의 결과가 보이던 1642년, 리슐리외도 인생 여정을 마무리했다. 숨이 끊어지기 전에 신부가 적들을 용서하겠느냐고 묻자 리슐리외는 담담하게 이렇게 대답했다고 한다. "공공의 적을 제외하면, 나에게 적은 없습니다." 이렇게 강경했던 리슐리외는 평생에 걸쳐 자신의 맹세를 실현했다. 그는 루이 13세를 위엄 있고 명예로운 국왕을 만들었으며 그 자신도 프랑스 역사의 전설로 남았다.

절대 권력의 상징 태양왕

태양왕 루이 14세는 프랑스 역사상 가장 유명한 군주로, 볼테르는 그를 시대의 아이콘이라고 불렀다. 그는 태양왕으로 불리며 몇 세기에 걸쳐 유럽 대륙에 많은 영향을 미쳤다. 루이 14세는 군주의 위대함과 존엄은 그가 쥔 지팡이 자체가 아니라 지팡이를 사용하는 방법에 따라 결정된다고 믿었으며, 자신만의 권력을 휘두르는 방법으로 세계 역사에 깊은 흔적을 남겼다.

비참한 소년 시절

1638년 9월 5일, 프랑스 왕궁에서 루이라는 이름을 받은 왕자가 태어났다. 이 아기의 탄생은 그 자체로 기적이었다. 루이 13세 부부가 결혼한 지 20년이 넘도록 아이가 생기지 않았기 때문이다. 즉, 이 아기는 루이 13세가 중년에야 겨우 얻은 귀한 왕자였다. 루이 14세의 삶이 비범하리라는 것을 암시하는 탄생이었다.

루이 14세는 왕위에 올랐을 때 겨우 다섯 살이었다. 이 어린 왕을 보좌하기 위해 어머니인 안 왕비가 섭정했지만 실질적으로 권력을 쥔 사람은 추기경 마자랭이었다. 마자랭은 리슐리외의 신뢰를 한몸에 받은 인물로, 안 왕비가 섭정을 시작하면서 재상에 임명되었다.

현명하고 유능한 마자랭은 재상이 된 후 전임 재상인 리슐리외가 추진하던 대내외 정책을 그대로 계승했다. 그러나 그가 재상이 된 때는 마침 30년 전쟁의 승패를 가려야 할 중요한 시기였다. 그래서 전쟁 경비를 마련하기 위해 세금을 가혹하게 수탈하는 바람에 마자랭은 귀족과 평

▼ 소년 시절의 루이 14세

▲ 태양신 아폴론으로 변장한 루이 14세

이 그림에서 루이 14세는 태양신 아폴론으로 묘사되어 있다. 곁에 있는 국왕의 가족도 신의 모습을 하고 있다.

민 모두에게서 불만을 샀다.

마자랭에 대한 불만이 높아지면서 '프롱드의 난'이 일어났다. 당시 파리에서는 아이들 사이에 국가에 대한 반항의 표시로 돌을 던지는 놀이가 유행처럼 번졌는데, 이때 사용한 기구가 바로 '프롱드'였다. 따라서 '프롱드'라는 말은 곧 국가에 대한 저항과 반대를 의미했다. 1648년 5월, 파리 고등법원은 마자랭 정부의 독선과 가혹한 수탈을 멈추게 하기 위해 각지의 법원과 연합해 정부의 부조리를 막는다는 명목으로 국왕에게 각종 개혁을 요구했다. 그러나 마자랭과 안 왕비는 이를 단호하게 거절하고, 다시는 반항하지 못하도록 법관들을 모두 체포했다. 이 대응은 오히려 불난 데 부채질한 꼴이 되고 말았다. 귀족들이 앞장서서 정부에 대한 불만을 터뜨리자 안 왕비와 마자랭은 어린 루이 14세를 데리고 파리를 탈출할 수밖에 없었다.

그 이듬해에 콩데 대공이 군사를 일으켜 파리의 반란 세력을 제압했다. 그러자 귀족들은 스페인에 도움을 요청했지만, 외세의 개입을 바라지 않은 파리 시민은 국왕과 안 왕비에게 항복했다. 이리하여 루이 14세는 파리로 돌아올 수 있었다. 그로부터 얼마 후, 콩데 대공은 마자랭의 독선에 분노해 귀족들을 부추겨서 반란을 일으켰다. 이때문에 루이 14세는 또다시 안 왕비와 도망치는 신세가 되었다. 1652년 말에 이르러 반란이 완전히 평정되자 루이 14세는 그제야 다시 파리로 돌아왔다.

절대 권력을 쥐다

1661년에 노련한 재상 마자랭이 죽자 루이 14세는 직접 국정을 다스리며 능력을 펼치기 시작했다. 마자랭의 죽음과 관련해 그는 자신의 속내를 밝히는 의미심장한 말을 남겼다. "만약 그가 더 오래 살았다면 그를 어떻게 처리해야 할지 고민했을 것이다."

마자랭이 죽은 후, 사람들은 루이 14세가 새로운 재상을 임명하기를 기다렸다. 그런데 국왕은 재상을 임명할 생각은 하지 않고 직접 국정을 살피기 시작했다. 게다가 루이 14세는 마자랭의 전 재산을 몰수하라는 명령까지 내렸다. 왕실의 재정도 넉넉히 하고 민중의 마음도 사로잡기 위해서였다. 루이 14세가 새 재상은 임명하지 않고 나랏일을 직접 처리하기 시작하자 프랑스인들은 실권을 장악한 군주가 나타났다는 것을 깨달았다. 사람들은 리슐리외의 독재와 프롱드의 난, 마자랭의 수탈을 겪으며 강력한 왕권이 나라의 질서와 안전을 유지하는 데 얼마나 중요한지 뼈저리게 느끼고 있었다. 왕권이 강력해지면 적어도 두 세력이 맞서거나 학살하는 일은 일어나지 않을 테니까 말이다.

루이 14세는 전제 군주제를 확실히 다지고 "짐은 곧 국가다."라고 한 자신의 명언을 몸소 실천하기 위해 각 분야에서 권력을 장악하려는 조치를 취했다. 1665년, 파리 고등법원은 회의를 소집해 국왕의 칙령을 심사하려고 했다. 이는 고등법원이 국왕의 권력을 제한하는 전통적인 방법이었다. 법관들이 이 문제를 토론하려고 할 때, 갑자기 갑옷을 입고 채찍을 든 루이 14세가 회의장에 나타나 외쳤다. "너희의 집회로 말미암은 불행한 결과는 모두가 다 아는 바이다. 칙령을 심사하는 이 회의를 당장 해산하라. 의장은 들어라. 나는 이런 회의의 소집을 금하며, 너희 중 그 누구도 회의 소집을 요구해서는 안 된다."

루이 14세는 항상 귀족이 반란을 일으킬 것을 걱정했다. 그러나 귀족 문제를 처리하는 데서는 평소의 강경한 방식이 아닌 부드러운 회유책을 썼다. 이런 점은 루이 14세가 권력을 행사하는 데 얼마나 능수능란하게 강약을 잘 조절했는지를 보여준다. 루이 14세는 파리 근교에 화려하고 사치스러운 베르사유 궁전을 지었다. 그리고 국왕의 은총이라는 이름으로 귀족들을 초청해서 베르사유 궁에 머무르게 하며 많은 선물을 주고 녹봉을 약속했다. 귀족들이 베르사유 궁의 퇴폐적인 생활에 푹 빠져 자신의 영지와 백성을 까맣게 잊어갈 때, 그들이 가졌던 실권과 국왕에 맞설 수 있게 하는 경제력도 점차 사라져 갔다.

왕이 절대 권력을 가지려면 또한 불가피하게 종교계와 충돌해야 했다. 가톨릭교도인 루이 14세는 프로테스탄트를 무자비하게 탄압하고 가톨릭 교회가 자신의 일에 간섭하지 못하게 했다. 그 외에도 프로테스탄트가 발을 붙일 수 없는 환경을 조성해서 많은 프로테스탄트가 프랑스를 등지게 했다. 한편, 1673년에 루이 14세는 가톨릭 교회에 맞서기 위해 프랑스 내의 모든 주교는 국왕이 임명한다고 선포하고 이어서 왕권이 교권보다 높다고 천명했다.

루이 14세는 이렇게 그 누구도 감히 반항할 수 없도록 절대 권력을 손에 쥐었지만, 그의 욕심은 여기서 그치지 않았다. 그는 아무도 넘볼 수 없는 부강한 나라를 꿈꿨다.

중상주의로 부국강병을 일구다

루이 14세 통치 시기의 재정총감 콜베르는 중상주의를 추진하는 과정에서 상업적 재능을 유감없이 발휘했다. 루이 14세는 정치 문제를 다루는 데서는 매우 독선적이었지만 경제 분야에서는 달랐다. 국왕은 콜베르가 추진하는 조치를 적극적으로 지지해서 그가 자신의 재능을 충분히 발휘하도록 지원했다.

콜베르가 추진한 중상주의 정책은 크게 세 가지로 나뉘었다. 첫째, 국내 수공업 생산을 보호하고 지원했다. 대출로 공장주의 자금 부족 문제를 해결하고, 국가가 투자해서 왕실 및 개인의 수공업 공장을 여러 군데 세워 생산 규모를 늘리고 생산 부문을 빠짐없이 갖춰 갔다. 둘째, 관세 동맹을 맺고 관세 정책을 보호했다. 당시 프랑

'태양왕'과 발레

오늘날 전 세계에서 쓰이는 '발레'라는 단어는 프랑스어 'ballet'에서 비롯되었다. 우아하고 세속과 동떨어진 아름다움을 선보이는 발레는 르네상스 시기 이탈리아에서 싹텄지만 화려하게 꽃을 피운 곳은 16세기 프랑스였다. 프랑스 역사상 가장 유명한 왕인 루이 14세는 발레의 발전에 크게 기여했다. 준수한 외모의 루이 14세는 어려서부터 발레의 매력에 빠져 20년 동안 하루도 연습을 게을리하지 않았다. 루이 14세는 〈밤의 발레〉에서 주인공인 '태양신' 역을 맡아 '태양왕'이라는 별명까지 얻었다. 1661년, 루이 14세는 파리에 세계 최초의 왕립발레학교를 세우고 륄리, 몰리에르, 보샹에게 발레 창작 및 연출을 맡겼다. 또한 발레의 기본 발동작 5가지와 손동작 12가지를 비롯해 스텝도 만들어 완벽한 발레 동작의 체계를 확립했다. 이처럼 루이 14세는 발레가 발전할 수 있는 발판을 마련해 오늘날의 발레가 있게 한 장본인이다.

스는 정치적으로는 루이 14세가 모든 권력을 손에 쥐었지만, 경제적으로는 각지의 영주들이 독립적으로 활동했고 영지간에 존재했던 각종 관세는 프랑스 상업의 발달을 가로막는 걸림돌이었다. 그래서 콜베르는 프랑스 영내에서는 관세 동맹 정책을 시행해 자국 내에서 상품이 자유롭게 유통되게 했다. 반면에 외국에 대해서는 상품의 대량 수입을 막고, 국내 기업을 보호하기 위해 외국 상품에 막대한 관세를 부과했으며, 심지어 일부 상품의 수입을 금지하기도 했다. 셋째, 상공업을 발전시키고 프랑스 대외 무역을 보호했다. 루이 14세의 통치 시기에 프랑스는 서인도회사, 동인도회사, 북아프리카회사 등을 세워 식민 무역을 발전시켰다. 또 영국, 터키 등과 협약을 맺어 공동으로 상인의 이익을 보호했다.

▲ 국왕 루이 14세

이러한 중상주의 정책이 시행되면서 프랑스 경제가 눈부시게 발전하자 사람들은 루이 14세를 칭송했다. 그러나 프랑스가 부강해지면서 루이 14세의 야심도 커졌다. 그는 전쟁을 통해 더 많은 권력과 부를 손에 쥐려 했지만 결과는 예상 밖이었다.

고통으로 점철된 전쟁

루이 14세는 직접 국정을 다스리기 시작한 이후, 스페인을 향해 첫 번째 포문을 열었다. 1665년에 루이 14세의 장인이자 스페인 국왕인 펠리페 4세가 죽자 네 살밖에 안 된 어린 왕자가 왕위에 올랐다. 그러자 루이 14세는 이 틈을 타 스페인에 영토를 요구했다. 스페인 공주가 시집올 때 예물을 충분히 가져오지 않았으니 지금이라도 영토로 보상하라는 이유였다. 당연히 스페인이 이에 동의하지 않자 루이 14세는 곧장 군대를 일으켜 스페인으로 진격했다. 이렇게 해서 프랑스와 스페인 간에 벌어진 전쟁은 1668년에 양국이 협상을 맺으면서 끝났다. 그리고 협상 조건에 따라 프랑스는 전쟁에 대한 보상으로 스페인의 속령이던 네덜란드의 요충지 12곳을 차지했다. 처음 일으킨 전쟁에서 승리해 의기양양해진 루이 14세는 이후 네덜란드, 스웨덴, 덴마크 등 여러 나라와 전쟁을 치렀다. 젊은 프랑스 군인들이 빗발치는 총탄 아래 쓰러져 갈수록, 태양왕은 유럽 각국에 위명을 떨쳤다.

루이 14세의 생애 마지막 전쟁 상대도 스페인이었다. 1700년, 스페인 국왕 카를로스 2세가 왕위 계승자를 남기지 않고 세상을 뜨자 유럽 각국이 스페인의 왕위 계승권을 노리고 긴 전쟁에 뛰어들었다. 10년 넘게 이어진 이 전쟁에서 프랑스, 포르투갈, 스페인은 영국, 네덜란드, 오스트리아와 맞섰다. 결국에는 프랑스의 바람대로 루이 14세의 손자가 스페인 국왕 펠리페 5세로 즉위했지만, 이 무렵 프랑스의 국력은 이미 돌이킬 수 없을 정도로 쇠약해졌고 엄청난 채무에 짓눌려 경제가 붕괴하기 직전이었다.

루이 14세가 평생에 걸쳐 일군 위대하고 휘황찬란한 업적은 프랑스 백성을 쥐어짜가며 치른 전쟁과 함께 사라져갔다. 전쟁은 누군가에게는 이름을 떨칠 기회이지만, 대다수 사람에게는 고통만 주는 끔찍한 악몽일 뿐이다.

철가면의 비밀

비밀스러운 철가면을 쓴 그는 이름 없는 죄수였다. 비록 왕에 의해 감옥에 갇힌 죄수였지만 특별한 대우를 받았다. 수백 년이 지나는 동안 사람들은 그의 신분에 대해 각종 추측을 쏟아냈다. 그러나 그의 존재는 여전히 베일에 싸여 있다.

베일에 감춰진 죄수

1669년 7월, 루이 14세의 명으로 체포된 죄수가 바스티유 감옥으로 압송되었다. 이 죄수는 철가면을 쓰고 있어서 아무도 그의 얼굴을 보지 못했다. 그리고 죄인을 잡아 가둔 루이 14세가 바스티유 감옥의 간수에게 친히 서신을 보냈다. '이 죄인에 관한 어떤 일도 입 밖으로 내서는 안 된다. 그가 원하는 것은 무엇이든 주되, 그가 무언가를 이야기하게 해서는 안 된다. 만약 그가 무언가를 말하려고 하면 죽이겠다고 협박해라.'

그 후 이 죄인은 바스티유 감옥에서 34년을 보냈다. 그러나 그가 34년 동안 갇혀 지낸 환경은 감옥이라고 할 수 없을 정도로 매우 안락했다. 그에게 제공되는 음식은 물론 의복도 최고급이었다. 또 정기적으로 그의 건강 상태를 살피러 오는 의사도 있었다. 이 죄수는 거의 말을 하지 않았기 때문에 간수도 그의 진짜 신분을 알지 못했다. 다만, 기품 있는 행동거지로 미루어 귀족이라고 추측할 뿐이었다.

어느 날, 이 죄수가 식사를 마치고 은접시에 글씨를 새겨서 창문

▼ 영화 〈아이언 마스크〉 포스터

영화 〈아이언 마스크〉는 알렉상드르 뒤마의 소설 《삼총사》 3부작 중 마지막 편을 리메이크 했다.

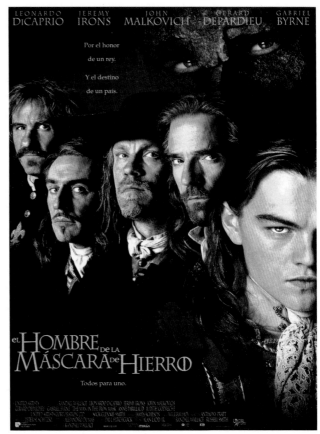

밖으로 던졌다. 마침 지나가던 어부가 이것을 주워 감옥으로 가져왔다. 그러자 간수는 즉시 루이 14세에게 이 사실을 보고했고, 곧 국왕의 특사가 와서 접시를 가져갔다. 이 어부는 글을 몰랐기 때문에 다행히 목숨을 건졌다고 한다. 1703년에 이 죄수는 바스티유 감옥에서 풍요롭되 비참했던 삶을 마쳤다. 이와 함께 세상에는 커다란 의문이 남았다. 사람들은 수많은 추측을 쏟아냈지만, 대체로 그가 매우 고귀한 신분이고 루이 14세가 그의 죽음을 바라지는 않았지만 세상에 공개할 수 없는 비밀을 그가 알았기 때문에 감옥에 가둔 것이라고 생각했다.

철가면은 누구인가

철가면은 대체 누구였을까? 이 문제는 300여 년 동안 사람들을 괴롭힌 수수께끼였다. 최초로 그의 신분에 대해 입을 연 사람은 프랑스의 대문호 볼테르였다. 그는 1717년에 바스티유 감옥에 수감되었을 때 베일에 싸인 죄수에 대해 알게 되어 그 죄수를 감시하는 간수에게 그가 누구인지 물은 적이 있다. 간수는 죄수의 일거수일투족을 모두 알고 있었지만 그의 신분만은 모른다고 답했다. 볼테르는 간수의 말을 통해 그가 루이 14세의 형일지도 모른다고 추측했다. 형이 왕위를 찬탈할 것을 두려워하여 루이 14세가 감옥에 가두었다는 것이다.

프랑스 대혁명 이후에는 사실 그 죄수가 진짜 루이 14세이고 왕위에 오른 인물은 루이 14세의 친동생이라는 추측이 나왔다. 그리고 1848년에 프랑스 작가 알렉상드르 뒤마는 소설 《철가면》에서 철가면을 쓴 그 죄수를 루이 14세의 일란성 쌍둥이 형제로 설정했다. 그의 소설은 '철가면'이라는 이름이 대중적으로 알려지는 계기가 되었다.

이후에도 철가면의 신분에 대한 추측이 계속해서 나왔다. 이를 정리해 보면 대략 다음과 같다.

첫째, 철가면은 루이 14세의 친아버지이다. 사료에 따르면 루이 13세와 안 왕비는 사이가 몹시 나빠서 오랫동안 별거했다. 나중에 추기경 리슐리외의 주선으로 화해하기는 했지만, 여전히 사이가 나빴다. 루이 14세가 태어나기 전까지 루이 13세 부부에게는 오랫동안 아이가 생기지 않았다. 그래서 사람들은 루이 14세가 사실은 안 왕비와 그녀의 정부 사이에서 태어난 아들이라고 추측했다. 왕위에 오른 루이 14세는 자신의 출생의 비밀이 밝혀질까 봐 두려워서 생부를 감옥에 가두고 그곳에서 호의호식하다 죽게 한 것이다.

둘째, 철가면은 영국 국왕 찰스 1세이다. 이렇게 주장하는 사람들은 찰스 1세가 단두대에 오르기 전에 이미 누군가가 그를 빼돌리고 다른 사람을 보냈다고 주장했다. 어쩌면 이 말은 사실일지도 모른다. 당시 영국인 상당수가 국왕을 죽이는 데 반대했기 때문이다. 그러나 이를 이유로 철가면이 찰스 1세라고 주장하는 것은 비약이 지나치다. 만약 찰스 1세가 구사일생으로 목숨을 건져 프랑스로 왔다고 치더라도, 루이 14세가 그를 감옥에 넣을 필요까지는 없기 때문이다. 그저 성 하나를 주어 살게 해도 충분할 테니 말이다.

셋째, 철가면은 프랑스의 블롱드 장군이다. 이것은 암호학자 바제리가 제기한 가설이다. 바제리는 19세기 말 프랑스의 천재로 암호 해독의 고수였다. 언젠가 프랑스 군대의 암호 체계를 순식간에 해독해서 세상을 놀라게 한 그는 외교부의 암호연구소로 발령받았다. 어느 날 바제리는 그곳에서 루이 14세 시기의 비밀 편지를 손에 넣게 되고, 1부터 500까지의 숫자로 구성된 이 비밀 편지의 내용을 알아냈다. 국왕 루이 14세가 명령에 따르지 않은 블롱드 장군을 처벌하기 위해 가면을 씌워서 감옥에 가두었다는 내용이었다. 이 대목에서 바제리는 철가면을 떠올리고 그가 바로 블롱드 장군이었다고 결론을 내렸다.

철가면에 관한 이야기는 수백 년이 지난 지금까지도 풀리지 않는 수수께끼로 남아 있다. 언젠가 그의 정체를 밝혀 줄 새로운 사료가 발견될 수도 있겠지만, 어쩌면 영원히 비밀로 남을 수도 있다.

나는 생각한다 고로 나는 존재한다

한때 데카르트는 파리 거리를 어슬렁거리는 백수였다. 또 한때는 겁쟁이 군인이기도 했다. 그러나 이 모든 것이 자신에게 어울리지 않는 옷이라는 사실을 깨닫고 네덜란드에서 은거하며 철학 세계에 빠져들었다. 그 후 데카르트는 유명한 이 말을 남겼다. "나는 생각한다. 고로 나는 존재한다."

귀족의 삶

데카르트는 1596년 3월에 프랑스 투렌의 라에에서 귀족의 자제로 태어났다. 아버지는 지방의회 의원이자 지방법원의 법관이었다. 데카르트가 태어난 지 얼마 지나지 않아 어머니는 병으로 세상을 떠났고, 병약한 어린 아들을 위해 데카르트의 아버지는 시녀를 고용해 그를 돌보게 했다. 데카르트는 몸이 허약해서 침대에 누워 지내는 시간이 많다 보니 또래 아이들과 어울릴 기회가 많지 않았다. 이러한 성장 환경의 영향으로 그는 내성적이고 사색적인 성품으로 자라났다.

데카르트는 어려서부터 사색을 즐겼고 사물을 다양한 시각으로 보는 등 철학자의 기질이 다분했다. 그래서 그의 아버지는 아들을 '나의 작은 철학자'라고 불렀다. 여덟 살 때 예수회의 기숙학교에 들어간 데카르트는 물 만난 고기처럼 지식의 바다에서 헤엄쳤다. 그러나 다른 아이들은 매일 아침 교실에 가서 성경을 읽거나 다른 과목을 공부했지만, 병약한 데카르트는 그럴 수 없었다. 이에 학교에서는 특별히 그를 배려해 침대에서 공부해도 된다고 허락했고 이때부터 데카르트는 누워서 생각하는 습관이 들었다.

데카르트는 열여섯 살 때 예수회 학교를 떠나 파리로 여행을 갔다. 도시 전체에 문화적 분위기가 충만한 환락의 도시 파리에서 데카르트가 가장 먼저 접한 것은 학문을 탐구하는 방법이 아니었다. 데카르트는 부유층 자제들과 어울리며 술과 담배를 배우고 주색잡기에 빠져 여인들의 뒤꽁무니를 쫓아다니느라 바빴다. 그중에서도 특히 도박을 잘해서, 내기를 했다 하면 백전백승

▼ 데카르트의 초상

데카르트(1596~1650)는 위대한 철학자이자 물리학자, 수학자, 생리학자이고 해석기하학의 창시자이다. 또한 서양 현대 철학 사상의 기초를 다졌고, 근대 유물론을 개척했다. 데카르트는 모든 것을 의심한다는 '보편적 회의'라는 개념을 주장했으며, 그의 철학 사상은 사람들에게 깊은 영향을 미쳤다.

이라 사람들의 이목을 끌었다. 데카르트는 운으로 이긴 것이 아니라 천재적인 수학적 능력을 발휘해서 도박했으므로 항상 이길 수밖에 없었다.

성인이 된 후 데카르트는 점점 건강해졌다. 그러나 데카르트에게 자신감을 준 것은 건강해진 몸이 아니라 타고난 지적 능력이었다. 파리의 환락가에서 5년을 보낸 데카르트는 어느 날 문득 자신의 몸과 지적 능력을 주색잡기에 쓸 수는 없다고 생각하고, 그날로 깨끗이 손을 씻고 군인이 되었다.

그러나 데카르트는 군인이 될 재목은 아니었다. 훗날 그 자신도 전쟁터에서 적을 죽이기 위해서가 아니라 그저 몸을 단련하기 위해서 군대에 지원했다고 인정했다. 데카르트는 당시에 갑자기 군인이 되고 싶다는 생각이 들어 군대에 간 것일 뿐이었다. 시간이 흐르자 군인이라는 직업에 대해 처음에 느꼈던 열정은 사그라졌고, 데카르트는 어느덧 군인의 본분을 망각한 채 전투에 참가하지 않으려고 기를 썼다. 그래서 사람들은 그를 겁쟁이라고 생각했지만, 데카르트는 다른 사람들이야 어떻게 생각하든 신경 쓰지 않았다. 그는 사색에 잠길 시간도 부족했기 때문이다.

데카르트는 군대에서 4년을 보내고 스물다섯 살 때 퇴역해서 다시 유럽 각국을 떠돌기 시작했다. 이번에는 처음과 달리 여행하는 동안 여러 가지 철학 명제에 대해 사고하고, 인간과 이 세상에 대해 깊이 고민했다.

은거생활

1628년, 전 유럽을 돌아본 데카르트는 이제 그만 유랑 생활을 접고 조용한 곳에서 저술 활동에 전념하고 싶었다. 그는 철학에 대한 사색을 더 많은 사람과 공유하고 싶어 당시 자유의 나라 네덜란드에 정착했다.

17세기에 네덜란드는 떠오르는 유럽의 강자로, 경제가 번영하고 사상의 자유가 보장받는 관대하고 포용적인 나라였다. 데카르트는 네덜란드에서 20년 동안 머무르며 외부와

▼ 데카르트가 그린 시각 해석도

데카르트는 인체란 기계와 같아서 각 신체 부위가 특정한 물리 법칙에 따라 운동한다고 생각했다. 그러나 몸과 마음은 분리되어 있으며 이 둘은 감각을 관념적 질료로 바꿔주는 신체 기관인 송과선으로만 연결할 수 있다고 했다.

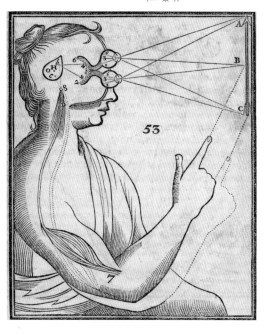

**▲ 스웨덴 크리스티나 여왕에게
강의하는 데카르트**

1649년 겨울, 데카르트는 스웨덴 크리스티나 여왕의 초청으로 스톡홀름에 가서 궁정 철학자로서 여왕에게 강의했다. 그러나 병약했던 데카르트에게 스웨덴의 기후는 독이었다. 1650년에 그는 결국 폐렴으로 쓰러지고 그해 2월에 쉰넷의 나이에 숨을 거두었다.

연락을 끊고 저술 활동에만 몰두했다. 조용하고 세상과 단절된 환경에서 체계적인 사상의 틀을 완성하기 위해 그는 지인들에게조차 주소를 알리지 않았다.

번잡한 세상에서 비켜선 데카르트는 차분한 환경에서 오랫동안 은거했다. 그리고 사색의 결과를 글로 옮겨 《방법서설》, 《제1 철학에 관한 성찰》, 《철학적 원리》 등을 저술했다. 데카르트는 이런 위대한 작품들을 저술하면서 사색의 즐거움을 맛보았다. 당시 그는 집안일을 해 주는 하인과 만나는 시간을 빼고는 언제나 서재에서 글을 쓰며 오로지 철학을 연구하는 데 모든 시간을 투자했다. 다만, 다른 사람들과 달리 데카르트는 소년 시절의 습관대로 침대에 누워서 책을 읽고 글을 썼다. 데카르트의 말을 빌려 이 시기의 그의 삶을 표현하자면, "삶을 사랑하되, 죽음을 두려워하지 말라."였다.

데카르트가 '죽음'이라는 말을 입에 올린 것은 딸의 죽음으로 큰 충격을 받았기 때문이다. 데카르트는 평생 독신이었지만, 하녀와의 사이에 프란시느라는 딸을 낳고 하나밖에 없는 딸을 끔찍이 아꼈다. 하녀에게서 딸을 데려와 금이야 옥이야 소중히 키운 데카르트는 아이가 좀 더 크면 프랑스로 데려갈 생각이었다. 그런데 프란시느가 성홍열에 걸려 다섯 살의 어린 나이에 죽고 말았다. 딸에게 무한한 애정을 쏟던 데카르트는 이로 말미암아 깊은 절망에 빠졌다.

그토록 좋아하던 저술 활동도 접을 만큼 데카르트는 마음의 고통을 떨쳐내지 못하고 온종일 딸을 생각하며 슬퍼했다. 하지만 산 사람은 살아야 하는 법. 데카르트는 그만 슬픔에서 벗어나기 위해 그곳을 떠나기로 하고 멀지 않은 곳에 있는 아름다운 장원으로 집을 옮겼다. 이때 건강이 매우 쇠약해진 상태이던 데카르트는 폐에 문제가 생길까 봐 집 밖 출입조차 삼가고 집안에 틀어박힌 채 사색과 집필에 전념했다.

인생의 마지막

저서들이 출판되면서 데카르트의 명성은 하루가 다르게 높아졌다. 스웨덴의 크리스티나 여왕이 그에게 편지를 보내 인생과 철학적 문제에 대해 토론하자고 부탁할 정도였다. 크리스티나 여왕도 다재다능한 인물이었다. 스웨덴어, 프랑스어, 이탈리아어, 스페인어 등 여러 언어에 능통했고 과학과 철학에 심취했다. 여왕은 위대한 철학자 데카르트를 매우 흠모해서 편지로만 소통하는 데 만족하지 못하고 그를 스웨덴 왕궁의 궁정 철학자로 초빙했다.

스웨덴은 네덜란드보다 훨씬 추워서 병약한 데카르트에게는 맞지 않은 곳이었다. 그래서 데카르트는 여왕의 부탁을 완곡히 거절하는 답신을 보내 계속 네덜란드에서 지내고 싶다는 뜻을 전했다. 그는 편지에 이렇게 썼다. "저는 이미 20년 동안 은거 생활을 해 왔고 나이도 많으니, 불필요한 여행으로 수고하지 않게 해주시길 간청합니다."

그러나 여왕은 곤란해하는 데카르트의 의견을 무시하고 1649년에 기어이 그를 스웨덴 왕궁으로 불러들였다. 데카르트는 스웨덴 왕궁이 있는 스톡홀름에서 그곳의 기후뿐만 아니라 독선적인 여왕의 태도도 견뎌야 했다. 여왕은 새벽에 철학 지식을 배우는 것이 가장 좋다고 생각해 데카르트에게 날이 밝기 전에 왕궁으로 오라고 요구했다.

오랫동안 이렇게 생활하던 데카르트는 결국 감기로 몸져누웠고,

그것이 악화해 폐렴이 되고 말았다. 여왕이 의사를 불러 피를 뽑아 치료하라고 했지만 데카르트는 거절했다. 1650년 2월 11일 새벽, 데카르트는 여왕을 만나러 가려고 아픈 몸을 일으키려다가 쓰러지고 말았다. 그는 작은 목소리로 말했다. "영혼이 떠날 시간이 되었다." 그리고 위대한 철학자 데카르트는 "나는 생각한다. 고로 나는 존재한다."와 같이 깨달음을 주는 명제를 남긴 채 눈을 감았다.

나는 생각한다 고로 나는 존재한다

데카르트는 모든 것을 의심하는 데서부터 철학적 문제를 생각했다. 그는 사람이 태어나서 배우는 각종 지식이 다른 사람이 자신에게 알려주는 여러 사물을 판단하게 하며 이런 판단이 바로 선입견이라고 생각했다. "우리가 이런 선입견에서 벗어나는 유일한 방법은 살면서 조금이라도 의심스럽다고 느끼는 것에 대해서는 모두 의심하는 것이다."

데카르트는 자신의 말대로 여러 가지를 의심했고, 가장 먼저 의심한 것은 바로 인간의 감각이었다. 우리가 눈으로 보는 것이 정말로 존재하는가? 사실, 같은 것이라도 멀리서 볼 때와 가까이에서 볼 때의 모습이 서로 다르다. 이는 곧 우리의 눈을 완전히 신뢰할 수 없다는 것을 의미한다. 그렇다면 가장 현명한 방법은 '다시는 눈에 보이는 것을 완전히 믿지 않는 것'이다. 인간의 감각 말고 과학적이라고 불리는 것들도 의심해야 하는가? 데카르트는 '물론'이라고 답했다. 그가 볼 때, 과학이라는 것은 어떤 위대한 마법사나 악마가 인간에게 믿도록 강요한 것에 불과했기 때문이다.

데카르트는 자신의 회의론에 대해 이렇게 말했다. "나는 이렇게 가정하려고 한다. 하늘, 공기, 땅, 형상, 색깔, 소리, 그리고 모든 외적인 것이 나를 속이는 환영일 뿐이고 그 악마는 바로 이런 것들로 쉽사리 믿는 나의 마음을 얻으려는 것이다. 그래서 나는 이렇게 나 자신을 성찰하고자 한다. 나는 손도 없고, 눈도 없고, 육체도 없고, 피도 없고, 아무런 감각도 없는데, 어리석게도 이 모든 것이 존재한다고 믿고 있을 뿐이다."

그렇다면 명확한 것은 아무것도 없으니 모든 것을 의심해야 한다는 말인가? 답은 '아니다.' 데카르트는 오직 한 가지는 의심할 여지가 없이 분명하다고 생각했다. 바로 '나는 생각한다'는 사실이다.

◀ 데카르트의 옛집
데카르트는 평생 유럽 곳곳을
돌아다녔다. 프랑스에서 태어나
이탈리아, 네덜란드, 스웨덴 등
을 옮겨 다니며 살았다. 이 사진
은 데카르트가 살았던 곳 중의
하나이다.

내가 모든 것을 의심할 때조차 나는 생각하고 있기 때문이다. 내가
'생각하고 있다' 는 것이 진실이라면, '나' 의 존재도 인정해야 한다.
'나' 는 '생각' 안에 숨겨져 있다. 만약 '나' 를 부정한다면, '생각하
고 있다' 는 것과 모순이 일어난다. 이리하여 데카르트의 유명한 명
제가 탄생했다. "나는 생각한다. 고로 나는 존재한다."

비정한 희극가 몰리에르

몰리에르는 17세기 프랑스 희극계를 대표하는 인물이다. 그가 만든 희극은 프랑스 전역에서 굉장한 영향력을 미쳤고, 국왕 루이 14세조차 그의 희곡이라면 꼭 챙겨볼 정도였다. 몰리에르의 작품에는 조롱과 풍자가 넘쳤지만 결코 시시껄렁한 말장난이 아니었다. 그는 시대의 문제를 풍자하고 인생의 고통을 건드리며 반성과 성찰을 이끌어냈다.

학창 시절

몰리에르(1622~1673)의 본명은 장 바티스트 포클랭이며 1622년에 파리에서 태어났다. 아버지는 궁중 실내 장식을 총괄하고 왕실 가구를 제작하는 일까지 도맡아 많은 돈을 벌었다. 그는 아들에게 자신의 일을 물려줄 생각이었지만, 포클랭은 가구에는 통 관심이 없고 할아버지를 따라서 연극을 보러 극장에 다니는 것을 더 좋아했다.

▼ 몰리에르의 유명한 희극 〈타르튀프〉의 한 장면

그러다 보니 포클랭은 어느덧 연극의 재미에 푹 빠져들었다.

1643년에 포클랭은 가업을 이어받았지만 몇 달 일하고는 다른 사람에게 그 자리를 넘겨줘버렸다. 그리고 바로 그해에 활달하고 깜찍한 스물네 살의 마들렌 베자르를 알게 되었다. 베자르는 어느 공작의 정부였던 적도 있었지만 포클랭은 개의치 않았다. 두 사람은 만난 지 얼마 되지 않아 동거를 결심하고 포클랭이 베자르의 집으로 들어갔다. 그러면서 포클랭은 가업과 인연을 끊고 베자르의 남자 형제 두 명과 극단을 만들었다. 그 후 포클랭은 당시의 관례대로 몰리에르라는 예명을 사용하기 시작했다. 이때부터 몰리에르는 희극과 함께 길고 화려한 삶을 걷기 시작했다.

처음은 그다지 순탄하지 않았다. 종종 자금 압박에 시달렸고 빚을 갚지 않아서 감옥에 갇힌 적도 세 번이나 되었다. 몰리에르의 아버지는 아들이 무대에 쏟는 열정이 사그라지길 바라며 몇 번이나 그를 대신해 빚을 갚아주고 보석금을 내고 감옥에서 빼내왔다. 그러나 몰리에르가 연극에 푹 빠져 헤어나올 줄 모르자 부자 관계는 점점 악화했다. 몰리에르는 결국 극단을 후원해줄 재력가를 찾아 나섰다. 지성이면 감천이라는 말이 있듯이, 그가 정성을 다한 결과 몇몇 공작과 후작이 몰리에르의 극단을 후원해주기로 했다. 그러나 그것으로는 현상을 유지하기에도 벅찼다.

이런 이유로 극단은 벼랑 끝을 오갔지만, 몰리에르 개인적으로는 수확이 많았다. 그는 직접 연기도 하면서 극본을 쓰기 시작해 1655년에는 완벽한 배우이자 극작가로 거듭났다. 더불어 몰리에르는 희극에 새로운 표현법을 더하기 시작했다. 1658년에 몰리에르는 자신의 실력과 극단에 자신감이 생겼다. 그는 자신의 극단이 그 어떤 유명한 극단보다 출중한 실력을 갖추었다는 생각이 들자, 소도시를 떠돌며 공연하는 것을 그만두고 수도 파리로 향했다.

파리로 돌아간 후 몰리에르는 아버지와 화해했다. 그리고 아버지의 도움으로 오를레앙 공작을 설득해 루브르 궁에서 공연하게 되었다. 마침 그 자리에는 프랑스 국왕 루이 14세도 참석했다. 루이 14세가 도착하기 전, 몰리에르는 비극을 먼저 무대에 올렸다. 당시 비극은 매우 수준 높은 예술로 여겨졌는데 몰리에르는 비극 연출에는 영 재능이 없었다. 당연히 비극 공연은 그저 그랬다. 이어서 몰리에르는 자기가 직접 쓴 희극을 무대에 올렸고, 이것이 '대박'을 터뜨렸다. 몰리에르는 마치 희극을 위해 태어난 사람처럼 희극을 쓰는 데 비상한 재주가 있었다. 연극을 본 루이 14세는 몰리에르를 칭찬하며 호감을 보였고, 이후 국왕이 적극적으로 후원하면서 몰리에르의 삶에 커다란 변화가 일어났다.

희극의 문

국왕의 인정을 받은 후 몰리에르와 그의 극단은 비극으로도 어느 정도 인정을 받고 싶었다. 하지만 비극을 공연하는 날에는 객석이 텅 비고 개미 새끼 한 마리 얼씬하지 않았다. 반면에 몰리에르가 직접 쓴 희극을 공연하면 객석이 꽉 들어차서 공연장이 떠나가라 박수 갈채가 쏟아졌다.

1659년에 몰리에르는 희극 〈웃음거리 재녀들〉을 무대에 올렸다. 이 작품에서 그는 지체 높은 숙녀들의 단정하고 정숙한 외모 아래 감춰진 텅 빈 내면과 허영, 물질만 좇는 위선을 과장된 수법으로 비꼬았다. 이 작품의 공연 시간은 한 시간 남짓밖에 되지 않았지만 이후 몰리에르에게 엄청난 부와 명예를 안겨주었다. 이 작품은 1년 동안 여러 차례 무대에 올랐는데, 루이 14세의 요청으로 궁전에서도 세 차례나 공연했다. 게다가 루이 14세는 몰리에르를 칭찬하며 후하게 상을 내렸다.

한편, 희극으로 성공 가도를 달리는 몰리에르는 왕립 극단의 눈엣가시가 되었다. 그들은 몰리에르가 위대한 비극은 못 쓰고 그저 천박한 희극만 쓸 뿐이라고 대놓고 비웃었다. 그러자 자존심이 상한 몰리에르는 다시 비극 창작에 몰두했지만, 관객의 반응은 여전히 냉랭했다. 결국 몰리

▼ 몰리에르상

몰리에르(1622~1673)는 프랑스 고전주의 시대의 유명한 극작가이자 공연예술가였다.

에르는 희극 형식을 빌려 과장된 수법과 날카로운 말로 비참하고 우스운 인생을 냉소적으로 표현하는 새로운 형태의 극을 써 냈다.

1661년에 몰리에르는 희극 〈남편학교〉를 무대에 올려 석 달 동안 공연했다. 이 작품은 그 자신이 곧 누군가의 '남편'이 될 것임을 예고했다. 그런데 몰리에르의 결혼은 온 세상의 손가락질을 받았다. 신부가 몰리에르와 오랫동안 동거했던 마들렌 베자르의 딸[6]인 아르망드 베자르였기 때문이다. 베자르는 몰리에르를 만나기 전에 많은 애인을 두고 있었기 때문에 아르망드의 친아버지가 누구인지는 아무도 몰랐다. 그래서 사람들은 몰리에르가 자신의 친딸과 추잡한 짓을 벌인다고 한목소리로 비난했다. 이 사실은 곧 루이 14세의 귀에까지 들어갔지만 국왕이 몰리에르를 편들면서 부글부글 끓던 여론도 차츰 잦아들었다.

이때 몰리에르는 마흔이 다 된 나이였지만 아르망드는 꽃다운 스무 살 처녀였다. 나이 차가 너무 큰 탓에 두 사람은 종종 갈등을 겪었다. 게다가 아르망드는 평생 한 남자만 바라보고 살 여자가 아니어서 몰리에르는 바람기 많은 아내 때문에 고통스러운 나날을 보내야 했다. 그의 고통은 작품에 고스란히 녹아들었고, 새로운 작품이 잇달아 무대에 올려졌다.

〈타르튀프〉 탄생

몰리에르의 희극은 항상 비난의 화살을 받았다. 특히 자못 진지한 척하는 성직자들이 그를 못살게 굴었다. 몰리에르가 전성기에 내놓은 대표작 〈타르튀프〉를 공연할 때, 그에 대한 비난도 절정에 이르렀다.

〈타르튀프〉는 겉으로는 점잖은 신사인 척하지만 알고 보면 돈과 여자라면 사족을 못 쓰고 결점이 한두 가지가 아닌 위선자 타르튀프에 관한 연극이다. 심지어 타르튀프는 위선자라는 가면이 벗겨지는 순간에조차 태연한 척하며 말도 안 되는 억지를 끌어다 자신을 변호한다. 몰리에르는 그러한 위선자의 이미지를 날카롭게 그려냈다. 그리고 스스로 독실한 신도라고 떠들고 다니면서 도덕이라는 미명으로 행동을 억압하는 성직자들의 모임인 세인트 클레멘츠회를 겨냥해 조롱을 쏟아냈다.

---

6) 또는 여동생이라는 설이 있다.

〈타르튀프〉는 1664년 5월에 초연하자마자 여론의 뭇매를 맞았다. 여론이 얼마나 강경하게 밀어붙이는지, 루이 14세조차도 공개 공연을 허락하지 못하고 공연 장소와 횟수를 제한할 수밖에 없었다. 그로부터 3년이 지난 1667년 8월, 몰리에르가 루이 14세를 찾아가 간청을 거듭한 끝에 마침내 공개 공연을 허락받았다. 그러나 공연이 시작되자마자 파리 법관이 공연 금지 명령을 내리고 주교는 배우들을 교적에서 제명하겠다고 엄포를 놓았다. 막다른 골목에 몰리면 쥐도 고양이를 문다는 말이 있다. 몰리에르는 더 이상 〈타르튀프〉 공연을 방해한다면 다시는 연극 무대를 밟지 않겠다고 폭탄선언을 던졌다. 이 최후의 발악은 아주 효과적이었다. 몰리에르라면 덮어놓고 칭찬하는 루이 14세가 나서서 공연 금지를 해제한 것이다. 이리하여 〈타르튀프〉는 1669년 2월부터 28차례나 무대에 올랐고, 객석은 매번 관객들로 꽉 찼다. 몰리에르는 그의 희극 인생에서 가장 찬란한 한때를 맞이했다. 지금도 세계 곳곳의 극장에서 몰리에르의 〈타르튀프〉를 만날 수 있다.

〈타르튀프〉 공연 금지가 풀리고 인생 최고의 황금기를 맞이하기 전인 1668년, 몰리에르는 〈수전노〉를 완성했다. 이 작품은 고대 그리스 희극에서 아이디어를 얻은 데다 소재도 새로울 것이 없는 구두쇠에 관한 이야기였다. 그러나 몰리에르는 더 우려먹을 것도 없는 빤한 소재로 매우 생동감 넘치는 이야기를 만들어냈다. 수전노 아르파공은 바늘로 찔러도 피 한 방울 흘리지 않을 것처럼 매우 인색한 사람이었다. 말 먹이는 돈이 아까워 피골이 상접할 때까지 굶기고, 말굽에 징도 박아주지 않았다. '좋은 날이 오기를 바랍니다' 라는 말도 아까워 '좋은 날을 빌려 주겠습니다' 라고 말할 정도였다. 심지어 결혼하는 딸에게 혼수도 해주지 않고, 아들이 자기보다 빨리 죽기를 바라는 지독한 수전노였다. 몰리에르의 주특기인 촌철살인의 대사를 들을 수 있는 〈수전노〉는 프랑스에서 최고의 인기를 누렸다.

이 밖에 〈석상의 초대〉[7], 〈마음에도 없이 의사가 되어〉 등 박수갈채와 환호성을 받은 많은 작품도 비난의 화살을 비켜가지 못했다. 몰리에르는 희극 무대 위에서 비극과 다름없이 봇물처럼 쏟아지는 비난을 마치 투사처럼 견뎠다.

---

7) 〈돈 후안〉의 초연 당시 제목

인생의 대단원

고된 창작과 연출 활동, 불행한 결혼, 자식의 죽음, 그리고 끝없이 쏟아지는 비난은 몰리에르의 생명을 야금야금 갉아먹어 결국에는 그를 몸져눕게 했다. 1673년 2월, 몰리에르는 극도로 쇠약해졌다. 지인들이 며칠 쉬라고 권했지만, 쉰 명이 넘는 단원들의 생계가 그에게 달린 상황에서 일을 놓을 수는 없었다. 몰리에르는 계속해서 쉴 틈 없이 바쁜 나날을 보냈다. 그러다가 무대의 막이 내림과 동시에 쓰러져 영원히 눈을 감으니, 이때 그는 쉰을 갓 넘긴 나이였다.

생전에 몰리에르가 작품 속에서 부패한 성직자들의 위선을 여러 차례 조롱했기 때문에 어떤 신부도 그의 마지막을 위한 기도를 해주려고 하지 않았다. 또, 파리 주교는 그가 죽기 전에 참회하지 않아 하느님의 용서를 받지 못했으므로 교회의 묘지에 안장하지 못하게 했다. 그러나 아르망드가 남편을 위해 루이 14세에게 간청하여 국왕이 밀명을 내려 압박하자, 주교도 어쩔 수 없이 교회 묘지에 몰리에르의 시신을 안장하는 것을 허락했다. 하지만 교회 안에서 장례식을 치를 수 없다는 태도는 바꾸지 않았다. 날이 저물 무렵, 몰리에르의 관을 멘 사람들이 교회 묘지로 들어가 구석진 곳에 관을 묻었다.

▼ **몰리에르의 무덤**
몰리에르의 무덤은 프랑스 파리 페르 라셰즈 공동묘지에 있다. 그의 옆에는 우화 작가인 라퐁텐이 누워 있다. 원래 몰리에르는 어느 교회 묘지의 한구석에 초라하게 묻혔으나, 페르 라셰즈 공동묘지가 만들어진 후 이곳으로 이장되었다. 그의 무덤 곁에는 프랑스의 유명한 문화 인사들이 많이 묻혀 있다.

몰리에르는 일평생 희극을 썼지만, 조롱과 풍자가 난무하는 그의 작품 속에 담긴 것은 부패한 현실에 고통받는 프랑스인에 대한 안타까움이었다. 그래서 몰리에르의 작품은 희극임에도 절대 가볍지 않고 인생의 의미와 곤혹스러움을 전해주는 것이다.

가짜 차르가 일으킨 폴란드-러시아 전쟁

역사상 많은 사람이 권력에 목을 맸다. 누군가가 한 나라를 다스릴 정도의 권력을 가지면 또 그의 것을 뺏으려는 사람들이 우후죽순 생겨나게 마련이다. 러시아 차르 이반 4세가 죽은 후, 러시아는 권력을 둘러싼 진흙탕 싸움에 휘말린다. 당시 어지러운 틈을 타고 가짜 차르 두 명이나 나타나 러시아를 포화 속으로 밀어 넣었다.

섭정위원회

　1584년, 평생 전쟁터를 누빈 러시아 차르 이반 4세(1547~1584년 재위)가 모스크바에서 병으로 세상을 떠났다. 사실 오래전부터 그의 정신 상태가 이상하다는 소문이 곳곳에 떠돌았다. 그런 소문 중에 가장 널리 알려진 것은 이반 4세가 아들을 죽였다는 소문이었다. 어느 날 이반 4세가 아들과 다투던 중에 화를 못 이기고 지팡이를 들

▼ **이반 4세가 영국 사신에게 보석을 보여주는 장면**

이반 4세는 러시아 역사에 지대한 영향을 미친 차르다. 러시아에는 이반 뇌제에 관해 셀 수 없이 많은 전설이 전해내려 오며, 지금도 그에 관한 이야기 한두 가지쯤은 모르는 사람이 없을 정도이다. 그는 비범한 정치가이자 군사가, 외교가, 작가였고 명철한 황제였지만, 또 한편으로 미치광이였다.

어 아들의 정수리를 때렸는데, 불행히도 그 때문에 아들이 죽었다는 것이다. 이 소문이 사실이든 거짓이든 간에 그로부터 300년 후 러시아의 대화가 일리야 레핀이 〈이반 뇌제, 자신의 아들을 죽이다〉라는 그림으로 이 이야기를 상세하게 묘사했다.

이반 4세에게는 표도르와 와병 중인 드미트리 황자가 있었다. 이반 4세가 죽은 후 당연히 첫 번째 황자 표도르가 이반 4세의 뒤를 이어 차르가 되었지만, 여전히 고두노프, 니키타 로만 유레프, 므스티슬라브스키, 슈이스키 네 사람이 섭정하며 섭정위원회를 구성했다.

표도르는 아버지 이반 4세와 달리 강인하거나 포부가 큰 인물이 아니었다. 유약하고 평범했던 그는 항상 암살당할지 모른다는 걱정에 전전긍긍했다. 이런 무능력한 차르가 강한 대신들을 제치고 대권을 손에 쥘 수 있을 리 없었다. 섭정을 맡은 네 명의 대신은 이반 4세를 보좌하던 노련한 정치가들이었다. 정치적 수완이 탁월한 그들이 한마음 한뜻으로 나라를 위해 일했다면, 러시아는 그 누구도 넘볼 수 없는 강대국이 되었을 것이다. 그러나 그들은 모두 권력욕에 눈이 멀어 서로 왕좌를 탐할 뿐 협력하려고 하지 않았다. 게다가 이런 섭정위원회는 둘째 치고, 이 위원회에 들어가지 못해 화가 난 보야르[8] 비엘스키가 가장 큰 문제였다.

참다못한 비엘스키가 드디어 불만을 표출하고 나섰다. 군대를 일으켜 크렘린 궁을 점령한 그는 어린 드미트리 황자를 차르로 내세워 정권을 손아귀에 넣으려고 했다. 비엘스키가 반란을 일으키자 분열하던 섭정 대신들은 잠시 정권 다툼을 뒤로 미루고 힘을 합쳐 적에 대응했다. 그들은 모스크바 시민의 도움으로 비엘스키의 군대를 무찌르고 그를 추방했으며, 드미트리 황자와 그의 어머니도 모스크바로 유배 보내 후환을 없앴다.

고두노프 정권

비엘스키의 반란을 평정하면서 고두노프가 대권을 장악했다. 그러자 나머지 세 명의 대신은 고두노프가 권력의 왕좌에 앉는 꼴을 가만히 두고 보지 못하고 그를 암살할 계획을 세웠으나, 하늘은 고두노프의 편이었다. 심상치 않은 낌새를 알아차린 고두노프는 반대 세력의 음모를 잇달아 물거품으로 만들었다. 그리고 므스티슬라브

---

8) 러시아 대귀족

이반 4세는 '이반 뇌제'라고도 불린다. '무서운 이반'이라는 뜻이다. 이반 4세는 어렸을 때 작은 동물을 죽일 때까지 괴롭히며 놀았다고 하며, 감정 기복이 매우 심했다. 어른이 된 후 그는 성품이 더욱 포악해졌다. 1581년 11월의 어느 날, 이반 4세는 드레스한 겹만 입고 의자에 앉아 있는 황태자비를 발견했다. 당시 예의범절에 따르면 여성은 적어도 세 벌 이상을 껴입어야 했다. 단정하지 못한 차림새를 본 이반 4세는 화를 참지 못하고 당시 임신 중이던 황태자비를 사정없이 구타했다. 그 후, 외출했던 황태자가 궁에 돌아와서 이 일을 알고는 이반 4세를 찾아가 따졌다. 이에 이반 4세는 또 이성을 잃고 손에 든 지팡이로 친아들의 정수리를 쳐 죽여버렸다.

스키는 수도원에 가두고, 슈이스키는 사형에 처했으며, 그 밖에 반란과 관련된 사람을 모조리 색출해 사형시키거나 감금했다.

1598년 초, 14년 동안 유령처럼 황제의 자리에 있던 표도르가 결국 병으로 죽었다. 그는 자식이 없고 그의 동생 드미트리는 8년 전에 이미 세상을 떠났기 때문에 왕가에는 합법적인 계승권이 있는 사람이 하나도 없었다. 이로써 수세기를 이어 온 류리크 왕조는 역사에서 사라지게 되었다. 표도르가 죽고 차르 자리가 비자, 황위를 둘러싼 쟁탈전은 더욱 치열해졌다. 그러나 고두노프는 오랫동안 길러 온 힘으로 경쟁자들을 하나 둘 물리치고 마침내 1598년 9월에 차르의 황관을 썼다.

고두노프는 차르만 되면 모든 것이 끝이라고 생각했지만, 차르로 즉위한 후 온갖 문제가 잇달아 터졌다. 1601년, 갑작스러운 홍수로 온 나라가 수해를 입은 지 얼마 지나지 않아 혹한과 냉해가 덮쳤다. 연이은 자연재해로 수확량이 급감하는 바람에 러시아 전역이 대기근에 시달렸다. 살길이 막막해진 러시아 민중이 결국 봉기를 일으키면서 수도 모스크바에 긴장감이 감돌았으나, 고두노프가 대군을 이끌고 가서 반란 세력을 진압했다. 그 후 1603년, 정말 골치 아픈 문제가 터졌다. 오래전에 죽은 이반 4세의 막내아들 드미트리가 어디선가 갑자기 튀어나와 고두노프의 자리를 위협한 것이다.

죽은 사람이 되살아나다

1603년에 '부활'한 드미트리는 당시 22살로 폴란드 대귀족 아담 비시뇨비에츠키의 장원에서 살았다. 그는 자신이 고두노프가 보낸 자객의 손에서 구사일생으로 살아나 폴란드로 도망친 드미트리 황자라고 주장했다. 이후 드미트리 황자가 아직 살아 있다는 소식이 러시아 전역으로 퍼졌다. 이로써 엄청난 타격을 받은 고두노프는 서둘러 대응에 나섰다. 러시아 황실은 드미트리 황자의 숙부를 내세워 드미트리는 이미 오래전에 죽었고 스스로 드미트리라고 말하는 자는 가짜이며, 그의 실체는 그리고리 오트레피에브라는 수도사라고 발표했다.

그러나 아무리 황실이 나서서 오트레피에브가 드미트리를 사칭한 것이라고 밝혀도, 고두노프의 정적들에게 가짜 드미트리는 결정적인 카드나 다름없었다. 한편, 러시아의 숙적 폴란드는 러시아에 빼앗긴 땅을 되찾을 기회만 엿보고 있었다. 그래서 폴란드의 대귀족들은 가짜 드미트리가 세력을 키울 수 있도록 적극적으로 지원했다. 그중에 가장 활발하게 활약한 인물이 아담 비시뇨비에츠키이다.

비시뇨비에츠키는 가짜 드미트리에게 더 많은 힘을 실어주기 위해 그를 폴란드의 또 다른 대귀족 유리 므니제치에게 소개해주었다. 두 사람은 곧 므니제치가 가짜 드미트리를 사위로 맞고, 가짜 드미트리는 러시아 차르가 되면 그 보답으로 영지와 재산을 주겠다는 비밀 거래를 했다. 그 후, 비시뇨비에츠키는 가짜 드미트리를 폴란드 국왕 지그문트 3세에게도 소개했고, 지그문트 3세는 가짜 드미트리가 러시아 차르가 되는 것을 공개적으로 지지했다. 이에 가짜 드미트리는 차르가 되면 러

▲ 가짜 드미트리 1세와 지그문트 3세

시아가 지난날에 빼앗은 폴란드의 영토를 돌려주겠다고 약속했다.

1604년 가을, 가짜 드미트리는 군사 4,000명을 이끌고 모스크바로 진격했다. 그는 모스크바로 가는 길에서부터 민심을 얻으려 노력했다. 그는 자신이 차르가 되면 농민에게 자유를 주겠다고 약속하면서 동시에 다른 계층에도 잘 보이려 했다. 이리하여 고두노프의 통치에 반대하고 좋은 차르를 목 빠지게 기다리던 사람들이 가짜 드미트리 쪽으로 돌아서서 그를 따르는 사람은 구름처럼 늘어났다.

1605년 4월, 고두노프가 갑자기 죽고 그의 아들이 차르 자리를 계승했다. 젊은 차르는 이미 기운 대세를 뒤집을 능력이 없었다. 게다가 가짜 드미트리 군대와 싸우던 차르군도 차르를 배신하기 시작했다. 이때, 노련한 보야르 슈이스키는 생각을 바꿔 가짜 드미트리가 실은 진짜 드미트리 황자라고 주장했다. 그리고 시민의 손을 빌려 새 차르를 퇴위시키고, 대표자를 보내서 가짜 드미트리를 차르로 맞아들였다. 그해 6월, 가짜 드미트리는 군대를 이끌고 당당하게 모스

크바에 발을 들였다. 게다가 이때 드미트리의 생모까지 나서서 가짜 드미트리가 자신이 낳은 아들이 틀림없다고 주장했다. 그리고 7월에 가짜 드미트리는 순조롭게 러시아 차르가 되었다. 역사는 그를 '가짜 드미트리 1세'라고 부른다.

속으로 쾌재를 부르며 러시아 차르의 자리에 오른 가짜 드미트리는 폭정을 일삼고 제멋대로 행동했다. 1606년 봄, 그는 바라던 대로 므니제치의 딸을 황후로 맞으면서 폴란드인 2,000명을 모스크바로 불러들였다. 폴란드인들은 모스크바에서 온갖 악행과 사치를 일삼아 러시아 국민의 불만을 샀다. 여론이 이러하자 슈이스키를 비롯한 제후와 귀족들은 백성을 등에 업고 가짜 드미트리 1세를 폐위시킬 음모를 꾸민다. 1606년 5월 중순, 모스크바에 정변이 일어나 폴란드인들이 지내던 저택이 포위되었고 2,000명 중 대부분이 성난 시민의 손에 죽임을 당했다. 크렘린 궁에 있던 가짜 드미트리 1세도 물밀듯이 밀고 들어온 군중에게 맞아 죽었다.

처절한 전투

가짜 드미트리 1세가 죽자 보야르들의 지지를 받은 슈이스키가 새로운 차르 바실리 4세(1606~1610년 재위)가 되었다. 당시 러시아 사회는 차르가 가짜였다는 사실이 막 밝혀진 뒤라 뒤숭숭했다. 하층민들이 그토록 열렬하게 가짜 차르를 지지한 것은 그가 자유와 생계를 보장해 줄 것이라고 믿었기 때문이다. 그런데 그가 실은 가짜였던 데다 그가 죽은 후에 보야르의 이익을 대변하는 슈이스키가 차르로 즉위하자, 하층민들은 절망으로 끝없는 나락에 빠졌다. 희망의 불꽃이 사그라진 곳에 뒤이어 분노의 불꽃이 타올랐다. 하나둘씩 타오르던 불꽃은 마침내 러시아 전역을 불살랐고, 러시아 역사상 최초의 대규모 농민

▼ 가짜 드미트리 1세의 마지막 순간

모스크바 시민이 폭동을 일으키자, 황궁에 있던 가짜 드미트리 1세는 당황해서 어찌할 바를 몰랐다. 이 그림은 황궁에서 안절부절못하는 가짜 드미트리 1세의 마지막 모습을 담았다. 그의 얼굴이 분노와 공포로 일그러져 있다.

봉기가 일어났다.

　러시아 사회는 군주의 혈통을 매우 중요하게 생각했기 때문에 사는 것이 막막해서 봉기를 일으킨 농민이라고 하더라도 적통 황족을 내세워야 했다. 이 농민 봉기를 일으킨 지도자는 이반 볼로트니코프였다. 그는 가짜 드미트리가 시민 폭동 중에 살해당한 것이 아니라 장인 므니제치가 있는 폴란드로 도망갔다고 들었다. 그러나 폴란드로 도망갔다는 가짜 드미트리는 사실 오트레피에브 본인이 아니라 그의 측근 몰차노프였다. 그는 민중이 폭동을 일으킨 이후, 죽은 가짜 드미트리 1세를 사칭해 슈이스키에 맞섰다.

　볼로트니코프는 기세등등하게 폴란드로 가서 가짜 드미트리를 만났다. 그는 자신이 만나러 간 가짜 드미트리가 정말 오트레피에브인지 아닌지에는 관심이 없었다. 1606년 5월, 볼로트니

▲ 차르 바실리 4세

코프는 가짜 드미트리가 차르로서 내린 임무를 받들어 총사령관으로서 군대를 이끌고 슈이스키와 전투를 벌였다.

　볼로트니코프가 이끄는 농민 반란군은 파죽지세로 차르군을 몰아붙였다. 슈이스키가 보낸 차르군은 볼로트니코프가 이끄는 군대의 공격 앞에 맥을 못 추고 쓰러졌다. 그리하여 반란군은 단 3개월 만에 70여 개 이상 도시를 함락했다. 이보다 놀라운 사실은 귀족들조차 반란군에 가담했다는 것이다. 1606년 10월 말, 반란군은 마침내 모스크바 코앞까지 진격했다. 반란군과 모스크바 수비군이 대치할 때, 반란군에 가담한 러시아 귀족 일부가 다시 군대를 이끌고 차르군에 투항하는 바람에 여태까지 강하게 밀어붙이던 반란군은 순식간에 수세에 몰렸다.

　전열을 가다듬을 여유가 생긴 슈이스키는 귀족들의 도움을 받아 전국적으로 군사를 소집해 확충한 후 다시 반란군을 공격했다. 이로써 전세가 역전되어 쫓기는 신세가 된 볼로트니코프는 반란군을 이끌고 결사항전을 벌였다. 반란군이 목숨을 걸고 맞선 결과, 양쪽 모두 심각한 타격을 입었다. 1607년 여름, 슈이스키가 이끄는 10만 대군이 반란군을 향해 총공세를 펼쳤다. 당시 반란군 병력은 2만여 명

에 불과해서 객관적인 전력을 볼 때 차르군의 상대가 안 되었다. 그럼에도 반란군은 끝까지 완강하게 저항했다. 10월 말, 막다른 길에 다다른 반란군은 결국 슈이스키와 담판을 벌였다. 그리고 협상에 따라 반란군이 지키고 있던 도시를 내주자마자, 슈이스키가 약속을 저버리고 반란군을 무자비하게 학살했다. 이때 볼로트니코프도 차르군에 붙잡혀서 두 눈을 뽑

히고 얼음굴에 쳐 넣어져 익사했다. 러시아 역사상 최초로 일어난 대규모 농민 반란은 이렇게 처참한 결과만 남긴 채 끝을 맺었다. 가짜 드미트리의 이름으로 일으킨 농민 반란이 마무리될 즈음, 폴란드에서 또 한 명의 가짜 드미트리가 나타나 군대를 이끌고 모스크바로 진격했다.

대혼란

가짜 드미트리 1세를 사칭한 몰차노프는 차르의 이름으로 볼로트니코프에게 농민 반란군 통솔권을 준 다음, 가짜 차르의 옷을 벗고 본래 신분으로 돌아갔다. 그러나 폴란드 귀족들은 '차르'라는 비장의 카드를 손에 쥐고 있는 것이 유리하다고 판단해 또다시 가짜 차르를 만들어냈다. 이렇게 해서 본래 신분을 알 수 없는 또 한 명의 차르 '드미트리'가 나타났고, 역사는 그를 '가짜 드미트리 2세'라고 불렀다.

1607년에 가짜 드미트리 2세가 1만 대군을 이끌고 모스크바로 진군했다. 당시 슈이스키의 차르군과 반란군 간의 전쟁은 교착 상태에 빠져 있었는데, 폴란드인과 가짜 드미트리 2세는 천재일우의 기회를 놓치지 않고 어부지리를 꾀해 손쉽게 모스크바를 차지했다.

　슈이스키의 주력 부대는 볼로트니코프의 반란군과 싸우느라 병력을 분산할 수 없었다. 그래서 가짜 드미트리 2세를 막을 만큼 많은 병력을 모스크바로 파견하지 못하고 소규모 군대를 보냈는데 그때마다 가짜 드미트리 2세의 군대에 패했다. 그리고 슈이스키가 반란군을 제압할 즈음, 가짜 드미트리 2세의 군대는 어느새 막강한 세력으로 성장해 있었다. 1608년 여름에 가짜 드미트리 2세가 이끄는 군대는 모스크바에서 겨우 17킬로미터 떨어진 투시노까지 진격했다. 그러나 수차례 공략해도 모스크바를 손에 넣을 수 없자, 꿩 대신 닭이라고 투시노에 자리를 잡았다. 그리고 이곳에 귀족 회의와 행정부까지 두고 작지만 엄연한 '국가'를 세웠다.

　가짜 드미트리 2세가 점점 세력을 키워 대적할 수 없을 정도로 막강해지자 슈이스키는 스웨덴에 원조를 요청했다. 이때 슈이스키는 러시아와 스웨덴 간의 분쟁 지역을 넘겨주고 모스크바가 포위에서 벗어나면 또 영토 일부를 할애하겠다는 조건으로 유혹했다. 이에 1609년 5월에 스웨덴 국왕 칼 9세가 보낸 스웨덴 정예군 1만 5,000명이 노브고로드에서 모스크바로 쳐들어가 가짜 드미트리 2세의 군대를 단숨에 쳐부쉈다. 가짜 드미트리 2세는 대세가 기운 것을 알고 농민으로 변장해서 도망쳤다.

119

폴란드와 스웨덴은 오랜 앙숙 관계였다. 그런데 스웨덴이 중간에 끼어들어 큰 이득을 보고 자신은 낭패를 보게 되자 폴란드는 화를 삭이지 못했다. 그래서 러시아가 폴란드의 숙적인 스웨덴과 동맹을 맺었다는 이유로 군대를 일으켜 러시아로 진격하는 한편 러시아 황실에 등 돌린 몇몇 러시아 보야르와 동맹까지 맺었다. 슈이스키는 오랜 전쟁으로 많이 지쳐 있었지만, 어쩔 수 없이 다시 군대를 파견해서 폴란드에 맞섰다. 그런데 폴란드군의 전투력은 상상 이상이었다. 러시아군은 저항 한 번 제대로 해보지 못하고 잇달아 패했다. 이때, 가짜 드미트리 2세는 슈이스키가 위기에 처한 것을 알고 군사를 끌어모아 모스크바로 향했다. 이로써 모스크바는 막강한 폴란드군에다 가짜 드미트리 2세군의 공격까지 받는 신세가 되었다. 슈이스키가 양쪽에서 밀어닥치는 적들에게 속수무책으로 당하자 므스티슬라브스키를 비롯한 귀족 7명이 그를 차르의 자리에서 끌어내려 수도원으로 보냈다. 차르가 된 후 단 하루도 편할 날이 없던 슈이스키는 수도원에 들어가고 나서야 비로소 평안함을 느끼게 되었다.

슈이스키를 몰아낸 귀족들은 양쪽에서 몰아치는 가짜 드미트리 2세 군대와 폴란드 군대에 각기 다른 대응책을 폈다. 러시아군은 비교적 약한 가짜 드미트리 2세 군대에 총공격을 해 적을 무찔렀고, 그 와중에 가짜 드미트리 2세는 부하에게 살해당했다. 그러나 강력한 폴란드는 상대하기에 역부족이라고 판단한 러시아 귀족들은 그들의 통치를 받아들이기로 했다. 이로써 모든 것이 마무리된 것처럼 보였지만, 러시아 정국은 여전히 바람 앞의 촛불처럼 위태롭기만 했다.

로마노프 왕조의 탄생

가짜 차르가 일으킨 반란은 평정되었지만 침략자의 발아래 놓인 러시아는 고통으로 신음했다. 그러나 러시아인들은 자유를 위해 침략자에 맞서 싸웠고, 불굴의 정신으로 저항한 민중 덕분에 러시아는 침략자의 손아귀에서 벗어나 자유를 찾고 로마노프 왕조를 맞이하게 된다.

첩첩산중

러시아의 새로운 권력자가 된 귀족 7명은 가짜 드미트리 2세는 밀어냈지만 그 대신 폴란드인에게 무릎을 꿇어야 했다. 그들은 폴란드 왕자 브와디스와프를 러시아의 새 차르로 추대했는데 폴란드 국왕이 이에 반대했다. 폴란드 국왕 지그문트 3세는 자신이 폴란드와 러시아 양국의 국왕을 겸하며 거대한 폴란드-러시아제국을 건설하고자 했다.

이때, 모스크바는 이미 폴란드 군대가 점령하고 공포 정치를 펼치고 있었다. 러시아의 부활절인 1611년 3월 19일에 모스크바 시민들은 성상과 십자가를 들고 크렘린 궁과 붉은 광장 사이를 걸으며 전통적인 종교 의식을 거행할 준비를 했다. 그런데 폴란드 주둔군 사령관은 대규모 종교 의식이 집단 반발로 변질될 것을 우려해 군대에 모스크바 시민을 살육할 것을 명령했다. 이에 따라 무고한 러시아 민중 7,000여 명이 무자비하게 학살당해 모스크바 전역이 피로 물들었다.

모스크바는 이처럼 완전히 폴란드인의 수중에 떨어졌지만, 다른 지역은 폴란드인의 침략에 완강히 저항했다. 1611년 6월, 지그문트 3세는 대제국의 꿈을 실현하

▼ 니즈니노브고로드 사람들에게 호소하는 미닌

기 위해 러시아 서부의 주요 도시 스몰렌스크를 공격했다. 이에 스몰렌스크의 군인과 민중은 목숨을 내걸고 적의 침략에 맞섰고, 그 결과 8만 명을 헤아리던 스몰렌스크 주민 중 무려 7만 명이 장렬히 전사했다.

지그문트 3세가 러시아를 공략하던 그때, 스웨덴도 약체가 된 러시아를 노리고 동쪽으로 진격해 왔다. 스웨덴군은 금세 네바 강 유역을 점령하고 노브고로드까지 진격해서 스웨덴 국왕 칼 9세의 아들 필립 왕자를 러시아의 차르로 옹립하라고 노브고로드 주민을 압박했다. 1611년 7월 중순의 어느 날 밤, 한 귀족의 하인이 몰래 성문을 열어 주는 바람에 노브고로드는 스웨덴군에게 점령당했다. 이어서 스웨덴군은 노브고로드 지역의 이반고로드, 얌부르크, 코포리예 등도 점령하고 곧장 니즈니노브고로드로 진격했다.

침략군의 거침없는 말발굽이 국토를 짓밟는데도 귀족 회의의 7명은 폴란드인에게 굽실거리기만 할 뿐 러시아 백성을 돌보지 않았다. 조국이 짓밟히는 참담한 상황은 러시아 민중의 애국심에 불을 질렀고, 그 불길은 시간이 흐르면서 점점 활활 타올랐다.

민중의 저항

1611년 초에 러시아 랴잔 지역의 지도자였던 프로코피와 동생 자하르가 랴잔 지역 귀족, 농민, 코사크 등 다양한 계층이 참여한 무장 군대를 창설했다. 3월 초, 러시아 역사상 최초의 의용군으로 불리는 프로코피 형제 군대는 콜롬나에서 모스크바를 향해 전속력으로 진군해 폴란드 주둔군을 공격했다. 그러나 얼마 지나지 않아 의용군 중 코사크 귀족이 반란을 일으켜 프로코피 형제를 살해한 후 '최초의 의용군'은 와해되고 말았다.

1611년 7월, 스웨덴 군대가 니즈니노브고로드를 호시탐탐 노리고 있을 때 니즈니노브고로드 민중도 자발적으로 대응 태세를 갖추었다. 니즈니노브고로드는 볼가 강 유역에 있는 상업이 발전한 도시로 주민 대부분이 상업과 수공업에 종사해 상당히 부유한 편이었고, 도시 주변에 둘러쳐진 성벽도 매우 견고했다. 그래서 니즈니노브고로드 주민들은 외세의 지배에 강한 거부감을 느꼈다. 1611년 가을에 니즈니노브고로드는 지방자치회를 조직하고 상인 출신의 쿠지마 미닌을 지방자치회 의장으로 선출했다. 미닌은 웅장한 성당에서 성대한 집회를 소집해 민중 앞에 섰다. 그 자리에서 그는 격앙된 목소리로 궐기를 호소했다. "우리 조국을 구하는 일에 어찌 개인의 재산과 목숨을 아끼겠습니까! 지금 당장 침략자를 물리칩시다!" 미닌의 뜻에 따라 니즈니노브고로드는 의용군을 결성했고, 드미트리 포쟈르스키 공작이 의용군의 총사령관을 맡았다.

　1612년 3월, 니즈니노브고로드에서 결성된 두 번째 의용군은 단단히 준비를 마치고 성을 출발했다. 가는 도중에 폴란드군이나 스웨덴군과 정면으로 충돌해서 불필요한 손실을 입는 것을 피하기 위해 의용군은 볼가 강 북쪽으로 향해 4월에 야로슬라블에 도착했다. 이곳에서 의용군은 현지 주민의 뜨거운 환영을 받았다. 미닌과 포쟈르스키가 지휘하는 군대는 이곳에서 약 4개월 동안 머무르며 임시 정부 젬스키 소보르[9]를 성립하고 정부 기관을 설립했으며, 나라를 팔아먹은 현 모스크바 정부를 인정하지 않고 임시 정부 젬스키 소보르가 전국의 사무를 관장하겠다고 선포했다.

　1618년 8월 말, 의용군은 수도 모스크바로 진군했다. 모스크바를 수비하던 폴란드군은 사태가 심상치 않은 것을 느끼고 서둘러 폴란드 국왕에게 지원을 요청했다. 이에 폴란드 국왕은 코드키에비츠를 파견해 크렘린 궁에 있는 폴란드군을 지원하게 했다. 그는 모스크바 성 안에 있는 폴란드군과 지원군이 앞뒤에서 협공을 펼치면 아무리 기세등등한 의용군이라도 별 수 없이 대패할 것이라고 생각했다.

　미닌과 포쟈르스키는 전세가 불리하다는 사실을 알고 있었지만, 목숨을 내놓고 싸우는 수밖에 다른 방법이 없었다. 의용군은 먼 길을 달려와 지친 탓에 비교적 상대하기 쉬운 코드키에비츠 군대를 먼저 공격하기로 했다. 그러나 코드키에비츠는 상대의 속셈을 알면서도 속으로 쾌재를 불렀다. 의용군이 자신의 군대를 먼저 공격한다면 모스크바 성 안에 있는 폴란드군이 그냥 보고만 있을 리 없기 때문이었다. 지원군과 의용군이 맞붙었을 때 모스크바 성 안의 폴란드군이 전투를 지원한다면 결과는 불을 보듯 빤했다. 그러나 코드키에비츠의 생각은 여지없이 빗나갔다. 전투가 시작되기 직전, 폴란드군에 투항했던 코사크 기병대가 갑자기 의용군 편으로 돌아섰기 때

▲ 폴란드 국왕 지그문트 3세 동상

문이다. 승리의 여신이 의용군에게 미소 짓는 순간이었다. 미닌은 곧바로 돌격 부대 500~600명을 이끌고 코드키에비츠군의 날개를 급습했고 포쟈르스키는 총공격을 펼쳤다. 폴란드군은 더 이상 적의 공격을 버텨내지 못하고 본진으로 도망쳤다. 의용군은 적들이 그대로 도망치도록 내버려두지 않았다. 의용군이 끝까지 뒤쫓아오자 폴란드군은 병장기까지 버리고 사방으로 흩어졌다. 이렇게 폴란드 지원군을 격파한 미닌과 포쟈르스키는 이제 성 안에 남은 폴란드군을 물리치기 위해 성을 포위했다. 식량도 떨어지고 더 이상 지원군도 오지 않는 상황에서 폴란드군은 진퇴양난에 빠졌다.

의용군은 모스크바 주변을 물샐 틈 없이 둘러싼 채 온종일 깃발을 흔들고 고함을 지르며 폴란드군의 사기를 꺾었다. 그렇게 4주가 지나자 폴란드군은 포위를 뚫고 도망갈 방법도 없고 더 이상 버틸 수도 없는 상황에서 그대로 앉아 있다가 죽느니 차라리 투항하는 것이 낫다고 판단했다. 그래서 폴란드군은 크렘린 궁 성벽에 백기를 내걸고 의용군에게 투항했고, 1612년 10월에 의용군은 모스크바를 넘겨받았다. 러시아의 수도가 다시 러시아 민중의 품으로 돌아온 것이다.

새로운 차르를 맞이하다

미닌과 포쟈르스키는 모스크바에서 폴란드군을 몰아낸 뒤 정국을 안정시키기 위해 새 차르를 선출하는 문제를 논의했다. 두 사람은 임시 정부 젬스키 소보르의 이름으로 보야르, 상류층, 관료, 주교 등을 회의에 소집해 새 차르 선출 문제를 논의하기로 했다.

그리하여 1612년 12월 6일에 모스크바에서 개최되는 젬스키 소보르에 참석하기 위해 각지의 귀족, 상류층, 관료, 주교들이 서둘러 길을 나섰다. 그런데 뜻밖의 폭설이 불어닥치는 바람에 많은 대표가 길에서 발이 묶이고 말았다. 결국, 회의는 한 달 후인 1613년 1월 초로 연기되었다. 회의가 열리는 날, 모스크바 크렘린 궁의 우스펜스키 성당에 50개 도시에서 온 대표 700여 명이 모였다.

회의의 핵심 의제는 새 차르 선출이었다. 다양한 계층의 대표들이 회의에 참석한 탓에 물망에 오른 후보가 한둘이 아니었다. 그중에는 폴란드 국왕 블라디슬라프도 있었고 스웨덴 국왕 구스타프 2세도 있었다. 그러나 대다수 대표는 이 두 사람이 새 차르가 되는 것에 강력히 반대했다. 둘 중 어느 한 사람이든지 러시아의 차르가 된다면 의용군의 노력이 물거품이 되고 전쟁터에서 죽은 전사들도 헛되이 목숨을 잃은 셈이 되기 때문이었다. 러시아 제후들도 후보에 올랐지만 여러 가지 이유로 모두 탈락했다.

몇 차례 논쟁을 거친 후, 미하일 표도르비치 로마노프가 새 차르로 낙점되었다. 그는 이반 4세의 황후 아나스타샤 로마노프의 조카 손자로 황족의 피를 이어받았다. 그러나 무엇보다도 그는 표도르 니커티치 로마노프의 아들이었다. 표도르 니커티치 로마노프는 보야르들이 이를 가는 고두노프와 차르 자리를 놓고 다투다가 고두노프의 미움을 사서 1601년에 북방으로 추방되었다. 그 후 40년 동안 수도사 생활을 판결받고 고행해야 했는데, 추방된 지 4년 후인 1605년에 가짜 드미트리 1세와 만나게 되었다. 1608년에는 가짜 드미트리 2세가 그를 러시아 정교회 총주교로 임명했다. 그런데 1610년에 폴란드와의 협상자로 임명되어 폴란드에 갔다가 인질

▲ **미하일 로마노프의 아버지 필라레트 총주교**

미하일 로마노프는 필라레트 총주교가 차르와 동등한 대우를 누릴 것이라는 교지를 내린다. 사실상 총주교가 태상황이 된 것이다. 이후 필라레트 총주교는 실권을 장악하고 강력한 수단으로 러시아를 통치했다.

로 잡혀서 억류되고 말았다. 그는 러시아에서 매우 존경받는 인물로 '필라레트 장로'라는 별칭으로 불리기도 했다. 보야르, 성직자, 민중 모두 필라레트 장로가 조국을 위해 많은 고초를 겪는다고 생각했다. 그래서 그들은 필라레트 장로의 노고에 감사의 뜻을 나타내기 위해 만장일치로 그의 아들 미하일 표도르비치 로마노프를 새 차르로 추대하기로 했다. 물론 그가 황족 혈통이라는 점도 대표들이 마음을 굳히는 데 큰 영향을 미쳤다. 1613년 2월 21일, 미하일 표도르비치 로마노프가 정식으로 차르(1613~1645년 재위)가 되어 로마노프 왕조를 열었다. 그러나 위기에 빠진 모스크바를 구하기 위해 전쟁터

를 누빈 포쟈르스키는 관직이나 상을 받기는커녕 '위험 인물'로 낙인찍혀 모스크바에서 멀리 떨어진 곳으로 유배당하고 1642년에 쓸쓸하게 죽음을 맞이했다.

1619년, 필라레트 장로가 폴란드에서 석방되어 러시아로 돌아온 후, 미하일 로마노프는 아버지의 뜻에 절대적으로 복종했다. 이때 필라레트 장로는 이미 예순여섯의 노인이었지만, 세속 권력과 종교 권력을 한 손에 쥐고 그 어느 때보다 강력한 왕권을 다지고 로마노프 왕조가 안정적으로 세습될 수 있도록 기틀을 마련했다.

표트르 대제의 위업

표트르 대제는 러시아 역사상 변혁과 비상을 상징하는 인물이다. 혼란스러운 정치의 틈바구니에서 권력을 장악하고 러시아를 변혁의 길로 이끌고 바다로 나가는 항구를 얻어 전 세계에 러시아제국의 영광을 과시하려 했던 황제, 그가 바로 표트르 대제였다.

소년, 불운과 조우하다

1672년 5월 30일, 크렘린 궁 안에 있는 성모 승천 대성당에서 울리는 맑은 종소리가 고요한 모스크바의 새벽을 갈랐다. 이어서 수도 모스크바 내에 있는 다른 성당들과 수도원에서도 우렁찬 종소리가 울려 퍼졌다. 이날, 러시아 황실에 막내 황자 표트르가 태어났기 때문이다. 차르 알렉세이 1세는 새 황자의 탄생에 매우 기뻐했다. 물론 그에게는 많은 자녀가 있었지만 사내아이들이 하나같이 허약했고 태어난 지 얼마 안 되어 죽은 황자만 3명이었다. 게다가 이제 열 살이 된 장남 표도르는 다리가 아파 거동이 불편했고, 둘째 이반은 안질을 앓아서 행동이 굼떴다. 그래서 늙은 차르는 막내 표트르에게 모든 기대를 걸었다.

4년 후, 알렉세이 1세가 갑자기 병사하자 황실의 관례에 따라 맏아들인 표도르가 차르로 즉위했다. 이때부터 표도르의 모후는 아들의 황위를 공고히 하기 위해 자기편이 아닌 사람들을 축출하기 시작했고, 이 바람에 어린 표트르도 어머니와 함께 크렘린 궁에서 쫓겨났다. 하지만 표트르는 전혀 슬퍼하거나 괴로워하지 않았다. 어린 표트르에게 황궁에서 쫓겨나는 일은 큰일이랄 것도 없었기 때문이다. 표트르는 곧 평소와 다름없이 쾌활해졌다. 이때만 하더라도, 사람들은 황궁에서 쫓겨난 이 아이가 훗날 러시아를 뒤바꿀 위대한 차르가 되리라고는 짐작조차 하지 못했다.

이후 표트르는 별다른 굴곡 없는 유년 시절을 보냈다. 그는 호기심이 강해서 온갖 것에 관심을 보였는데 그중에서도 유별나게 관심이 많았

▼ **세인트 바실 성당**
모스크바 크렘린 궁 붉은 광장에 있는 러시아 정교회의 가장 유명한 성당이다.

던 것이 두 가지 있다. 하나는 항해와 조선술이었고 다른 하나는 군사 놀이였다.

1682년에 차르 표도르가 끝내 병마를 이기지 못하고 숨을 거두었다. 당시 자식이 없던 표도르는 영리한 이복동생 표트르에게 황위를 물려줄 생각이었다. 그러나 권력욕이 강했던 누이 소피아 공주가 강력히 반대하며 병약한 이반에게 물려주라고 강요했다. 이반이 차르가 되어야 모든 권력이 자신의 손아귀에 들어오기 때문이었다. 이리하여 러시아 황실은 황위 계승 문제를 둘러싸고 두 파로 갈려 싸우게 되었다. 그 결과, 총주교가 지지한 표트르(1682~1725년 재위)가 겨우 열 살의 나이에 차르로 즉위했다.

그러나 황위 계승 문제는 이렇게 간단하게 끝나지 않았다. 야심을 버리지 못한 표트르의 이복누이 소피아가 모스크바에 주둔하는 소총 부대 스트렐치와 비밀리에 음모를 꾸몄다. 그리하여 스트렐치는 소피아의 뜻대로 크렘린 궁을 공격해 표트르의 지지자들을 죽이고 스트렐치의 이름으로 두 명의 차르를 옹립할 것을 제안해 이반을 제1 차르로, 그리고 표트르를 제2 차르로 세웠다. 아울러 이반이 병약한 것을 이유로 소피아를 섭정으로 세우도록 압박했고, 이로써 소피아는 점점 권력의 정점에 다가갔다.

소피아가 섭정을 시작하면서 표트르는 모스크바 외곽에 있는 마을로 거처를 옮겼다. 어린 시절 표트르와 함께 군사 놀이를 하던 소년들도 시간이 흐르면서 건장한 청년으로 자라났지만, 그들은 여전히 군사 놀이에 푹 빠져서 날마다 새로운 전략으로 전투를 치렀다. 표트르의 군사 놀이를 한낱 '놀이'로만 치부한 사람들은 무능하고 철없는 차르라고 깎아내렸지만, 사실 표트르가 키운 군대는 이미 상당한 전투력을 갖춘 진짜 '군대'가 되어 있었다.

청년, 단번에 비상하다

군사 놀이를 하면서 하루가 다르게 성장한 표트르는 점점 이복누이 소피아의 섭정에 불만을 느꼈다. 두 사람의 관계는 날이 갈수록 악화했고, 치열한 신경전이 펼쳐졌다. 그 과정에서, 영리하고 수완이 좋았던 표트르는 소피아를 따르던 스트렐치 장군 중 몇 사람을 자기편으로 만드는 데 성공했다. 그제야 소피아는 표트르가 결코 세상에 알려진 것처럼 형편없는 머저리가 아니며, 먼저 손을 쓰지 않으면 자기가 당할 수도 있다는 사실을 깨닫는다.

1689년 8월 7일 자정, 스트렐치 두 명이 표트르가 사는 곳을 향해 다급히 말을 달려 소피아가 군대를 이끌고 그를 잡으러 온다는 정보를 전했다. 마른하늘에 날벼락 같은 소식에 표트르는 시종 몇 명만 데리고 급히 수도원으로 몸을 피해 보호를 부탁했다. 그날, 날이 밝을 때까지 소피아가 보낸 군대는 도착하지 않았고 그의 '놀이' 군대가 주군을 보호하러 달려왔다. 또 그를 지지하던 스트렐치도 위풍당당하게 수도원으로 찾아왔다. 그제야 표트르는 놀란 마음을 진정시키고 사태를 주시했다.

▼ 표트르 대제

소피아는 표트르가 꽁무니를 뺀 사실을 알고 회심의 미소를 지었다. 이는 표트르가 큰일을 꾸밀 만한 인물이 못 된다는 뜻이었기 때문이다. 그러나 뒤이어 들려온 소식에 소피아의 얼굴에서 미소가 걷혔다. 줄곧 자신을 따르던 스트렐치가 갑자기 표트르 편으로 돌아섰다는 소식이었다. 소피아는 표트르에게 투항하는 자는 모조리 죽이겠다고 위협했지만, 그녀에게 등을 돌리고 표트르에게 향하는 발길들을 막을 수 없었다. 소피아는 지난날 표트르를 과소평가한 것을 후회했지만 이미 엎질러진 물이었다. 그녀에게서는 이제 지난날의 자신감과 위풍당당함을 찾아볼 수 없었다.

소피아는 계속 힘으로 맞섰다가는 좋을 것이 없다는 사실을 깨닫고, 지금의 권력을 유지하기 위해 남동생 이반의 이름으로 표트르에게 화해하고 싶다는 뜻을 전했다. 그러나 표트르는 소피아가 권력을 독점하고 제멋대로 구는 것을 더는 두고 볼 수 없었으므로 소피아의 요청을 단칼에 거절했다. 그러자 다른 방도가 없던 소피아는 크렘린 궁에 계속 머무르며 표트르와 대치했다. 그러다가 스트렐치 대부분이 표트르의 수하로 들어가자 대세가 기울었다는 것을 깨닫고 비로소 권

▲ 〈부두에 있는 표트르 대제〉
17세기 말, 러시아 차르 표트르 대제가 신분을 감추고 암행에 나서 조선술을 배우는 장면이다.

력을 넘겨주었다. 어느 날 밤, 표트르는 크렘린 궁에 있는 소피아를 노보데비치 수도원으로 보내 그곳에서 여생을 마치게 했다.

그리고 1689년에 그는 명실상부한 차르로서 모스크바로 가 크렘린 궁에 머물렀다. 이때부터 표트르 대제의 위대한 생애가 펼쳐졌다.

바다로 나가는 꿈

이복누이 소피아의 그림자에서 벗어난 표트르는 바다로 나가는 꿈을 이루고자 온 노력을 기울였다. 당시 러시아는 유럽 강대국들에 둘러싸여 옴짝달싹 못 하고 있었다. 발틱 해와 흑해로 나가는 창구는 스웨덴과 터키에 가로막혀 있고 서유럽으로 가려 해도 폴란드가 버티고 있어 불가능했다. 그 사이에 다른 서유럽 국가들은 바다로 나가는 창구와 서로 간의 무역, 그리고 유럽, 아프리카, 아메리카, 아시아 사이의 얽히고설킨 무역 관계 덕분에 잇달아 강국으로 거듭났다. 포르투갈과 스웨덴이 가장 먼저 이 대열에 합류했고 네덜란드, 영국, 프랑스가 뒤이어 해상 강국으로 변모했다. 이들은 대항해 시대가 열린 1500년 이후부터 100년 동안 엄청난 부를 쌓았으며 이를 바탕으로 산업을 발전시켰다. 표트르 대제는 다른 서양 국가들이 러시아를 제치고 앞서나가자 근심으로 밤잠을 못 이룰 지경이었다. 그래서 표트르 대제는 이후 다른 세계로 향하는 물길을 개척하는 데 평생을 노력했다.

표트르 1세 때, 러시아 북부 변경 지역에는 바렌츠 해와 맞닿은 내해, 즉 백해白海가 있었다. 이곳에는 러시아가 서유럽과 통상을 할 때 드나드는 유일한 항구 아르한겔스크가 있는데, 북극과 가까워서 기후가 매우 추운 탓에 1년 중 4분의 3은 얼음과 눈에 가로막혀 배가 뜰 수 없었다. 그래서 러시아에는 이보다 나은 새로운 항구가 절실히 필요했다.

1695년, 표트르 1세는 그 꿈을 이루기 위한 첫 번째 행동에 나섰다. 그는 흑해로 가는 길을 가로막는 장애물을 제거하고 흑해를 통해 지중해로 나아가 결국에는 드넓은 바다를 호령하는 꿈을 실현하고 싶었다. 이를 위해 표트르 1세는 지난날 튀르크에 점령당한 아조프 항으로 향해 오스만튀르크제국 공략에 나섰다. 1695년 7월, 러시아군은 아조프에 도착해 맹공을 퍼부었다.

오스만튀르크제국은 한때 막강한 힘을 자랑하는 강대국이었다. 1453년에 비잔틴제국의 수도인 콘스탄티노플을 무너뜨린 나라가 바로 오스만튀르크로, 그 덕분에 모스크바 대공 이반 3세가 동방 정교회의 수호자를 자처하며 러시아 제국의 기틀을 다질 수 있었다. 오스만튀르크제국은 아시아와 유럽을 잇는 무역로 한가운데에 자리하고 있었다. 지난 수백 년 동안 유럽과 아시아의 가장 중요한 무역 상품인 향료가 바로 이 길을 따라 오갔기 때문에 순조롭게 무역하려면 양측 모두 오스만튀르크의 눈치를 살펴야 했다. 그런데 오스만튀르크가 지나치게 높은 통

▼ 표트르 1세의 서유럽 방문

이 그림은 1907년에 러시아의 현실주의 화가 발렌틴 세로프가 그린 〈표트르 1세〉의 일부분이다. 차르 표트르 1세가 직접 사절단을 이끌고 유럽 순방에 나선 장면을 묘사한 것이다.

표트르 1세는 손을 놀려 무언가를 만드는 것을 무척 좋아했다. 그가 유럽을 순방할 때 있었던 일이다. 어느 날 표트르 1세는 건축 현장 옆을 지나다가 미장이들이 자신에 대해 떠들어대는 소리를 듣게 되었다. 한 사람이 말했다. "듣자하니 러시아 황제가 우리나라에 왔다면서? 손을 써서 하는 일이면 뭐든 전문가 뺨치게 한다던데?" 그 말에 다른 사람이 대꾸했다. "설마 진짜로 그렇겠어? 건축에 대해서는 아무것도 모를걸!" 이 말에 표트르는 잠시 생각하는가 싶더니, 바로 그 일꾼들 곁으로 다가가 인사를 나눴다. 그리고 건축 현장에 설치하는 높은 구조물에 올라 날이 저물 때까지 미장이들과 함께 미장일을 했다. 일꾼들은 표트르 1세가 일을 잘한다고 칭찬해주었다. 그들은 후에 이 러시아인이 바로 표트르 1세였다는 사실을 알게 되었고, 이 도시 주민들은 표트르가 일했던 곳에 기념비를 세우고 이런 글을 새겼다. "표트르 대제가 미장이들과 함께 이곳에서 일하다."

행세를 요구하며 독선적으로 굴어 서유럽 국가들은 바다로 나가는 다른 길을 찾게 되었다. 이 무렵, 오스만튀르크는 예전만큼 강성하지는 않았지만 대제국의 풍모는 여전했고 군사들도 용맹했다. 그래서 흑해로 가는 길을 개척하려는 표트르 1세의 바람은 생각처럼 쉽게 이루어지지 않았다. 몇 달 동안 맹공을 펼쳤지만 오스만튀르크는 쉽사리 성을 내주지 않았다. 러시아에 해군이 없다는 점과 튀르크 해군이 아조프로 물자를 실어 나르는 보급로를 끊지 못한 것이 패배의 가장 큰 원인이었다. 만약 러시아에 해군이 있었다면 결과는 전혀 달랐을지 모른다. 이는 표트르 1세에게 많은 깨달음을 주었다.

표트르 1세는 러시아로 돌아오자마자 조선소를 건설하고 선박의 설계와 건조 작업에 직접 참여했다. 그렇게 반년이 지난 후, 표트르 1세는 해군을 조직했다. 1696년에 그는 육로와 수로 양쪽에서 대군을 이끌고 다시 한 번 아조프를 공격했다. 이번에도 전쟁 물자를 실은 튀르크의 보급선이 아조프로 향했지만, 러시아의 해군에 가로막혀 물자를 지원하지 못했다. 이렇게 되어 한 달 이상 공방전을 치른 끝에, 표트르 1세는 마침내 아조프를 손에 넣고 흑해로 나가는 항구를 얻었다. 그러나 그 후로 끊임없이 방해하는 튀르크 탓에 아조프는 표트르 1세가 기대했던 역할을 제대로 해내지 못했다. 게다가 15년 후에 다시 튀르크에게 성을 빼앗겨 러시아는 흑해로 나가는 창구도 잃고 말았다.

유럽을 돌아보다

튀르크와의 전쟁에서 잠시나마 승리한 후, 표트르 1세는 여전히 러시아가 서유럽 국가들보다 많이 뒤처져 있다는 사실을 절실히 깨달았다. 그리고 낙후된 조국을 강대국으로 거듭나게 하는 길은 오직 배움과 개혁뿐이라는 결론을 얻는다.

1697년 3월, 표트르는 황당한 일을 꾸몄다. 표트르 미하일로프라는 가명으로 유럽 사절단 200여 명 사이에 섞여 서유럽 방문길에 오른 것이다. 유럽 국가들은 사실 표트르 1세가 신분을 숨기고 사절단의 일원으로서 왔다는 것을 알고 있었지만, 일부러 모르는 척했다.

스웨덴에서 표트르는 시종들을 닦달해 스웨덴 장교들에게서 전투 작전의 평면도 작성법과 작전에서 자주 사용하는 숫자 기록법을 배워오게 했다. 또 독일에서는 브란덴부르크 선제후와 여러 차례 만나 유럽 정세에 대한 의견을 나누었다. 영국에서는 런던의 조선소를 참관하고 옥스퍼드 대학, 천문대, 조폐소 등을 시찰하고 각종 과학 지식에 대한 의문을 해결했다. 이탈리아 밀라노에서는 한 장교에게서 대포 쏘는 법을 배웠다. 교육을 마친 장교는 표트르 1세에게 수료증까지 주며 뛰어난 재주를 칭찬했다. 암스테르담에서는 사절단과 헤어져 직접 조선소에서 일하며 조선술과 항해술을 체계적으로 익혔다.

표트르가 유럽 순방의 재미에 푹 빠져 있을 때, 러시아에서 긴급 보고가 날아들었다. 스트렐치 일부가 반란을 일으켜 모스크바로 진격하고 있으며 황실 근위대 중에도 반란에 가담한 자가 있다는 소식이었다. 표트르는 국내에서 반란이 일어났다는 데 충격을 받고 베네치아로 가려던 발걸음을 곧장 모스크바로 돌렸다.

러시아로 돌아가던 중에 표트르는 반란군을 진압했다는 급한 보고를 받았다. 이에 한시름 놓은 그는 작센 선제후이자 폴란드 국왕인 아우구스트 2세를 만나 단독 회담을 했다. 이때 표트르는 이미 유럽 정세를 훤히 꿰뚫고 있었다. 이를 토대로 그는 러시아 영토 남쪽에서 바다로 나가는 창구를 만드느니 차라리 스웨덴과 전쟁을 벌여 발틱 해로 나가는 항구를 손에 넣는 것이 낫다는 판단을 내렸다. 표트르는 아우구스트 2세로부터 반스웨덴 동맹에 참가하겠다는 약속을 받은 후, 18개월에 이르는 유럽 시찰을 마치고 1698년 8월에 드디어 모스크바로 돌아갔다.

스웨덴을 제압하다

모스크바로 돌아온 표트르는 반란에 가담한 자들을 처단하고 개혁에 박차를 가했다. 그가 러시아로 돌아온 후 단행한 개혁은 부국강병을 이루는 길이었다. 다시 말해, 표트르 1세는 부국강병을 이루고 바다로 나가는 창구를 손에 넣기 위해 필요한 각종 개혁 조치를 추진했다. 마르크스는 후에 표트르가 '발틱 해 연안 정복'에 모든 것을 걸었다고 평가했다. 표트르 1세가 바라던 부국강병의 꿈은 21년에 걸쳐 스웨덴과 전쟁을 치르는 동안에 차츰 현실로 이루어졌다.

표트르 1세는 서유럽을 방문할 때 이미 덴마크, 작센과 반스웨덴 동맹을 맺었다. 그리하여 1700년에 이 삼국 연합은 스웨덴에 선전포고를 했다. 그러나 막상 뚜껑을 열고 보니 스웨덴은 만만한 상대가

▲ 상트페테르부르크

18세기 초 러시아의 새 수도였
던 상트페테르부르크의 모습이
다. 표트르 1세는 1703년에 러
시아의 오랜 정치 중심지인 모
스크바를 버리고 발틱 해 연안,
네바 강이 바다로 흘러드는 지
점에 새로운 수도 상트페테르부
르크를 건설했다.

아니었다. 스웨덴은 전광석화처럼 덴마크를 제압하고, 이어서 나르
바 전투에서 러시아군을 상대로 대승을 거두었다. 그러나 표트르 1
세는 패배에 승복하지 않고 군대를 재정비해서 다시 스웨덴을 공격
했다. 그 결과, 1708년 레스나야 전투와 1709년 폴타바 전투에서 스
웨덴의 전사인 국왕 칼 12세를 무찔렀다. 특히 폴타바 전투에서는
표트르 1세가 직접 전투에 나가 스웨덴군을 크게 무찔렀다. 1721년,
러시아와 스웨덴은 니스타드 조약을 맺어 발틱 해와 그 연안 지역을
러시아 영토라고 법적으로 인정했다. 이에 따라 러시아는 꿈에도 바
라던 발틱 해 동부 연안과 핀란드 만, 리가 만에 이르는 광활한 토지
를 차지해 발틱 해와 북해로 나가는 창구를 손에 넣었다. 그리고 이
때부터 러시아는 서유럽으로 향하는 길을 개척해 내륙 국가에서 진
정한 해상 강국으로 발돋움했다.

네르친스크 조약 체결

17세기에 러시아는 동쪽으로 영토를 확장하는 데 박차를 가했다. 그런데 거침없는 코사크 철기병의 말발굽이 동방의 강국이자 이웃나라인 중국에 닿으면서 러시아의 동진은 가로막혔다. 러시아는 이번에도 무력으로 청나라를 굴복시키려 했지만, 오히려 청나라군에 크게 패하면서 네르친스크 조약을 체결하게 되었다. 이 조약 덕분에 중국의 동북 변경 지역은 오랫동안 안정을 누렸다.

멈추지 않는 말발굽

끊임없이 영토를 확장하는 과정에서 러시아는 용맹한 코사크 기병에 힘입어 짧은 시간 안에 시베리아를 점령했다. 그러나 시베리아는 생각했던 것만큼 쓸모 있는 땅이 아니었다. 광활한 평원 지대에 흩어져 사는 부족들은 낙후된 무기를 사용하는 데다 조직적으로 침략자에 대항할 힘이 전혀 없었다.

코사크 기병은 계속 동쪽으로 이동하면서 머무른 곳마다 요새를 지었다. 그렇게 시간이 지날수록 그들은 자신들이 정복한 지역은 모피는 넘쳐날지 몰라도 식량이 턱없이 부족하다는 사실을 깨달았다. 그래서 남쪽에 흐르는 아무르 강 유역과 강 너머 남쪽 지역으로 눈을 돌리게 되었다. 그곳은 토지가 비옥해서 원하는 식량을 얻을 수 있을 뿐만 아니라 다양한 물자가 풍족한 곳이었다. 그러나 그곳을 차지하려면 거대하고 강력한 제국을 상대해야 했다. 바로 중국의 청나라였다.

당시의 러시아인, 특히 코사크 기병은 무력으로 원하는 것을 얻는 데 익숙해서 그곳을 지키는 적은 병력의 청나라군을 보고 전혀 개의치 않았다. 청나라 정부도 기후가 척박한 아무르 지역에는 그다지 관심이 없었다. 1632년, 러시아는 레나 강 유역까지 진출해서 그곳에 야쿠츠크를 세웠다. 그리고 이곳을 거점으로 삼아 중국을 침략할 준비를 시작했다. 그 후, 러시아 무장 병사들은 걸핏하면 아무르 유역에서 소란을 일으키고 강도 짓을 했다. 그러나 청나라 황제는 이때만 하더라도 아무르 유역에서 일어나는 일을 단순한 소요 정도로만 생각했다.

▼ **러시아 민족의상**

러시아는 다양한 민족으로 구성된 나라로, 민족마다 독특한 전통의상이 있다. 러시아 남자는 대부분 양복을 입고 모자를 쓰고, 여자는 원피스를 입고 하이힐을 신는다. 겨울에는 펠트 모자나 모피 모자를 쓰고 장화를 신는다.

1643년 여름, 야쿠츠크의 장관 골로빈은 포야르코프에게 무장 군인 130여 명을 데리고 레나 강을 따라 남쪽 지역을 침략해서 겨울에 스타노보이 산맥을 넘어 중국 국경 안으로 들어가라고 명령했다. 이들은 바로 아무르 지역으로 들어가서 살인과 방화, 약탈을 저질렀다. 심지어 현지인들을 죽인 후 인육을 먹기도 해서 아무르 지역 주민들은 이들을 '식인귀'라고 불렀다. 이들의 악행을 보다 못한 중국인들이 목숨을 걸고 저항해 그중 일부를 죽이기도 했다.

1646년에 포야르코프는 패잔병을 이끌고 야쿠츠크로 퇴각해서 상부에 그동안 관찰한 아무르 지역의 지형, 물자, 주민 상황 등에 대해 상세하게 보고했다. 또 자신에게 군사 300명만 준다면 아무르 지역을 정복할 수 있다고 호언장담했다. 포야르코프가 가져온 자료에 관심을 보이던 차르 정부는 아무르 지역을 무력으로 정복하겠다는 말에 귀가 솔깃해졌다.

1649년, 침략군 70명이 또다시 야쿠츠크에서 출발해 연말에 아무르 지역에 도착했다. 그들은 다우르족

이 생활하는 지역을 침략하고 야크사 성채를 강제로 점거했으나, 현지 백성의 강한 저항에 부딪혔다. 그러자 침략군의 수장 하바로프는 부관 스테파노프에게 패잔병 지휘를 맡기고 자신은 지원을 요청하러 야쿠츠크로 돌아갔다. 이듬해인 1650년 여름, 하바로프는 또다시 대포와 소총 등으로 무장한 병사 130여 명을 이끌고 아무르를 침략해 야크사 성을 강제로 점령했다. 그리고 9월에 다시 침략군을 이끌고 나나이족이 생활하는 아칸스크를 침략해 성채를 점거하고 현지인들을 괴롭혔다. 이에 나나이족은 침략군에 저항하면서 청나라 정부에 구원을 요청했다.

강대국, 강대국과 맞붙다

1652년 2월, 청나라는 아무르 영고탑의 장군 해포에게 침략자를 쫓아내라고 명령했다. 이에 해포는 청나라군을 이끌고 출정해서 러시아군 10여 명을 죽이고 70~80여 명에게 부상을 입혀 러시아군의 사기를 꺾어놓았다. 1657년, 러시아 기병이 다시 아르군 강과 실카 강 유역에 네르친스크 성과 야크사 성을 거점으로 삼고 침략의 발톱을 날카롭게 드러냈다. 청나라 정부는 그제야 사태의 심각성을 깨닫고 정식으로 군대를 파병하는 문제를 논의하기 시작해 1658년 6월에 사이호달을 파견했다. 사이호달이 이끄는 전함은 송화 강 하류에서 러시아군과 격전을 벌인 끝에 러시아군 270여 명에게 중상을 입히거나 죽였다. 1660년, 청나라 정부는 다시 영고탑 장군 파해에게 수군을 이끌고 침략자를 막으라고 명령했다. 이에 파해는 러시아군 60여 명을 죽이고 일부는 익사시켰다. 그러나 러시아군의 기지는 그대로 남아 있고 병사들의 사기도 높아 그들은 틈만 나면 중국의 변방 지역을 약탈했다.

이런 상황에서 청나라 강희제는 침략자가 스스로 물러나도록 경고하고, 변경 수비를 강화해 러시아군을 소탕할 준비를 했다. 먼저 청나라군은 주변 지역의 지형과 적의 동태를 살핀 후 러시아군이 야크사 성 근처에 경작하고 있던 농작물을 베어버렸다. 그리고 현지인과 러시아인과 무역을 금지해 러시아군이 물자를 공급받지 못하게 했다.

1682년 말, 강희제는 군사 1,500명을 아무르 지역으로 파견했다. 청나라군은 처음에는 아이군 지역 근처에 머무르다가 계속 진군해서 야크사 성 근처에 주둔했다. 1683년 여름, 청나라군은 다시 아이군, 야크사 지역으로 군사를 파병해 각지의 성벽을 수리하고 수비력을 강화해서 외적의 침략에 대비했다. 또 군수물자 수송의 편의를 위해 여러 지역에 역참을 설치했다. 아무르 강에서 스타노보이 산맥에 이르는 지역은 중국 내륙에서 멀리 떨어져 있어서 그동안 청나라 정부는 관심을 기울이지 않았다. 심지어 아무르 강 지역은 죄인을 유배 보내던 곳이었다. 그러나 러시아가 침략해 오면서 청나라는 어쩔 수 없이 북부 변경 지역의 방어에 관심을 기울이게 되었다. 아무르 지역에 사는 여러 민족이 러시아군의 침략에 속수무책으로 당하자, 강희제는 그곳에 군사를 주둔시키며 성을 수비하게 했다. 그렇게 하면 훗날 이 지역을 관리하기도 훨씬 수월해지기 때문이었다.

최후통첩

1683년 가을, 청나라 정부는 야크사 성 등에 자리를 잡은 러시아 군에게 정식으로 최후통첩을 보내 청나라 영토에서 떠나라고 경고 했다. 그러나 그동안 청나라 군대와의 전투에서 별다른 큰 피해를 입지 않은 러시아군은 청나라의 최후통첩을 무시해버렸다. 심지어 아이군 등지에 소규모 군대를 파견해 약탈과 살인, 방화를 저지르기 도 했다. 이에 청나라 수비대장은 아이군을 침략한 러시아군을 격파 하고, 도망치는 적들을 끝까지 쫓아가서 러시아군의 요새 몇 곳을 파괴했다. 이리하여 야크사 성은 다른 요새의 지원을 받을 수 없는 고립된 성이 되어버렸다. 청나라군은 처음에 가능한 한 인명 피해를 줄이고자 러시아군이 투항할 때까지 성을 포위할 생각이었다. 그러 나 러시아군은 완강히 저항하며 끝끝내 투항하지 않았다.

1685년 초, 청나라 강희제는 러시아군을 몰아내기 위해 팽춘 장군 에게 군사 3,000명을 이끌고 야크사로 가서 무력으로 러시아군을 제 압하고 성을 되찾으라고 명령했다. 그해 초여름, 팽춘의 군대는 아 이군에 도착해서 부대를 둘로 나누어 수로와 육로 두 방향에서 동시 에 진격했다. 며칠 후 야크사 성 아래에 도착한 팽춘은 다시 러시아

▼ **야크사 전투**(유화)
야크사 전투 결과, 중국과 러시 아 양국은 청나라 강희 28년 (1689)에 네르친스크 조약을 맺 고 양국 간의 동쪽 국경선을 확 정했다.

군에게 야크사 성을 떠날 것과 강제 점거한 청나라 영토를 반환할 것을 요구했다. 그러나 러시아군 수비대장은 성의 방어가 견고하고 화포와 소총으로 무장한 군인이 400명이 넘는다는 것만 믿고 청나라의 요구를 무시했다.

네르친스크 조약을 체결하다

청나라 군대는 야크사 성 동남쪽과 서북쪽에서 동시에 대포를 쏘아 올렸다. 줄곧 청나라군을 얕보던 러시아군은 예상치 못한 강력한 공세에 심각한 타격을 입었다. 더 버틸 수 없는 상황에 이르자 러시아군 장군은 결국 청나라 군대에 야크사를 떠나겠다며 항복 의사를 밝혔다. 이에 청나라군 장군 팽춘은 러시아군의 투항을 받아들이고, 야크사에서 러시아군을 몰아내어 네르친스크까지 퇴각시켰다. 그리고 만일의 사태에 대비해 야크사 성에 일부 병력을 남겨두고, 나머지는 승전고를 울리며 귀환했다.

그러나 청나라군에 패해 후퇴했던 러시아군은 야심을 버리지 못하고 또다시 이 지역을 침략했다. 1685년 가을, 모스크바에서 네르친스크로 퇴각한 러시아군을 지원할 군사 600명이 파견되었다. 러시아군은 지원군이 도착하고 청나라군도 수도로 돌아가자 다시 야크사 성을 침략했다. 청나라 강희제는 이러한 러시아군의 행동에 크게 분노해 1686년 초에 침략군을 토벌할 군대를 파견했다.

1686년 여름, 청나라군 2,000여 명이 야크사 성 아래에 도착해 투항을 권유했지만 러시아군은 들은 척도 하지 않았다. 이에 청나라군은 성을 공격하기 시작했고, 그 와중에 러시아군의 지휘관 토르푸친이 포탄에 맞아 숨졌다. 그러나 러시아군은 동요하지 않고 새로 지휘관을 추대해서 저항을 이어갔다. 청나라군은 러시아군이 끝내 투항하지 않는 이유가 지원군을 기다리는 것이라고 판단해 야크사 성 주변에 깊은 참호를 파고 근처의 강에 순시함을 띄워 러시아 지원군이 접근하지 못하도록 차단

▼ 러시아 섭정 소피아 공주

했다. 외부로부터 지원을 받지 못하자 성 안에서는 부상자들이 잇달아 죽어 갔다. 야크사 성이 청나라 군대의 수중에 떨어지기 직전, 러시아 섭정 소피아 공주가 청나라에 화친을 요청했다.

1689년 8월 27일, 청나라와 러시아 양국은 네르친스크 조약을 맺어 법적으로 동부 국경선을 확정했다. 조약에 따라 중국은 아무르 강, 우수리 강 유역의 광대한 영토를 차지하게 되었고, 러시아는 중국이 넘겨 준 바이칼 호수 동쪽 네르친스크를 가지게 되었다. 우다 강과 스타노보이 산맥 사이의 영토는 분쟁 지역으로 남겨두었지만, 엄청난 통상 이익을 얻었다. 이 조약을 계기로 이후 중국과 러시아 양국 관계는 정상화로 접어들었다.

제 3 장

분화하는 유럽

바다의 마부

17세기 네덜란드는 아시아 각국과 무역하며 유럽의 경쟁자들인 스페인, 포르투갈은 물론 영국마저 떨치고 해상 강국이자 무역 강국으로 거듭났다. 네덜란드에서는 이 시기를 '황금시대'라고 부른다.

동인도회사 설립

    1599년에 네덜란드 암스테르담에 대상인 9명이 모여 아시아의 향료 무역을 활발히 추진하는 데 필요한 자금을 조달할 방법에 대해 협의하기 시작했다. 이 만남이 거듭되면서 서로 힘을 모아 대규모 회사를 세우는 쪽으로 가닥이 모아졌다. 그 이듬해인 1600년에 영국이 가장 먼저 아시아 무역을 위한 대규모 회사를 설립했다. 그렇게 설립된 동인도회사를 통해 영국인은 아시아 무역 규모를 확대해 갔고 이는 한창 해양 사업에 박차를 가하던 네덜란드를 자극했다.

    1602년 3월, 네덜란드 의회 의장의 지원으로 네덜란드도 동인도회사를 설립했다. 네덜란드의 상인과 탐험가 사이의 경쟁을 줄이고 다른 국가와의 경쟁에서 한발 앞서 가려는 포석이었다. 네덜란드 동인도회사의 초기 자본금은 650만 길더로 영국 동인도회사보다 10배나 많았다. 이는 네덜란드 동인도회사가 일반 국민도 출자할 수 있도록 주식을 쪼개서 발행한 덕분이었다. 네덜란드 정계 인사들은 새로 생긴 투자 회사에 뜨거운 성원을 보냈다. 정치인이 앞장서니 국민이 뒤따르는 것은 당연했다. 사람들은 일확천금을 꿈꾸며 한 푼두 푼 모은 저축을 털어 동인도회사에 투자했다.

    네덜란드 동인도회사는 암스테르담, 로테르담 등 6개 항구 도시에 지사를 설립했다. 중역회는 총 70여 명으로 구성되었지만 그중에서 실제로 권력을 행사하는 사람은 17명으로, 이들을 '17명의 신사'라고 불렀다. 네덜란드 정부는 동인도회사가 아시아에서 일어날 수 있는 예기치 못한 사태에 잘 대처할 수 있도록 많은 권리를 부여했다. 이에 따라 동인도회사는 무장 병력을 소유할 수 있었고, 다른 국가와 정식 조약을 체결할 수도 있었으며, 식민지를 약탈하고 관리할 수도 있게 되었다.

    동인도회사가 경영을 시작하면서 또 다른 골칫거리가 생겼다. 상업 거점을 무력으로 정복할지, 정상적인 무역을 통해 설립할지를 두고 회사 내부에서 갈등이 빚어진 것이다. 동인도회사의 초대 회장 쿤은 이 문제를 매듭짓기 위해 이렇게 결론을 내렸다. "전쟁 없이는 순조롭게 무역을 할 수 없다. 그러나 무역과 관련 없는 무의미한 전쟁을 일으키지도 않는다."

▲ 암스테르담에 있는 네덜란드 동인도회사 부두

네덜란드 동인도회사는 설립 후 10년 동안은 무역 사업을 안정적으로 추진하는 데만 온 힘을 쏟았다. 그래서 무역의 기반을 닦는 차원에서 선박을 만들고 상관商館을 짓는 데 힘을 쏟았다. 이 점에서는 네덜란드 동인도회사가 영국 동인도회사보다 운이 좋은 편이었다. 영국은 네덜란드보다 2년 앞서 동인도회사를 설립했지만, 자본금이 부족해서 운영상 곤란한 점이 한두 가지가 아니었다. 그러나 네덜란드 동인도회사는 설립 후 10년 동안은 주주들에게 이자를 지급하지 않아도 되었다. 그래서 주주들에게 이윤을 배분하기 위해 수익을 내는 데 집중할 필요 없이 모든 자산을 오롯이 규모를 확장하는 데만 투자할 수 있었다. 네덜란드 동인도회사가 이렇게 배포가 넘쳤던 것은 1609년에 네덜란드가 암스테르담에 세계 최초의 주식거래소를 설립했기 때문이었다. 동인도회사의 주주들은 직접 동인도회사를 찾아가 배당금 지급을 요구할 필요 없이, 주식거래소에서 자신의 주식을 팔아 현금으로 바꿀 수 있었다. 이와 같이 시대를 앞서간 비즈니스 모델은 네덜란드 경제의 발전에 비옥한 토양을 마련해주었다.

바다로, 세계로

초기 준비 단계를 거쳐서 네덜란드는 드디어 아시아 무력 정복과 상업 무역을 동시에 추진하기 시작한다. 1619년에 바타비아[10]에 첫

10) 지금의 인도네시아 자카르타

▲ 암스테르담 항

17세기에 네덜란드 동인도회사의 함대가 향료와 다른 상품을 가득 싣고 동양에서 암스테르담 항으로 돌아오는 광경을 묘사한 현대 유화 작품이다.

번째 상관을 세우고 아시아 향료 무역을 위한 군사, 상업 활동 거점으로 삼았다. 바타비아는 지리적으로 탁월한 위치에 자리하고 있었다. 중국, 인도, 일본 사이를 오가며 무역을 하는 데 최적의 중계지였던 것이다. 이곳을 기점으로 네덜란드는 짧은 시일에 방대한 무역 거점망을 형성했다.

네덜란드 동인도회사는 포르투갈보다 훨씬 광범위한 지역에서 다양한 방법으로 아시아 무역을 진행했다. 그리고 동양의 무역 패권을 쥐고 주요 상업로를 통제하기 위해 영국 동인도회사와 치열한 경쟁을 벌였다. 또 아시아에서 포르투갈과 영국을 밀어내려 많은 노력을 기울였다. 심지어 다른 나라 상인들을 몰아내기 위해 무력까지 동원했다.

1616년에 네덜란드는 일본과 정식으로 접촉했고 이때부터 많은 네덜란드 상인이 일본에서 무역업에 종사했다. 경쟁 상대인 포르투갈과 스페인을 내쫓기 위해, 네덜란드는 두 나라의 가톨릭 선교 활동이 실은 일본을 집어삼키려는 야욕을 숨기고 있다는 소문을 퍼뜨렸다. 발 없는 말이 천 리를 가서 이 소문은 도쿠가와 막부에까지 전해졌다. 이에 막부는 가톨릭 세력을 의심하며 일본에서의 선교 활동을 금지하고 탄압했다. 일본 도쿠가와 막부가 문호를 닫고 쇄국의 길로 나아갈 때도 네덜란드만은 피해는커녕 더 많은 이윤을 얻었다. 그리고 마지막에 가서 스페인, 포르투갈, 영국이 모두 일본 밖으로 쫓겨나자 네덜란드는 일본과 통상하는 유일한 유럽 국가가 되었다.

1622년에 네덜란드는 포르투갈이 장악한 중국 마카오를 공격했다. 첫 전투에서는 네덜란드 함대가 포르투갈군을 무찔렀다. 그러나 뒤이어 포르투갈 지원군이 신속히 전장으로 와서 포대를 지키며 화포 공격을 했다. 이때 포르투갈군이 쏘아 올린 대포가 네덜란드 함대의 지휘함에 명중해 함선이 폭파되면서 네덜란드는 심각한 피해를 입었다. 이로써 승리의 기세를 잡은 포르투갈은 남아 있는 네덜란드군을 전장에서 쫓아내며 마카오를 굳게 지켰다.

1623년에 동인도회사의 초대 총독 쿤은 무역을 독점하기 위해 인도네시아 암몬 섬에서 영국 상인과 포르투갈 상인 10여 명을 살해했다. 그리고 이듬해인 1624년 10월에 네덜란드인은 대만의 서남 해안에 도착해서 현지인을 꾀어 신뢰를 얻은 뒤 섬에 상륙했다. 이때부터 네덜란드인은 침략의 야욕을 드러내며 대만 남부 지역을 점거하고 성채를 지었다. 그들은 이후 1661년에 정성공이 대만을 되찾을 때까지 대만을 지배했다.

1641년에 네덜란드는 태평양과 인도양 교통의 요지인 말라카 해협을 점령했다. 그리고 1667년에 수마트라 섬의 아체왕국에서 강제로 항복을 받아냈다. 1669년에는 마카사르를 정복했고, 1682년에는 향료 제도의 중요한 항구인 반탐을 네덜란드에 편입시켰다.

동아시아, 동남아시아 지역에서 막대한 부를 거둬들인 네덜란드인은 쇠락해 가는 인도로 눈을 돌렸다. 아시아 무역에서 인도는 매우 중요한 자리를 차지하고 있었다. 그 자체로서 중요한 중계지일 뿐만 아니라 서양인이 원하는 다양한 상품의 생산지였기 때문이다. 대항해 시대가 시작된 이후 포르투갈인과 영국인은 아시아 무역을 추진하는 데 가장 중요한 지역으로 인도를 꼽았다. 처음에 네덜란드인은 인도 연해 지방 몇 곳에 화물 창고를 짓고 인도의 포목과 차를 사서 보관하다가 나중에는 방글라데시 지역에 정식으로 상관을 설치했다. 인도에서 가까운 실론[11]에서 계피가 많이 생산된다는 사실을 안 네덜란드인은 무역하자고 꾀어 섬에 상륙한 뒤, 무력으로 1661년에 실론을 정복했다.

이기적인 무역 방식

네덜란드인은 아시아에서 무력 정복과 상관 설립으로 완벽한 무역 체계를 갖춰 갔다. 구매에서 선적, 판매까지 연결고리가 분명하고, 명확한 분업 체계를 이루었으며, 동인도회사 자체의 규율도 매

---

11) 지금의 스리랑카

1661년에 정성공은 전함 수백 척에 군사 2만여 명을 태우고 복건성 금문도를 출발해 대만으로 향했다. 대만에 도착한 후, 곳곳에 진을 친 네덜란드 군대를 발견한 그는 네덜란드 총독에게 편지를 써 대만에서 떠나라고 요구했다. 그러나 네덜란드군은 정성공의 요구를 단칼에 거절하고 오히려 전투태세를 갖췄다. 이에 정성공은 대만 현지인들의 도움을 받아 네덜란드군을 연달아 격파하고, 적군의 거점인 적감성까지 점령해 마침내 대만을 되찾았다. 이로써 대만은 네덜란드에 점령당한 지 38년 만에 다시 중국의 품으로 돌아갔다.

우 엄격했다. 그 결과 네덜란드는 포르투갈, 영국보다 훨씬 순탄하게 회사를 경영할 수 있었다.

네덜란드인의 무역 과정을 구체적으로 들여다보면 그 차이를 명확히 알 수 있다. 네덜란드인은 먼저 시장 상황을 충분히 분석했다. 유럽에서 무역하려면 어쩔 수 없이 포르투갈, 영국과 부딪쳐야 했다. 게다가 다크호스로 떠오른 베네치아까지 상대하려면 힘에 부칠 것이 분명했다. 결국, 승부수를 던진 것이 '향료 무역 독점'이었다. 경쟁에서 우위를 차지하는 데 굳이 모든 상품을 완벽하게 갖출 필요는 없었다. 계피, 팔각, 육두구, 회향 같은 귀한 향료를 독점 판매한다면 충분히 승산이 있었다. 네덜란드는 다른 나라보다 품질이 우수한 향료를 얻기 위해 정복지 주민들의 삶은 전혀 고려하지 않고 지역마다 서로 다른 향료를 재배하게 했다. 다시 말해 실론에는 계피, 반다 섬에는 육두구, 암본 섬에는 팔각과 회향처럼 각 지역에 한두 가지 향료만 재배하게 했다. 이렇게 하면 네덜란드는 우수한 품질의 향료를 안정적으로 공급받을 수 있을 뿐만 아니라 자신들에 대한 정복지의 무역 의존도를 높일 수 있기 때문이었다. 게다가 향료의 공급 상황을 면밀히 주시하다가 기회를 놓치지 않고 큰 이윤을 남기기도 했다. 인도의 향료를 가득 실은 유럽 열강의 선박들이 한꺼번에 유럽 본토에 도착해서 향료를 내놓자 공급 과잉으로 향료의 가격이 폭락했다. 이때 네덜란드는 시장의 독점 가격을 유지하기 위해서 가지고 있던 향료와 향료 작물들을 폐기 처분해 유럽의 향료 시장을 크게 위축시켰다. 그렇게 하면 공급 부족 상황이 되어 자국이 보유한 우수한 품질의 향료 가격이 폭등할 것이었기 때문이다.

네덜란드인은 아시아에서 생산된 대량의 상품을 유럽으로 운반해서 판매하는 일 말고도 아시아 각국을 오가며 무역을 연결해주는 일도 했다. 동남아 지역에서 생산된 향료를 인도에 팔기도 하고, 암본 섬에서 생산한 단향목을 중국에 가져가서 도자기와 비단으로 바꾼 다음 그중 일부를 일본에 가져가서 팔았다. 이런 방식으로 네덜란드는 막대한 이윤을 거두며 17세기를 자신의 시대로 만들었다.

3차 영국-네덜란드 전쟁

17세기에 영국과 네덜란드는 둘 다 무역과 영토 확장에 열을 올렸기에 곳곳에서 마찰을 빚었다. 그래서 양국 사이에 세 번이나 전쟁이 일어났다. 영국과 네덜란드는 막상막하의 실력으로 승리를 주거니 받거니 하면서 평화 조약도 맺었다. 그러나 국익을 위해서라면 그깟 조약쯤이야 언제든지 휴짓조각처럼 버릴 수 있었기에 그것으로는 잠깐의 평화밖에 보장할 수 없었다. 즉, 둘 중 하나가 세력의 균형을 깨고자 한다면 언제라도 포성이 울릴 수 있다는 뜻이었다.

일촉즉발

1649년에 영국 왕 찰스 1세가 단두대의 이슬로 사라진 후, 영국 부르주아 계급과 새로 귀족이 된 자들은 자신들이 장악한 의회를 이용해 정치력과 경제력을 강화했다. 식민지는 곧 '부'로 연결되기 때문에 그들은 더 많은 돈을 손에 쥐기 위해 해외 시장 개척에 적극적으로 나섰다. 한편, 떠오르는 강자이자 유럽의 대외 무역에서 어느 정도 우위를 차지했던 네덜란드는 영국이라는 경쟁자를 물리치고자 했다.

▼ 네덜란드의 항해 범선

전쟁을 통해 권력의 정점에 선 영국의 호국경 크롬웰은 군사력의 중요성을 깊이 깨닫고 있었다. 그는 영국의 대외 사업을 확장하려면 해군력을 강화할 필요가 있다고 생각했다. 그래서 해군 규모를 확대하기 위해 1649년에 39척에 불과하던 전함을 1651년에 80척까지 늘렸다. 또 군함을 개조하고 장비를 개량해서 더욱 막강한 군사력을 갖추었다. 이렇게 해군력을 강화한 후, 마침내 크롬웰은 네덜란드 공략에 나섰다.

1651년에 영국은 네덜란드에 항해조례를 공포했다. 이 조례에 따르면 유럽의 다른 지역에서 영국으로 운송되는 화물은 무조건 영국 선박이나 상품 생산국의 선박으로 운송해야 했다. 또 아시아, 아프리카, 아메리카 등지에서 영국, 아일랜드 또는 영국 식민지로 운송되는 화물은 영국 선박이나 영국 식민지의 선박으로 운송해야 했다. 영국의 항구를 드나드는 화물 및 영국 연해에서 무역하는 화물도 영국 선박으로 운송해야 했다. 당시 네덜란드는 많은 나라의 무역을 중계하고 있었기 때문에 영국이 발표한 항해조례는 선전포고나 다름없었다. 이 때문에 네덜란드는 영국에 격렬히 항의하면서 조례를 폐지하라고 요구했다. 그러나 영국이 네덜란드의 요청을 더 생각해볼 가치도 없다는 듯 무시하면서 양국 사이에 전쟁의 기운이 감돌았다.

제1차 영국-네덜란드 전쟁

1652년 5월의 어느 날, 영국 해군 제독 블레이크가 군함 20여 척을 이끌고 도버 해협을 순시하던 중에 네덜란드 해군 제독 트롬프의 함대와 맞닥뜨렸다. 당시 트롬프의 함대는 네덜란드 상선을 호위하는 임무를 수행하고 있었다. 영국 해군은 오래전부터 도버 해협을 지나는 다른 나라 선박에 자국 함대에 대한 예의의 표시로 국기를 내리라고 요구해 왔다. 블레이크 제독은 이번에도 어김없이 똑같은 요구를 했다. 그런데 마침 양국의 관계는 영국이 공포한 항해조례 때문에 매우 껄끄러운 상태였다. 더구나 블레이크 제독과 트롬프 제독은 양국 해군을 대표하는 자리에 있었으므로 당시 두 사람의 심경이 어땠을지 쉽게 예상할 수 있다. 당연히 트롬프 함대는 예의를 갖추라는 영국 함대의 요구를 무시했다. 이에 오랫동안 묵은 갈등이 터지면서 양국 함대는 네 시간이 넘도록 포격전을 벌이며 서로 상대방에게 심각한 타격을 입혔다. 이리하여 제1차 영국-네덜란드 전쟁이 일어났다.

1652년 7월, 영국과 네덜란드는 정식으로 상대방에게 선전포고를 했다. 영국은 먼저 도버 해협과 북해의 통항을 막았다. 이 길은 네덜란드가 무역을 하려면 꼭 지나야 하는 길이었기 때문에 네덜란드로서는 보통 심각한 문제가 아니었다. 영국은 네덜란드를 외부로부터 고립시켜서 네덜란드의 항복을 받아내려 했다. 네덜란드 함대는 여러 차례 영국 함대를 공격했지만 영국의 봉쇄를 뚫을 수가 없었다. 얼마 지나지 않아 하나둘씩 문제가 터지기 시작했다. 네덜란드 경제는 그동안 지나치게 대외 무역에 의존하고 있었기 때문에 무역로가 막히자 재정 수입이 급격히 줄어들었다. 네덜란드는 더 버티다가는 심각한 피해를 입을 것으로 판단하고 영국과 협상을 추진했다.

1654년 4월, 영국과 네덜란드 양국은 웨스트민스터 조약을 체결했다. 이 조약에 따라 네덜란드는 영국 항해 조례의 내용을 거의 다 받아들이고 영국 동인도회사에 입힌 재정 손실 약 27만 파운드를 변상하기로 했다. 또 대서양에 있는 세인트헬레나 섬의 지배권을 영국에 넘기고, 이후 영국의 수역에서 영국 함대를 만나면 예의를 갖추겠다고 약속했다.

제1차 영국-네덜란드 전쟁은 이렇게 네덜란드의 패배로 막을 내렸다. 그러나 아직 양국의 갈등이 완전히 해소된 것은 아니었다.

제2차 영국-네덜란드 전쟁

1660년에 영국의 스튜어트 왕조가 다시 권력의 중심에 서면서 찰스 2세가 영국 왕위에 올랐다. 찰스 2세도 해군력 강화에 많은 힘을 기울였다. 그는 영국 해군에 '왕립 해군'이라는 명칭을 하사하고, 자신의 동생 제임스 공작[12]을 '왕립 해군'의 최고 지휘관으로 임명했다.

---

12) 훗날의 영국 왕 제임스 2세

네덜란드의 해상 지배력을 약화시키기 위해 찰스 2세는 더욱 가혹한 조건의 항해조례를 제정하고, 나아가 네덜란드의 식민지를 공략하기 시작했다. 그러나 크롬웰이 죽은 뒤 고위 장교들이 권력 투쟁에 바빠 군대를 제대로 돌보지 않은 바람에 영국 해군의 전투력은 많이 약화되어 있었다. 반면에 네덜란드 해군의 발전은 눈이 부셨다. 제1차 영국-네덜란드 전쟁에서 패해 영국의 항해조례를 받아들인 네덜란드군은 그 치욕을 씻을 날만 기다리며 와신상담한 것이다. 네덜란드 해군 총사령관 로이테르는 해군력을 강화하기 위해 엄한 군율을 제정하고, 작전의 주안점도 바꾸었다. 이전까지 네덜란드 해군의 주요 임무는 자국 상선을 보호하는 것이었다. 그러나 로이테르는 네덜란드 해군을 강화하려면 수동적인 위치에서 벗어나 반드시 해군이 독립적으로 작전을 수행할 수 있어야 한다고 생각했다. 그렇게 되면 상선을 보호하기 위해 소극적으로 대응할 필요가 없기 때문이다.

▼ 17세기에 네덜란드가 사용한 선박 모형

그러던 중에 영국 왕 찰스 2세가 한층 강화된 항해조례를 공포하자 복수할 기회만 노리던 네덜란드 해군은 더 이상 참지 못하고 군사 작전을 수행하기 시작했다. 1664년 8월, 로이테르는 전함 8척을 이끌고 서아프리카로 향해 영국이 빼앗아간 식민지를 되찾았다. 이어서 1665년 2월, 네덜란드가 영국에게 선전포고를 하면서 제2차 영국-네덜란드 전쟁이 일어났다.

네덜란드 해군은 이날만을 기다리며 칼을 갈아왔지만, 전쟁 초기에는 바라던 대로 영국 해군을 무찌르기는커녕 오히려 영국 해군의 공격에 큰 타격을 입었다. 네덜란드 해군은 이후 몇 달 동안 영국 해군의 맹렬한 공격에 밀려 적이 자신들의 해상 교통로를 차단하지 못하도록 막는 데에만 온 힘을 기울였다.

1666년 초 이후, 제2차 영국–네덜
란드 전쟁은 대치 국면에 들어갔다.
네덜란드가 프랑스, 덴마크와 동맹
을 맺고 영국에 맞섰기 때문이다.
프랑스와 덴마크는 네덜란드에 막
대한 전쟁 물자를 지원했다. 그중
프랑스는 영국 전함 20척의 발을 묶
어 영국 해군의 힘을 약화시키기도
했다. 덕분에 영국과 네덜란드는 거
의 대등하게 대치하게 되었다. 양국
은 몇 달 사이에 다섯 차례나 치열
한 전투를 벌이며 밀고 당기는 전쟁
을 이어갔다. 1666년 9월이 지나면

▲ 제2차 영국–네덜란드 전쟁 중
에 패해서 후퇴하는 영국 해군

서 승리의 저울추가 네덜란드 쪽으로 기울기 시작했다. 물론 이것은
네덜란드 함대 전체가 용감히 싸운 결과였지만, 가장 큰 공은 탁월
한 지휘관 로이테르에게 있었다.

네덜란드 해군 총사령관 로이테르가 펼치는 신출귀몰한 용병술에
영국 함대는 맥 놓고 당할 수밖에 없었다. 그중에서도 템스 강을 타
고 들어가 영국 본토를 공격한 것은 가장 눈부신 전투로 손꼽힌다.
1667년 6월 19일, 로이테르는 함선 59척을 이끌고 어두운 밤을 틈
타 영국 템스 강 하구로 향했다. 밀물을 타고 템스 강을 거슬러 올라
간 네덜란드군은 강 양쪽을 향해 대포를 쏘기 시작했다. 네덜란드
해군은 순식간에 영국의 포대들을 파괴하고, 영국 본토에 상륙해서
많은 금과 목재 등을 빼앗았다. 그리고 그 와중에 부두에 정박되어
있는 영국 전함 18척을 발견하자, 그 전함을 수비하는 포대가 미처
공격하기도 전에 번개같은 속도로 포격해서 포대를 부수고 영국 전
함에 불을 질렀다. 그 결과, 영국의 대형 전함 6척이 완전히 파괴되
었다. 로이테르는 전함 '왕실 찰스' 호를 전리품으로 포획해서 네덜
란드로 가져갔다. 네덜란드 함대는 템스 강을 따라 사흘 동안 영국
을 짓밟으며 적에게 치명타를 입히고 무사 귀환했다. 그 후로도 로
이테르는 몇 달 동안 템스 강 하구를 봉쇄했다.

로이테르의 기습으로 영국은 20만 파운드에 이르는 막대한 손실
을 입었다. 그러나 경제적 손실보다 참담했던 것은 영국 해군의 자

존심이 무참히 짓밟혔다는 사실이었다. 기고만장하던 왕립 해군은 반격 한 번 못 해보고 로이테르에게 철저히 유린당했다.

영국은 로이테르군에 참담한 패배를 당한 데다 런던에 페스트가 유행하고 대화재까지 발생하자 더는 전쟁을 지속할 수 없다고 판단하고 화친을 제안했다. 1667년 7월, 영국과 네덜란드는 브레다 조약을 맺었다. 이 조약에 따라 영국은 새 항해조례 중 일부 가혹한 조항을 삭제했고, 제2차 영국-네덜란드 전쟁 기간에 점령한 남아메리카의 네덜란드 식민지 수리남을 돌려주었다. 또 네덜란드의 속령인 동인도 제도에서의 모든 이익을 포기했다. 네덜란드는 북아메리카 식민지인 뉴암스테르담 등을 영국에 할양하고 서인도 제도를 영국의

▼ **제2차 영국-네덜란드 전쟁 중에 벌어진 나흘 전투**
제2차 영국-네덜란드 전쟁에서 네덜란드가 대승을 거두었다. 이는 네덜란드 해군이 포획한 영국 전함을 끌고 본국으로 귀환하는 장면이다.

세력권으로 인정했다. 양국은 서로 한발씩 물러나 식민지를 교환하는 형식으로 타협을 이루었다. 그러나 전반적으로 보면, 제2차 영국-네덜란드 전쟁의 승자는 네덜란드였다.

제3차 영국-네덜란드 전쟁

1672년에 프랑스가 네덜란드에 정식으로 선전포고를 하자 영국은 옳다구나 하고 프랑스 편에 섰다. 그리고 네덜란드에 선전포고도 하지 않고 1672년 3월, 네덜란드 상선을 습격했다. 이로 인해 제3차 영국-네덜란드 전쟁이 일어났다. 이번 전쟁에는 영국, 프랑스, 네덜란드를 비롯해 스웨덴, 스페인, 덴마크가 참가했다.

제3차 영국-네덜란드 전쟁은 지상과 해상에서 동시에 진행되었다. 지상전은 주로 프랑스가 맡았다. 유럽에서 제일 강한 육군이라는 명성에 걸맞게 프랑스 육군은 전쟁이 시작되자마자 두드러진 전과를 거두기 시작했다. 네덜란드군은 무기, 전투력, 전투 경험 등 모든 면에서 프랑스군의 상대가 안 되었다. 네덜란드군이 연거푸 쓰디쓴 패배를 당하면서 네덜란드의 헬데를란트, 위트레흐트 등이 프랑스군의 손아귀에 들어갔다. 뛰어난 지도자로 명성이 자자하던 윌리엄 총독도 막강한 프랑스 철기병 앞에서는 고양이 앞의 쥐 꼴이었다. 프랑스 기병은 거침없는 기세로 네덜란드의 수도 암스테르담까지 진격했다. 사면초가에 빠진 네덜란드 신임 총독 윌리엄은 최후의 비책을 꺼내 들었다. 저지대라는 지리적 특성을 이용하는 것이었다. 윌리엄의 명령에 따라 수문이 열리면서 암스테르담 곳곳에 바닷물이 밀어닥쳤다. 네덜란드 수도는 이윽고 바닷물에 잠겼고, 프랑스 육군은 결국 바닷물에 가로막혀 발이 묶이고 말았다. 만신창이가 된 채로 지상전을 일단락지은 네덜란드는 해군에 마지막 희망을 걸었다.

이때 로이테르 장군은 이미 환갑을 넘은 노인이었지만 작전 경험이 풍부한 그를 대신할 사람이 없어 또다시 네덜란드 해군 총사령관으로 임명되었다. 로이테르는 영국과 프랑스의 해군 상황을 자세히 분석했다. 그 결과, 영국 해군이 주력 부대이고 프랑스 해군은 전투력도 약하고 해전 경험도 없으므로 무시해도 된다는 결론을 내렸다. 지피지기면 백전백승이다. 로이테르 총사령관은 소규모 부대로 프랑스 해군에 맞서는 한편, 주력군은 모조리 영국 해군과의 전투에 투입했다. 로이테르는 방어에 유리하도록 함대의 주력 부대를 네덜란드 영해의 얕은 바다에 배치했다. 육군이 참담하게 패한 탓에 공격적인 전술을 펼칠 수가 없었기 때문이다. 이와 동시에 그의 주특기인 기습 전술을 펼쳤다.

전투 초기에는 실력이 비슷한 탓에 쉽게 승부가 나지 않았다. 로이테르가 기습 작전을 펼쳐 작은 승리를 거두기는 했지만, 결정적인 한 방이 부족했다. 1673년, 양군은 텍셀에서 정면으로 충돌했는데 이 해전의 결과가 전쟁 국면에 큰 영향을 미쳤다. 1673년 8월에 영국-프랑스 연합군이 네덜란드 텍셀 섬에 상륙해서 수륙 양동 작전을 펼치기 위해 결집했다. 사전에 이 정보를 입수한 로이테르는 함대를 선봉대, 주력 부대, 예비 부대로 재편성하고 영국-프랑스 연합군에 맞설 준비를 했다. 그러나 객관적인 전력으로 볼 때, 네덜란드 해군은 영국-프랑스 연합군에 크게 못 미쳤다. 8월 21일 밤, 로이테르 함대는 바람을 이용해서 적의 틈 사이로 비집고 들어갔다. 날이 밝자마자 로이테르가 선제공격을 명령하면서 텍셀 해전이 벌어졌다. 병력만 놓고 보자면 영국-프랑스 연합군이 우세했지만, 작전에서는 네덜란드 해군을 따라가지 못했다. 프랑스 함대는 전투력과 작전 경험이 형편없었다. 네덜란드군이 쏜 대포가 함대에 명중하자 계속 싸울 생각은 하지 않고 배를 수리하느라 정신이 없었다. 이렇게 전투를 시작한 지 얼마 지나지 않아 프랑스 군대가 혼란에 빠지자 로이테르는 영국 함대를 공격하는 데 집중했다. 전투는 새벽부터 날이 저물 때까지 계속되었다. 그 결과, 영국-프랑스 연합군은 전함 9척이 완전히 부서지고 나머지 함대도 수리가 필요할 만큼 큰 피해를 입었지만, 네덜란드는 단 1척만, 그것도 약간 부서졌을 뿐 별다른 피해를 입지 않았다.

텍셀 해전은 네덜란드의 승리로 막을 내렸다. 그리고 전쟁에서 참패하면서 영국과 프랑스 간의 동맹도 깨졌다. 1674년 2월에 영국과 네덜란드는 웨스트민스터 평화 조약을 체결하고, 양국이 1667년에 체결한 브레다 조약이 계속 유효하다고 인정했다. 네덜란드는 영국의 피해를 어느 정도 보상해주기로 했고, 영국은 향후 네덜란드와 프랑스 전쟁에서 중립을 유지하기로 약속했다. 영국과 네덜란드 사이에 벌어진 세 차례 전쟁은 이것을 끝으로 막을 내렸다.

네덜란드 총독 위트

그는 바람 앞의 등불 신세인 조국을 위해 어려운 임무를 떠맡았다. 자신의 임무를 수행하며 뛰어난 업적을 남겼고 강대국들에 둘러싸인 상황을 타파하고자 했지만, 운명의 신은 그에게 기회를 주지 않았다. 그는 결국 한 나라의 총독에서 나라의 죄인으로 전락하고 말았다.

위트, 조국을 위해 몸 바치다

요한 드 위트는 네덜란드의 명문가에서 태어났다. 그의 아버지는 여러 차례 도르드레흐트 시 시장을 지낸 인물이다. 위트는 어려서부터 좋은 교육을 받고 또 형과 함께 전 유럽을 여행했다. 스물두 살이던 1647년에 위트는 헤이그에서 변호사가 되었다. 한편, 1650년에 네덜란드 총독이던 오라녜 가의 윌리엄 2세가 죽자 국회는 그의 아들이 총독직을 세습하는 데 반대했다. 이리하여 세습이 아닌 민중의 손으로 선출한 총독이 탄생하게 되었다.

1650년 12월, 스물다섯 살의 청년 위트는 탁월한 재능을 인정받아 도르드레흐트 시 수석 법관으로 임명되었다.

▼ 요한 드 위트 초상

또한 도르드레흐트 시 대표로 국회에 파견되면서 정치적 재능을 유감없이 발휘했다. 1658년에 국회는 위트를 네덜란드 총독에 임명하고 그에게 어려운 임무를 맡겼다. 바로 네덜란드와 영국의 갈등을 풀기 위해 영국에 가서 크롬웰과 협상하는 것이었다. 쉽지 않은 임무였지만 위트는 국회의 요청을 받아들여 영국과의 협상을 원만하게 마무리 짓고 귀국했다. 물론 네덜란드가 전쟁에 패한 상황에서 맺은 협상이라 네덜란드에 유리한 내용은 아니었다.

그렇더라도 국회가 맡긴 임무를 무사히 수행한 덕분에 위트의 정치적 명성은 한층 높아졌다. 이 무렵 위트는 부유한 웬델라 비커를 아내로 맞았다. 처가 덕분에 암스테르담의 많은 대상인과 친분을 맺게 되었는데, 이들의 지지

▲ **1615년 대국민회의**
1651년에 헤이그에서 네덜란드 대국민회의가 개최되었다. 이 작품은 당시 회의장의 풍경을 묘사한 것이다.

에 힘입어 네덜란드 총독으로서의 지위도 안정되었다. 위트는 또한 아버지와 형, 친척, 지인들을 요직에 앉혀 네덜란드 정부의 대권을 장악했다. 위트는 진취적이고 행정 능력도 뛰어났다. 그는 허례허식과 낭비를 막고 대상인에 대한 정부의 대출 이자를 낮추었다. 또 군함을 수리하는 한편 새로 구입했으며 군함의 무기를 개량하고 해군의 훈련을 강화했다. 위트는 이렇게 조국이 평화롭게 발전할 수 있는 환경을 만들기 위해 노력하면서 혹시 모를 적의 침략에 대비했다. 그리고 이러한 탁월한 지도력을 인정받아 1663년에 또다시 네덜란드 총독으로 선출되었다.

위트는 정치적 성과뿐만 아니라 다른 면에서도 좋은 평가를 받았다. 그는 겸손하고 친화적이었으며 매우 가정적이었다. 또 문화를 중시했고, 각계각층의 유명 인사와 친분을 쌓았다. 사람들과의 만남을 피하던 스피노자조차 위트의 환대에 거처를 헤이그로 옮길 정도였다. 위트는 이처럼 인품과 능력 면에서 나무랄 데 없는 지도자였지만, 주변 환경이 그를 가만히 내버려두지 않았다. 네덜란드의 이웃국가들이 유럽의 금싸라기 같은 그의 조국을 집어삼키려 호시탐탐 노리고 있었다.

위트, 어려운 시기를 만나다

1660년에 영국의 찰스 2세가 왕위에 오르며 스튜어트 왕조를 부활시켰다. 찰스 2세는 왕위에 오르자마자 위트에서 편지를 써서 그의 외조카인 오라녜 가의 윌리엄 3세에게 공직을 맡기라고 부탁했다. 과거에 네덜란드 국회는 오라녜 가의 사람은 공직을 맡을 수 없다는 법령을 공포한 바 있으나, 영국과 마찰을 빚고 싶지 않았던 위트는 영국의 외압에 굴복하고 말았다. 위트가 한발 물러나 윌리엄 3세에게 공직을 준 후에도 찰스 2세의 외압은 끝이 없었다. 예전보다 가혹한 조항들이 포함된 새 항해 조례를 공포한 것이다. 이 때문에 네덜란드의 무역이 심각한 타격을 입으면서 제2차 영국-네덜란드 전쟁의 막이 올랐다.

찰스 2세는 제1차 영국-네덜란드 전쟁 때처럼 네덜란드를 손쉽게 제압할 수 있을 것이라고 생각했다. 그러나 네덜란드 해군은 총독 위트와 해군 총사령관 로이테르 덕분에 당시와 전혀 다른 군대로 거듭나 있었다. 영국과의 전쟁을 앞두고 위트는 각종 군사상의 문제를 처리하며 전략에서 작은 부분에 이르기까지 모든 문제를 꼼꼼히 살폈다. 이에 당시 네덜란드 사람들은 위트의 성실함에 경의를 표했다. 위트는 총알이 빗발치는 전쟁터로 나가는 함대에 몇 번이나 동승해서 군인들의 신뢰도 얻었다. 네덜란드

▲ 드 위트 형제 동상

드 위트는 네덜란드 역사상 가장 뛰어난 총독이었다. 그는 정치적 혜안이 있었지만, 정치의 소용돌이에서 자신을 지킬 줄은 몰랐다.

해군은 용감히 싸워 적을 물리치는 것은 조국을 위한 것일 뿐만 아니라 위트를 위한 일이라고까지 생각했다. 처음에는 전세가 네덜란드에 불리하게 돌아갔다. 그러나 전쟁이 막바지에 이르렀을 때는 네덜란드의 승리가 확실해졌다. 1667년, 네덜란드와 영국은 전쟁을 끝내는 데 동의하며 브레다 조약을 맺었다. 이 조약에서 네덜란드도 어느 정도 양보를 했지만, 영국은 항해조례의 가혹한 조항들을 대부분 삭제해야 했다. 브레다 조약 체결은 위트가 거둔 작은 승리일 뿐이었지만, 이 덕분에 그의 명성은 정점에 올랐다.

그러나 손에 넣기는 어려우면서 잃기는 쉬운 것이 바로 권력이다. 몇 가지 일을 잘못 처리하면서 위트는 내리막길을 걷기 시작했다. 먼저 그는 윌리엄 3세의 지지자들을 끌어안지 못했다. 위트가 총독

이 되기 전까지 네덜란드 총독직은 대대로 오라녜 가문에서 세습했다. 그래서 여전히 많은 지방의 지도자가 오라녜 가문을 따랐는데 그들은 전투에 능한 장군들이기도 했다. 그러던 중 1667년에 네덜란드 국민대표회의가 각 지방의 지도자는 군사 지도자를 겸할 수 없다는 결의안을 통과시켰다. 이는 물론 윌리엄 3세의 지지 기반을 약화시키기 위한 조치였다. 그러나 결과적으로 윌리엄 3세의 세력만 군대에서 몰아낸 것이 아니라 작전 경험이 풍부한 다른 장군들까지 한꺼번에 쫓아내게 되어 네덜란드군의 작전 능력이 약화되었다. 바로 이때, 오래전부터 네덜란드를 호시탐탐 노리던 프랑스가 전투 준비를 시작했다.

위트는 프랑스와의 전쟁을 피하고자 몇 가지 방법을 제안했지만, 모두 거절당했다. 그러자 그는 영국, 스웨덴과 동맹을 맺어서 프랑스가 대규모 전쟁을 일으키지 못하도록 견제하려고 했다. 이에 3국 동맹이 부담스러웠던 프랑스 국왕 루이 14세가 1668년에 네덜란드와 아헨 조약을 체결하면서 전쟁 분위기가 잦아들었다. 외교적 수완을 발휘해서 위기를 넘긴 위트는 또 한 번 국민의 신망을 얻어 1668년에 네덜란드 총독직을 연임했다.

프랑스 국왕 루이 14세는 위트보다 유럽 정세를 더 정확하게 읽고 있었다. 그는 영국이 네덜란드와 이미 두 차례나 전쟁을 벌인 데다 영국 국왕 찰스 2세가 제2차 영국-네덜란드 전쟁에서 패한 데 이를 갈고 있다는 사실을 잘 알고 있었다. 게다가 찰스 2세는 돈이 필요했다. 그래서 루이 14세는 뇌물을 써서 영국을 자기편으로 끌어들였다. 스웨덴도 이웃국가 덴마크를 견제하려면 프랑스의 도움이 절실했기 때문에 네덜란드와 맺은 동맹에서 탈퇴했다. 이로써 네덜란드는 외톨이 신세가 되었다. 이에 위트는 세금을 더 거둬들여 군비를 확충해서 강적 프랑스와 영국을 상대하려고 했다. 그러나 이 대책은 사사로운 이익에 눈이 먼 대상인들의 반대에 부딪혔다.

위트, 살해당하다

1672년에 영국과 프랑스 연합군이 육로와 수로 양쪽에서 네덜란드를 공격했다. 지상에서는 막강한 프랑스 육군이 네덜란드군을 파죽지세로 몰아붙여 잇달아 승리를 거두며 네덜란드 도시들을 함락해 갔다. 해상에서는 로이테르가 이끄는 해군이 용맹하게 영국 해군에 맞서 싸웠지만, 단숨에 전세를 역전시키기는 어려웠다. 결국, 온 나라가 공포에 휩싸이고 경제도 마비되자 사람들은 위트를 비난하기 시작했다.

그러나 전쟁이 벌어지고 몇 달 동안 네덜란드에서 가장 바빴던 사람은 바로 위트였다. 그는 눈 붙일 새도 없이 바쁘게 일했다. 군대에 공급할 무기와 탄약을 마련하기 위해 백방으로 돌아다니고, 함대에 공급할 식량을 마련하고, 외교적 수단으로 전쟁을 끝내기 위해 각국 대사관을 찾아다니며 중재를 요청했다. 심지어 해군과 함께 직접 바다에 나가서 적과 싸우기도 했다. 하지만 거친 파도처럼 네덜란드를 집어삼키는 프랑스 육군의 기세를 꺾을 수는 없었다. 1672년 6월, 위트는 루이 14세에게 프랑스군이 퇴각하기만 한다면 전쟁으로 말미암은 피해를 모두 배상할 것이며 네덜란드 영토 일부를 할양하겠다고 제안했다. 그러나 루이 14세는 그 정도에 만족할 위인이 아니었기에 위트의 제안을 거절했다. 그런데 그 와중에 위트가 루이 14세에게 이런 제안을 했다는 소식이 전해지면서 네덜란드인들은 모든 불행의 책임을 그에게 뒤집어씌웠다. 사람들은 위트가 무지하고 탐욕스러우며, 경솔하게 영국과 스웨덴을 믿고 3국 동맹을 맺었고, 정부의 요직에 자신의 아버지와 형을 앉혔으며, 윌리엄 3세의 세력을 몰아내는 바람에 위대한 장군들이 전쟁에 참가하지 못해서 프랑스를 물리치지 못하는 것이라고 비난했다. 심지어 그가 이단을 믿고, 평소에 데카르트 같은 사람의 책을 즐겨 읽으며 스피노자와도 친구 사이라고 비난했다. 이처럼 모든 것이 위트의 '죄목'이 되었다.

1672년 6월 21일, 누군가가 위트를 암살하려고 시도했지만 실패했다. 그 이튿날에는 위트의 형 코넬리우스를 암살하려는 시도가 있었는데 이 또한 실패했다. 7월 24일, 헤이그 관료들은 코넬리우스가 윌리엄 3세를 해치려 했다는 죄를 씌워서 체포했다. 그리고 8월 4일에 그동안 사임 압박에 시달리던 위트가 결국 네덜란드 총독직을 사임했다. 8월 19일에 코넬리우스가 심한 구타를 당하고 감옥으로 이송되었고, 그다음 날에 위트가 감옥에 갇힌 형을 만나러 갔다. 이때, 이 모든 불행의 원흉이 위트 형제라고 생각한 네덜란드 민중이 감옥 문을 부수고 들어가 두 사람을 광장으로 끌어내고 무자비하게 때려 죽였다. 네덜란드를 위해 평생을 헌신한 총독 위트는 이렇게 비참하게 생을 마감했다.

크리스티안 4세의 꿈

밀턴은 17세기 영국 역사에서 매우 중요한 인물이다. 그가 쓴 정치 논설은 영국 사회에서 정치 사조의 변화를 이끌었고, 그의 시는 영국인을 아름다운 문학의 향연으로 안내했다. 그는 훌륭한 정치가이자 시인이었으며, 문학과 정치로 영국인들을 일깨웠다.

위대한 건설자

1596년에 크리스티안 4세가 정식으로 왕위에 오르며 덴마크와 노르웨이 두 왕국의 왕이 되었다(1588~1648년 재위). 크리스티안 4세는 아버지의 야심만만한 꿈을 이어받아 덴마크와 노르웨이를 북유럽의 네덜란드로 키우고자 했다. 이 꿈을 이루기 위해 그는 두 왕국 곳곳에서 정열적으로 건설 사업을 펼쳤고 그의 왕국에는 끊임없이 새로운 도시가 생겨났다. 특히 국경을 따라 만들어진 도시들은 점점 견고하고 거대해졌다. 코펜하겐에는 이 도시를 북유럽의 암스테르담으로 만들기 위해 특별히 새로운 증권거래소를 세웠다.

크리스티안 4세는 아버지의 별장 프레데릭스보르 성을 개축해서 훨씬 거대하고 화려한 성으로 탈바꿈시켰다. 마치 그렇게 해야만 자신의 위신에 어울린다고 생각한 것처럼 말이다. 그리고 코펜하겐에 대학생을 위한 기숙사 학교를 세우고, 학생들을 위해 성당을 재건했다. 천문학에도 관심을 기울여 원탑을 천문대로 개축하기도 했다.

크리스티안 4세가 가장 관심을 쏟은 대상은 해군이었다. 그는 코펜하겐에 방대한 규모의 최신식 해군 무기 공장을 건설하고 해군 병사들이 살 집을 지어주기도 했다. 선박을 만들 때는 원자재를 일일이 대조하기도 하고, 틈만 나면 현장을 찾아가서 직접 감독하기도 했다. 그만큼 그는 해군에 쏟는 애정이 각별했다. 그는 담당 해군 총독에게 함대를 지휘해서 아프리카 남단 희망봉을 지나 남아시아 대륙까지 갔다 오라고 했다. 임무를 마치고 돌아온 총독은 인도에 덴마크의 식민지를 건설했다고 보고했다. 이 밖에 크리스티안 4세는 북아메리카에서 중국과 인도로 가는 서북 항로를 찾을 함대를 파견하기도 했다.

복잡한 내정을 처리하는 것에 신경 쓰는 것만으로도 골치가 아플

법한데 크리스티안 4세는 대외 확장에도 관심을 기울였다. 그는 외국과의 전쟁을 통해 위신을 세우고자 했다. 그런 크리스티안 4세에게 가장 큰 적은 덴마크와 노르웨이의 이웃국가인 스웨덴이었다.

첫 번째 격돌

크리스티안 4세는 처음으로 스웨덴 칼마르를 침공해서 치열한 전투를 치른 끝에 마침내 칼마르 성을 손에 넣었다. 그러나 시간이 갈수록 전쟁으로 얻는 것은 자신이 바라던 위엄과 신망이 아니라는 사실을 깨닫게 되었다. 그가 스웨덴으로 진격할 때, 스웨덴의 젊은 왕자 구스타브 아돌프도 군대를 이끌고 남쪽으로 진군해 덴마크를 공격했다. 이때 덴마크 군영에 갑자기 페스트가 유행하며 먼 거리를 이동하느라 지친 군사들이 잇달아 죽어나가 사람들은 공포에 휩싸였다. 두려움은 곧 소동으로 이어졌고, 이를 계기로 전쟁에 대해 환상을 품고 있던 크리스티안 4세는 현실에 눈을 뜨게 되었다.

게다가 늙고 쇠약한 스웨덴 국왕 칼 9세가 보낸 편지 때문에 그는 마음이 크게 흔들렸다. 칼 9세의 편지 내용은 이러했다. "양국이 계속 칼을 겨눈다면 많은 사상자가 생길 것이다. 만약 양국의 왕이 공정하고 공개적으로 결투를 벌여 그 결과로 승부를 가린다면 군사들의 목숨과 백성의 재산을 지킬 수 있을 것이다."

칼 9세의 편지를 받은 크리스티안 4세는 고민에 빠졌다. 젊고 힘센 자신과 늙고 쇠약한 스웨덴 국왕이 결투한다면 두말할 나위 없이

▼ 덴마크 국왕 크리스티안 4세 초상

승리는 자신의 몫이었다. 그러나 이런 결투에서 이긴다고 자신의 위신이 높아질까? 그가 전쟁을 일으킨 이유는 단순히 승부를 가리는 것이 아니라 자신의 위신을 세우려는 것이었다. 그래서 크리스티안 4세는 스웨덴 국왕의 제안을 거절하는 내용을 담은 무례한 답신을 보내고 전쟁을 계속했다.

전쟁 중에 스웨덴은 스코틀랜드 용병을 투입하기도 했다. 그중 수백 명이 배를 타고 노르웨이로 가서 약탈과 학살을 자행해 크리스티안 4세는 큰 충격을 받았다. 그러나 스코틀랜드 용병은 곧 노르웨이인의 격렬한 반항에 부딪혔다. 노르웨이 농민들은 매복해 있다가 스코틀랜드 용병 부대를 기습해서 수백 명 가운데 10여 명을 제외하고 모두 죽였다. 이 일을 전해들은 크리스티안 4세는 매우 기뻐했다. 이후 크리스티안 4세는 잠시나마 스웨덴과 다른 서유럽 국가들의 연계를 끊는 데 성공했고 새로 즉위한 구스타브 아돌프가 덴마크에 배상금을 주고 조약을 체결하면 퇴각하겠다고 제안했다.

산산조각이 난 꿈

스웨덴을 굴복시켰지만 크리스티안 4세는 작은 승리에 만족하지 않았다. 그는 온 유럽에 명성을 떨치고 가장 명망 높은 국왕으로 칭

▶ **기함에서의 크리스티안 4세**
크리스티안 4세는 스웨덴과 치른 해전에서 한쪽 눈을 다쳐 실명했다. 그러나 신체의 장애도 그의 호기를 꺾을 수는 없었다.

송받길 원했다. 그래서 크리스티안 4세는 30년 전쟁에 참가하기로 결심을 내렸다.

그러나 참사회는 더 이상 덴마크와 노르웨이 두 왕국이 전쟁에 휘말리는 것을 바라지 않았다. 그래서 입술이 부르트도록 크리스티안 4세를 설득했다. 사실 참사회가 동의하지 않으면 아무리 국왕이라고 해도 독단으로 전쟁에 나갈 수 없었다. 그러나 한시라도 빨리 전쟁터로 달려가 자신의 이름을 드높이고 싶었던 크리스티안 4세는 사람들이 생각지도 못한 방법을 떠올렸다.

자신을 '니더작센 지방 사령관'으로 임명해 '니더작센 지방 사령관'의 이름으로 전쟁에 참가한 것이다. 독일 북부의 프로테스탄트가 위기에 처했기 때문에 같은 프로테스탄트로서 모른 척할 수 없다는 이유에서였다. 그러나 이번 전쟁은 처음부터 참가하지 말았어야 했다.

▲ 크리스티안 4세의 초상

크리스티안 4세는 1588년에 덴마크와 노르웨이 양국의 왕위를 계승했다. 재위기간에 상공업을 발전시키고, 강력한 함대를 구축했으며, 인도로 원정군을 보내기도 했다. 30년 전쟁 중에 크리스티안 4세는 네덜란드, 프랑스, 영국과 동맹을 맺고 1625년에 독일로 진격했다. 전쟁 초기에는 우위를 점하는 듯했으나 결국 패하여 1629년에 조약을 맺고 퇴각했다. 그리고 이후 또다시 스웨덴의 공격에 무너져 쇠락의 길로 들어섰다.

크리스티안 4세는 제대로 싸워보지도 못하고 참담하게 패해 퇴각해야 했다.

크리스티안 4세는 결코 덴마크와 노르웨이의 국왕으로서 왕국의 뜻을 대변해 전쟁에 나간 것이 아니라 순전히 개인적인 생각에 따라 행동한 것이었다. 그러나 그가 덴마크와 노르웨이왕국의 국왕이라는 것은 온 세상이 다 아는 사실이었다. 왕의 이런 경솔한 행동은 결국 왕국에 화를 불러오고 말았다. 독일 군대가 덴마크 영토 유틀란트 반도로 쳐들어온 것이다. 유틀란트 반도는 독일군의 창칼 아래 철저히 짓밟혀 그들이 지나간 곳에는 온전한 건물이 없고 약탈당한 장원은 폐허로 변했다. 그러나 더 눈부신 전적을 원한 독일군의 만

행은 여기서 그치지 않았다.

독일군의 무서운 기세에 눌린 크리스티안 4세는 더 버티지 못하고 정전 협약을 체결했다. 비록 덴마크와 노르웨이왕국에 그다지 가혹한 내용의 협약은 아니었지만, 전쟁으로 말미암은 피해는 고스란히 남아 있었다. 크리스티안 4세의 꿈은 이제 실망과 고통으로 바뀌었다. 이렇게 되자 독일 북부 지역의 프로테스탄트는 크리스티안 4세가 자신들을 지켜줄 수 없다고 판단하고 스웨덴 국왕 구스타브 아돌프에게 도움을 요청했다. 구스타브 아돌프는 그들의 요청을 받아들이고, 크리스티안 4세에게 동맹을 맺고 함께 참전하자고 제안했다. 그러나 패전의 고통에 허덕이던 크리스티안 4세는 그의 제안을 거절했다. 크리스티안 4세는 이제 전쟁 그 자체도 두렵고, 전쟁에 참가했다가 스웨덴왕국에 지배당할지도 모른다는 점도 두려웠다.

구스타브 아돌프는 타고난 지휘관이었다. 스웨덴 군대가 참전하면서 30년 전쟁의 양상에 큰 변화가 생겼고, 스웨덴군은 잇달아 승전보를 울렸다. 상황이 이렇게 되자 크리스티안 4세는 더욱 불안해졌다. 스웨덴이 전쟁에 이긴다면 자신에게 좋을 것이 없기 때문이었다. 그래서 크리스티안 4세는 스웨덴의 힘이 더 커지기 전에 다른 나라들을 설득해서 스웨덴의 반대편에 서게 했다. 그런데 스웨덴의 승리가 확실해질 무렵, 뤼첸 전투에서 구스타브가 전사했다. 그 후 크리스티안 4세의 이간질에 분노한 스웨덴 해군이 유틀란트 반도로 진격했다. 그와 동시에 다른 스웨덴 군대도 덴마크 스코네 주로 진격해와 덴마크는 큰 위기에 빠졌다.

덴마크 함대가 스웨덴군이 덴마크의 중앙에 접근하지 못하도록 결사적으로 막았지만, 그 과정에서 유틀란트 반도와 스코네 주는 엄청난 피해를 입었다. 크리스티안 4세도 노쇠한 몸을 이끌고 함대에 올라 스웨덴과 교전을 치렀는데 전투 중에 심각한 부상을 당해 한쪽 눈을 잃고 말았다.

이 전쟁이 끝난 후 크리스티안 4세는 스웨덴과 굴욕적인 조약을 맺게 되었다. 1645년에 체결한 이 브룀세브로 조약에 따라 크리스티안 4세는 덴마크와 노르웨이의 섬 몇 개를 스웨덴에 넘겨주었고, 이후 비참함과 괴로움 속에서 3년을 보냈다.

1648년 2월, 크리스티안 4세는 절망과 빈곤 속에서 몸부림치다가 쓸쓸하게 눈을 감았다.

스웨덴, 북유럽의 강자로 우뚝 서다

구스타브 아돌프는 왕위에 오르기 전부터 야심만만했다. 국왕이 되어 대권을 손에 쥐자 그는 뛰어난 지도력으로 빠르게 스웨덴을 북유럽의 강자로 키워냈다. 안타깝게도 전장에서 숨을 거두었지만 그의 이름은 여전히 찬란하게 빛나고 있다.

위태로운 조국을 구하다

1611년, 스웨덴의 늙은 국왕 칼 9세는 아들 구스타브 아돌프에게 사면초가에 빠진 왕국을 남긴 채 눈을 감았다. 역사는 새 왕을 구스타브 2세라고 불렀다(1611~1632년 재위). 이제 겨우 열일곱인 소년 왕 구스타브 아돌프는 즉위하자마자 안팎으로 골치 아픈 문제들에 부딪혔다. 내부적으로는 귀족들이 문제였다. 선왕 칼 9세가 대귀족에게 불리한 정책을 펼친 탓에 왕실에 대한 귀족들의 불만이 하늘을 찔렀다. 그들은 어린 왕이 즉위한 틈을 타 빼앗긴 권리를 되찾으려 했다. 심지어 구스타브의 사촌인 폴란드 국왕 시기스문드에게 스웨덴 왕위를 넘겨주려는 움직임도 있었다. 또 대외적으로는 오랫동안 스웨덴과 칼을 맞댄 덴마크, 폴란드, 러시아가 스웨덴을 노리고 있었다. 게다가 구스타브 2세가 즉위할 당시 스웨덴군은 조직도 느슨하고 병력도 부족한 데다 다른 나라보다 훨씬 뒤처진 무기를 사용하고 있었다.

그러나 가시밭길에 서서도 어린 왕은 주눅이 들지 않았다. 구스타브는 어려서부터 엄격하고 체계적인 교육을 받았고 그 가운데 병법을 가장 좋아했다. 또 왕위에 오르기 전부터 전쟁터를 누빈 노련한 장수였다. 게다가 내정을 다스리는 능력도 뛰어났다. 국내외 정세를 면밀하게 분석한 구스타브는 먼저 국내의 문제를 해결하고 군대를 개혁한 다음

▼ 구스타브 2세

군사학자들은 구스타브 2세를 일러 '유럽 근대 군사의 아버지'라고 했다. 군대에 통일된 군복을 지급하는 제도를 만든 사람이 바로 구스타브 2세이다.

165

뤼첸 전투는 구스타브 아돌프의
생애 마지막 전투로, 구스타브
는 이 전투에서 중상을 입었다.
이 작품은 그가 전사하는 장면
을 묘사했다.

에야 마음 편히 적들을 상대할 수 있다는 결론을 내렸다. 그래서 그
는 두 발을 나아가기 위해 한 발 물러서는 방법을 쓴다. 구스타브는
스물여덟 살의 재상 옥센셰르나와 손을 잡고, 그의 도움으로 귀족들
과 협의를 맺고 추밀원과 귀족들에게 많은 권리를 부여했다. 또 국
왕이라고 하더라도 귀족의 영지와 재산을 함부로 약탈할 수 없으며
임의로 체포할 수도 없다고 규정해 귀족의 경제적 특권을 보장했다.
귀족들은 정치, 경제적 지위를 원했기 때문에 구스타브는 한발 물러
서는 전략으로 귀족들의 바람을 만족시켜주었다. 원하는 바를 이룬
귀족들이 구스타브의 통치를 적극적으로 지지하면서 내부의 문제는
원만히 해결되었다.

　그러나 대외적으로는 1612년에 드디어 전쟁이 일어나고 말았다.
군사력이 약한 스웨덴은 이 전쟁에서 연이어 패배의 쓴잔을 들이켰
다. 1612년 5월, 덴마크는 스웨덴을 서유럽 국가들 사이에서 고립시
켰다. 나라의 운명이 벼랑 끝에 몰렸지만, 구스타브는 덴마크에 화
친을 구걸하지 않았다. 단지 덴마크가 지나치게 가혹한 조건을 내놓
지 않기만 바랐다. 결국 덴마크에 막대한 배상금을 지급한다는 조약
을 맺은 후 스웨덴은 겨우 한시름을 놓았다. 어렵게 얻은 이 평화 시
기를 틈 타 구스타브는 대대적인 군사 개혁을 감행했다.

군사 개혁

구스타브는 어려서부터 각종 병법에 통달했고, 뛰어난 장군을 존경했다. 각종 군사 기술과 작전 방법에 해박했을 뿐만 아니라 낡은 것을 개혁하는 것도 주저하지 않았다. 그가 스웨덴 군대를 완전히 탈바꿈시킨 덕분에 훗날 스웨덴은 위대한 전적을 거둘 수 있었다.

스웨덴군은 대부분 용병으로 구성되었다. 용병은 전투에 참가하는 직업 군인으로, 각국에서 벌어지는 전투에 참가하는 대가로 돈을 받았다. 그들에게 전투는 일이었기 때문에 전투 상대가 누구든 누가 고용하든 상관없었다. 다시 말해, 고용주에 대한 충성심이 그다지 깊지 않았다. 구스타브는 이를 큰 문제로 여겨 징병제를 도입했다. 이에 따라 열다섯 살부터 마흔넷까지의 남성은 모두 병역의 의무를 지게 되었고 향후 스웨덴군의 주력군이 되었다. 각 개인의 삶은 국가의 운명과 끈끈하게 연결되기 때문에 그들은 목숨을 걸고 전투에 나섰다.

구스타브는 또한 다른 나라들보다 훨씬 낙후한 무기를 개량하는 데도 공을 들였다. 적군이 스웨덴 보병의 창을 쉽게 부러뜨리지 못하도록 철판으로 창을 감싸고, 창병이 자유자재로 휘두를 수 있도록 창의 길이와 무게를 줄였다. 길이와 무게를 줄이니 다른 나라의 군대에서 사용하는 창보다 사용하기가 훨씬 수월해졌다. 또 구스타브는 기존의 화승총을 활강총으로 바꾸고 총 구경과 탄약을 표준화했다. 이런 대대적인 개혁을 거쳐 스웨덴군의 무기와 장비 수준은 몰라보게 향상되었다.

제아무리 좋은 무기라도 군사들이 잘 사용하지 못하면 돼지 목의 진주 목걸이나 다름없다. 그래서 스웨덴군은 엄격하고 고된 훈련을 받았다. 그 자신이 뛰어난 군인이자 우수한 교관인 구스타브는 병사들이 입대하는 순간부터 체계적으로 훈련시켰다. 신병은 우선 2주 정도 기초 훈련을 받으며 각종 무기를 사용하는 방법을 배웠고, 그 후에는 연대와 소대의 합동 작전 훈련과 보병, 기병, 포병의 연합 훈련에 투입되었다. 이 밖에도 구스타브는 엄격한 군율을 제정해 군대의 기강이 해이해지지 않도록 경계했다.

이와 같은 노력을 쏟은 결과, 스웨덴의 군사력은 전에 없이 강화되었다. 타고난 군인이나 즉위 초기에 약한 군사력 때문에 많은 어려움을 겪었던 구스타브에게 스웨덴군의 환골탈태는 자신의 실력을 펼칠 때가 왔다는 것을 의미했다.

빛나는 전적

구스타브가 극적으로 변한 스웨덴군의 모습을 국제 사회에 보여줄 기회만 노리고 있을 때, 스웨덴의 숙적 폴란드가 공격해왔다. 30년 전쟁의 포성이 막 울린 때였다. 스웨덴은 폴란드가 자국을 침략할 기회를 엿본다고 생각해 그들을 믿지 않았다. 그리고 스웨덴 또한 폴란드의 영토를 탐냈다. 1621년부터 구스타브는 수시로 폴란드의 속령 리보니아¹³⁾를 공략해서 마침내 리보니아의 수도 리가를 빼앗았다. 리가는 발틱 해 연안의 중요한 무역 도시로 폴란드에 중요한 무역 통로였다. 그런 곳이 스웨덴의 손에 넘어갔으니 폴란드로서는 엄청난 타격이었다. 구스타브의 아버지 칼 9세 때 스웨덴군은 폴란드 기병에게 치명타를 입은 적이 있다. 그러나 이제는 그의 아들 구스타브의 지휘로 스웨덴군이 폴란드 기병대를 파죽지세로 몰아붙여 패배를 안겨주었다.

구스타브는 이 정도 승리에 도취해 방심할 인물이 아니었다. 1626년에 30년 전쟁의 불꽃이 북유럽까지 번졌다. 30년 전쟁은 프로테스탄트 국가와 가톨릭 국가 사이에 벌어진 살육전이었다. 순수한 신앙심에서 비롯된 전쟁이 아니라, 다른 나라의 영토를 빼앗으려는 야욕도 섞여 있었다. 가톨릭 연맹국들은 신성로마제국의 걸출한 장군 발렌슈타인의 지휘로 프로테스탄트 연맹국에 심각한 타격을 입히며 발틱 해로 진격했다. 프로테스탄트 국가들은 신앙이 같은 구스타브가 전쟁에 참가해서 전세를 뒤집어주길 바랐다. 그러나 구스타브에게는 다른 계획이 있었다.

1626년, 구스타브는 스웨덴군을 이끌고 오래전부터 항구가 많다는 점 때문에 눈독을 들여 온 프로이센으로 향했다. 그런데 전투를 계속할수록 구스타브는 남쪽으로 내려가고 발렌슈타인은 북쪽으로 올라와서 스웨덴과 신성로마제국 사이에 점차 전쟁의 기운이 감돌았다.

1630년, 구스타브는 정식으로 30년 전쟁에 참가해 독일의 국경을 넘었다. 이때 발렌슈타인은 모함을 받아 자리에서 물러난 상태였고

---

13) 지금의 에스토니아와 라트비아의 대부분 지역

그를 대신해 틸리 백작이 군대를 지휘하고 있었다. 구스타브는 서두르지 않고 차근차근 진지를 구축해 짧은 시간 안에 발틱 해 지역을 후방 기지로 만들어놓았다. 또한 소규모 전투에서 연달아 승리를 거뒀다. 1631년, 독일 내부에서 중립을 선언했던 일부 프로테스탄트 제후들도 전쟁에 참전하면서 구스타브에게 힘을 실어주었다. 1632년, 레흐 강 전투에서 구스타브와 틸리 백작은 칼을 맞대게 되었다. 두 사람이 목숨을 걸고 싸운 결과, 틸리 백작이 이 전투에서 전사하고 스웨덴이 최후의 승자가 되었다. 이후 구스타브는 쉴 틈도 없이 바로 이어서 가톨릭 연맹의 본진인 바이에른으로 진격했다.

　전세가 불리해지자 신성로마제국 황제가 발렌슈타인을 불러들여서 명장 발렌슈타인이 다시 갑옷을 입고 전장에 섰다. 단번에 작센 선제후 부대를 무찌른 발렌슈타인은 구스타브의 퇴로를 끊으려 했다. 이에 구스타브는 서둘러 작센으로 말머리를 돌렸으나 라이프치히 근처에서 발렌슈타인의 군대와 정면으로 맞닥뜨렸다. 이로써 전쟁사에 길이 남을 뤼첸 전투가 시작되었다. 구스타브군과 발렌슈타

▼ 뤼첸 전투 중 스웨덴군의 포병
뤼첸 전투 중에 스웨덴군의 포병 부대는 신기에 가까운 공격력을 선보였다. 적군보다 세 배나 빠른 속도로 포탄을 발사한 것이다. 작품 속에서 양측의 보병과 기병이 모두 질서정연하게 대형을 이루어 상대를 공격하고 있다.

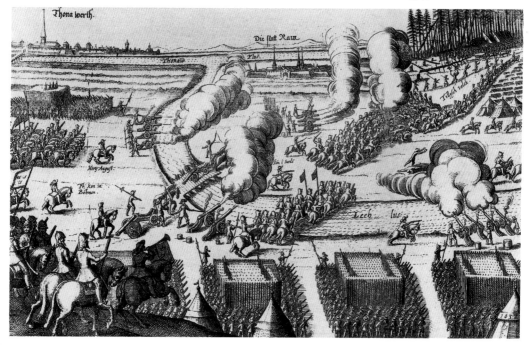

인군의 전력이 막상막하였기 때문에 쉽게 승패를 가리지 못하고 서로 죽고 죽이는 살육전만 거듭했다. 시간이 갈수록 전쟁은 교착 상태에 빠져 뤼첸은 양군의 피로 붉게 물들었다. 그러던 어느 날, 갑자기 자욱한 안개가 전장을 덮었다. 전쟁에 지친 발렌슈타인군은 짙은 안개가 낀 틈을 타 철군할 준비를 했으나, 이 처절한 전투를 끝낼 절호의 기회를 놓칠 구스타브가 아니었다. 그는 군대를 이끌고 황급히 적군의 뒤를 쫓아갔다. 그러나 승리를 눈앞에 둔 시점에 구스타브는 본진과 떨어져서 신성로마제국 군대에 포위되었고, 결국 이 전투에서 장렬하게 전사했다. 구스타브가 죽었지만 스웨덴 정예군은 당황하지 않고 다른 사령관의 지휘에 따라 전투를 이어갔다. 그리고 마침내 뤼첸 전투를 승리로 장식했다.

구스타브 2세는 전쟁과 함께 성장하고 전쟁을 통해 위대한 왕으로 거듭났다. 전쟁터에서 안타깝게 전사하고 말았으나 그가 이룬 위업은 인류의 역사에 영원히 기록될 것이다.

30년 전쟁

1618년부터 1648년까지 유럽에서 30년 전쟁이 발발했다. 전례를 찾아보기 어려울 만큼 길고 처참했던 이 전쟁에 유럽의 주요 국가들은 자국의 운명을 걸었다. 이 전쟁은 여러 면에서 의미가 깊었다. 표면적으로는 다들 신앙을 위해 칼을 든 것처럼 보였지만, 그 내막을 들여다보면 결국 '국익'을 위한 전쟁이었다. 이 전쟁이 끝날 무렵 체결한 조약에 따라 근대 유럽의 판도가 결정되고 주권 개념이 확립되었다.

유럽의 대치 국면

1555년에 아우크스부르크 종교 화의가 체결된 후, 신성로마제국 황제이자 합스부르크 왕가의 황제인 카를 5세(1519~1556년 재위)는 프로테스탄트 제후들과 타협해 각 도시의 군주가 종교를 정한다는 원칙을 확립했다. 이로써 프로테스탄트 제후들과 가톨릭 제후들은 각자의 세력권을 형성하고 서로 간섭하지 않았다. 당시 프로테스탄트와 가톨릭 진영은 대등한 세력 균형을 이루고 있었다. 선제후 7명 중 브란덴부르크, 작센, 팔츠는 프로테스탄트 신앙이었다. 종교 화의를 통해 도시마다 군주가 종교를 정한다는 원칙이 세워졌지만, 그 후에도 두 세력은 보이지 않는 싸움을 이어갔다. 1608년, 프로테스탄트 세력을 모으기 위해 프로테스탄트 제후들이 팔츠 선제후 프리드리히 5세를 수장으로 하는 프로테스탄트 제후 연맹을 조직했다. 이에 맞서 가톨릭 제후들도 프로테스탄트 제후 연맹에 밀리지 않기 위해 바이에른 대공 막시밀리안 1세를 대표로 하는 '가톨릭 연맹'을 구축했다. 그리고 신성로마제국 황제이자 합스부르크 왕가의 황제 루돌프 2세(1576~1612년 재위)가 가톨릭 연맹을 지지하면서 두 동맹 세력은 다시 한 번 공개적으로 대치하기 시작했다.

다른 유럽 국가들도 차츰 프로테스탄트 연맹을 지지하는 나라와 가톨릭 연맹을 지지하는 나라로 갈렸다. 당시 유럽의 형세를 보면, 합스부르크 왕가가 스페인과 오스트리아 등 많은 나라를 통치하며 프랑스를 에워싸고 있었다. 그래서 프랑스는 합스부르크 왕가의 세력을 약화시키기 위해 프로테스탄트 연맹을 지지하고, 합스부르크 왕가의 일족인 신성로마제국 황제에 반대했다. 북유럽의 덴마크와

▼ **합스부르크 왕가의 문장**
정면에 검은 쌍두독수리가 그려져 있다.

스웨덴은 오래전부터 남쪽으로 영토를 확장할 기회만 엿보고 있던 데다 프로테스탄트 국가였기 때문에 프로테스탄트 연맹을 지지했다. 자기 신앙의 세력을 지키면서 아울러 남쪽으로 영토를 확장하려는 노림수였다. 그리고 영국 국왕과 프로테스탄트 연맹의 지도자 프리드리히 5세는 인척 관계였기 때문에 영국도 프로테스탄트 연맹 편에 섰다. 스페인은 신성로마제국 황제와 같은 합스부르크 왕가의 일원이었기 때문에 가톨릭 연맹을 지지했고, 교황은 두말할 필요 없이 가톨릭 연맹 편에 섰다. 이리하여 독일 안팎이 프로테스탄트와 가톨릭으로 나뉘어 대치하게 되고 유럽 대륙에 긴장감이 높아지면서 머지않아 폭풍우가 몰아닥칠 것을 예고했다.

창문 투척 사건

1526년, 신성로마제국의 황제이자 합스부르크 왕가 출신인 페르디난트 1세가 보헤미아[14]와 헝가리 왕위를 계승해 이 지역을 합병했다. 그로부터 이 지역은 사실상 오스트리아 합스부르크 왕가의 영지가 되었다. 체코가 합스부르크 왕가의 영지가 되었을 때, 신성로마제국 황제 루돌프 2세는 이후 체코의 왕위를 계승하는 자는 체코의 법을 준수하며 체코의 의회를 그대로 유지하고 체코의 프로테스탄트 신앙을 존중할 것이라고 약속했다.

1617년, 합스부르크 왕가의 슈타이어마르크계의 페르디난트가 체코의 왕위에 올랐다. 페르디난트는 독실한 가톨릭교도였다. 가톨릭교도가 프로테스탄트 국가의 왕이 되었으니 그 후에 벌어질 일은 불 보듯 빤했다. 그는 지난날 루돌프 2세가 했던 약속을 헌신짝처럼 버리고 체코의 법을 무시하며 의회를 해산하겠다고 협박했다. 페르디난트의 행동에 체코는 전국이 매우 분노했다. 게다가 이보다 용납할 수 없었던 것은 바로 새로운 왕이 체코의 프로테스탄트 신앙을 탄압하고 신도들을 박해한 것이다. 1618년에 페르디난트가 프로테스탄트 신도들의 프라하 내 집회를 금지하자 체코 의회가 나서서 강력히 항의했다.

1618년 5월 23일, 분노한 체코인들이 제멋대로 행동하는 국왕에게 본때를 보여주기 위해 왕궁으로 달려갔다. 거센 민중의 기세에

---

14) 지금의 체코

깜짝 놀란 페르디난트는 일단 냅다 도망쳤다. 사람들은 왕궁을 이 잡듯이 뒤진 끝에 국왕의 측근 두 사람을 붙잡아서 본보기로 그들에게 매운맛을 보여주자고 했다. 그때, 누군가가 체코식으로 처벌하자고 제안했다. 체코식 처벌은 높은 창문에서 떨어뜨리는 것이었다. 국왕이 총애하는 측근들을 창문에서 떨어뜨려서 달아난 국왕을 모욕하자는 뜻이었다. 군중은 곧 그 제안을 받아들여 두 사람을 창문 밖으로 던져버렸다. 이것이 바로 역사상 유명한 '창문 투척 사건'이다. 다행히 두 사람은 목숨을 건졌지만, 이 일로 페르디난트는 체코에 복수를 결심했다. 이후 페르디난트는 체코인들이 다시는 반항하지 못하도록 따끔한 맛을 보여주어야 한다고 합스부르크 왕가를 설득했다.

한편, 이미 선을 넘은 상황에서 체코인이라고 앉아서 죽기만 기다릴 리는 없다. 그들은 임시 정부를 세우고 페르디난트를 폐위한다고 선언했다. 그리고 새로운 국왕을 세우기로 하고 봉기를 계획했다. 이것이 바로 30년 전쟁의 불씨를 당겼으며, 수십 년 동안 계속된 이 전쟁은 제1기 체코전, 제2기 덴마크전, 제3기 스웨덴전, 제4기 전면전 이렇게 총 4기로 나뉜다.

제1기 체코전

1619년 6월, 체코 저항군이 오스트리아의 수도이자 합스부르크 왕가의 본거지인 빈 근처까지 진격했다. 이때 페르디난트는 이미 신성로마제국 황제로 즉위한 페르디난트 2세(1619~ 1637년 재위)로서 명목상 독일 전체의 군주였다. 체코인은 가톨릭 연맹의 군대와 전투를 벌이기 전에 이제 막 황제에 즉위한 페르디난트와 협상하길 원했다. 상황이 자신에게 불리하다는 것을 깨달은 페르디난트 2세는 겉으로는 체코인과의 협상을 받아들이는 척했다. 그러나 뒤로는 계속 가톨릭 연맹에 지원을 요청했다. 심지어 팔츠 선제후의 작위를 바이에른 대공 막시밀리안 1세에게 넘겨주겠다는 조건을 내걸며 체코를 진압할 병력을 보내달라고 가톨릭 연맹에 부탁했다.

▼ 창문 투척 사건
1618년 5월 23일, 페르디난트의 측근 두 명이 성난 체코 군중에 의해 왕궁 창문 밖으로 내던져졌다. 이것이 바로 역사상 유명한 '창문 투척 사건'이다.

가톨릭 연맹은 짧은 시일 안에 군사 2만 5,000명을 모집하고 페르디난트에게 막대한 자금까지 지원하면서 체코에서 일어난 저항의 불길을 잠재우려고 했다. 가톨릭 연맹의 막강한 병력에 밀린 체코 저항군은 어쩔 수 없이 1619년 8월에 체코로 돌아가 팔츠 선제후 프리드리히 5세를 체코 국왕으로 선출했다.

페르디난트 2세가 체코인 스스로 선출한 국왕을 인정할 리 없었다. 그는 가톨릭 연맹군에 계속 진격해서 황제에 대해 불경죄를 저지른 체코인을 응징하라고 명령했다. 그러면서 가톨릭 연맹을 지지하고, 합스부르크 왕가의 일족인 스페인과 함께 팔츠로 진격했다.

1620년 11월, 체코-팔츠 연맹군과 가톨릭 연맹군이 빌라호라 근처에서 만나 전투를 벌였다. 체

▲ 체코 저항군을 격파하다

1620년 11월, 황제 페르디난트 2세가 '모셔 온' 군대가 프라하 외곽 서쪽 지역에서 체코 저항군을 격파했다.

코-팔츠 연맹군은 유리한 지형을 차지했지만, 가톨릭 연맹보다 훨씬 낡은 무기를 사용했기 때문에 결국 전투에서 지고 말았다. 프리드리히 5세는 프로테스탄트 연맹을 지지하는 네덜란드로 도망쳤고 체코는 다시 합스부르크 왕가의 지배를 받게 되었다. 페르디난트 2세는 체코 전 국토의 절반 이상을 신성로마제국의 귀족들에게 나눠 주고, 프로테스탄트 신도들에게 가톨릭으로 개종하라고 강요했다. 이후 팔츠를 비롯한 프로테스탄트 제후들이 몇 차례 반격을 시도했지만 그때마다 가톨릭 연맹군에 패했다. 이렇게 30년 전쟁의 첫 번째 승리는 가톨릭 연맹군에 돌아갔다.

제2기 덴마크전

　제1기 체코전에서는 가톨릭 연맹군이 승리를 거두었지만, 유럽을 휩쓴 이 전쟁은 이제 막 시작되었을 뿐이었다. 프랑스는 계속 자신을 위협하는 합스부르크 왕가의 세력이 갈수록 커지는 것을 더는 두고 볼 수 없었다. 또 네덜란드는 스페인의 지배를 벗어나기 위해 스페인과 전면전을 치르고 있었다. 팔츠 선제후 프리드리히 5세는 영국 왕 제임스 1세의 사위였기 때문에 영국도 손 놓고 구경만 할 수는 없는 노릇이었다. 덴마크와 스웨덴은 독일이 다시 신성로마제국 황제의 손아귀에 들어가도록 내버려둘 수 없었다.

▲ **신성로마제국 황제 페르디난트 2세**

기도하는 신성로마제국 황제 페르디난트 2세. 야심만 크고 재능은 없던 이 황제는 독일을 통일하겠다는 염원을 이루기는커녕 독일을 끝없는 전쟁의 불구덩이로 밀어 넣었다.

　이런 이유로 처음에 페르디난트의 독선을 견디다 못한 체코인들이 일으킨 저항이 전 유럽 국가가 참가한 국제 전쟁으로 커졌다. 1625년에 프랑스 재상 리슐리외가 영국, 네덜란드, 덴마크에 합스부르크 왕가에 대항하기 위해 3국 동맹을 맺어서 덴마크가 전쟁에 나서고 영국과 네덜란드가 후방에서 지원하는 것이 어떻겠느냐고 제안했다. 이로써 30년 전쟁은 제2기 덴마크전으로 접어들었다.

　덴마크와 노르웨이의 국왕 크리스티안 4세는 참사회 의원들이 참전에 반대하는데도 기어코 뜻을 굽히지 않았다. 그는 프로테스탄트 신도로서 위기에 빠진 독일 프로테스탄트를 모른 척할 수 없다는 이유로 자신의 행동을 정당화했다.

　1625년, 크리스티안 4세는 영국, 프랑스, 네덜란드 3국의 지지를 받으며 프로테스탄트 연맹과 함께 독일 가톨릭 연맹을 공격했다. 크리스티안 4세는 순식간에 독일 서북부 지역을 점령했고, 영국군도 체코 서부 지역을 점령했다. 전쟁 초기에는 프로테스탄트 연맹의 승리가 확실해보였으나, 시간이 흐를수록 전세는 역전되었다. 이에 페르디난트 2세는 1628년에 당시 가장 명망 높던 장군 발렌슈타인을 불러 황제군의 지휘를 맡겼다. 발렌슈타인은 페르디난트 2세와 가톨릭 제후들의 기대를 저버리지 않았다. 1628년 4월, 그는 영국군을 격파하고 뒤이어 크리스티안 4세의 군대까지 무찔러 프로테스탄트 제후령이던 작센 지방을 손에 넣었다. 그 결과 덴마크는 1629년 5월에 신성로마제국 황제와 뤼베크 조약을 체결하고 더는 독일의 일에 간섭하지 않겠다고 약속했다. 이렇게 해서 제2기도 가톨릭 연맹의 승리로 끝이 났고, 합스부르크 왕가는 전보다 많은 지역을 지배하게 되었다.

제3기 스웨덴전

전쟁에서 큰 승리를 거둔 발렌슈타인은 북유럽 국가들과 영국에 맞서기 위해 발틱 해에 강력한 해군 함대를 주둔시키려고 했다. 이에 스웨덴 국왕 구스타브 2세는 불안해졌다. 합스부르크 왕가가 스

▼ 유럽에서 일어난 30년 전쟁을 묘사한 그림

웨덴까지 위협할까 봐 두려웠던 것이다. 그 와중에 프로테스탄트 국가들은 프로테스탄트 신도인 구스타브가 자신들과 함께 전쟁에 참가해 전세를 뒤집어주기를 애타게 바랐다.

1626년에 구스타브 2세는 독일 제후국과 발틱 해 항구를 차지하려고 전쟁을 벌인 바 있다. 그러나 그 때는 아직 30년 전쟁에 참가하기 전이었다. 1630년, 다른 선택의 여지가 없는 상황에서 구스타브 2세는 정식으로 30년 전쟁에 참가했다. 그는 프랑스를 비롯한 프로테스탄트 동맹국의 자금 원조까지 받으며 스웨덴군을 이끌고 독일로 출정했다. 이로써 30년 전쟁은 제3기 스웨덴전으로 넘어간다.

구스타브 2세가 독일 국경을 넘자 프로테스탄트 제후 연맹군의 브란덴부르크 선제후와 작센 선제후

가 합류했다. 이때 구스타브 2세의 상대는 발렌슈타인이 아니었다. 발렌슈타인은 모함을 받아 자리에서 쫓겨나고 그 뒤를 이어 틸리 백작이 황제군을 지휘했다. 구스타브 2세는 신성로마제국군을 단숨에 격파했고, 1632년 초에 틸리 백작이 전투 중에 전사했다. 구스타브 2세는 전쟁터에서 탁월한 군사적 재능을 마음껏 발휘하며 가톨릭 연맹을 벼랑 끝으로 몰아갔다. 더는 물러설 곳이 없게 되자 가톨릭 연맹은 문득 발렌슈타인 장군을 떠올리고 다시 전쟁터로 불러들였다. 1632년 11월, 뤼첸에서 구스타브 2세와 발렌슈타인이 맞붙었다. 이 전투에서 구스타브 2세가 전사했지만, 스웨덴군은 치열한 전투를 계속한 끝에 결국 승리를 거머쥐었다. 전투에서 진 발렌슈타인은 또 다시 모함을 받았고 결국에는 자객에게 암살당했다.

신성로마제국 황제는 구스타브 2세가 죽고 없는 상황에서 스페인 군과 연합해 스웨덴군을 포위 공격했다. 1634년 9월에 스웨덴군이 스페인에 패해 본국으로 퇴각했고, 작센 선제후와 브란덴부르크 선제후도 1635년에 프라하 조약을 체결하면서 신성로마제국 황제에게 무릎을 꿇었다. 제3기의 승자도 가톨릭 연맹이었다.

제4기 전면전

합스부르크 왕가가 세 번째 승리를 거두자 프랑스는 크게 당황했다. 원래 프랑스는 가톨릭 국가였으나, 국익을 위해 프로테스탄트 연맹을 지지했다. 그래서 직접 전쟁에 나서지는 않고 뒤에서 프로테스탄트 국가를 지원하며 프랑스의 적인 합스부르크 왕가를 꺾어주길 바랐던 것이다. 그러나 덴마크, 스웨덴 등이 모두 전쟁에 지자 어쩔 수 없이 전쟁에 참가했다. 1636년, 프랑스와 스웨덴이 동맹을 맺고 함께 전쟁터로 향하면서 30년 전쟁은 전면전에 돌입했다.

1636년부터 프랑스는 스페인, 신성로마제국과 정식으로 칼을 맞대었다. 스페인과 신성로마제국의 가톨릭 연맹은 양쪽에서 프랑스를 공격하며 프랑스 수도 파리 근처까지 진격했으나, 결국 프랑스군에 패했다. 또 1638년에 프랑스는 해전에서 스페인이 자랑하는 무적함대를 무찌르는 쾌거를 거두기도 했다. 1639년에 스페인은 지난날의 치욕을 되갚기 위해 다시 해군력을 모았지만, 뜻밖에도 네덜란드 해군에 져서 주력 부대를 잃고 말았다. 한편 스웨덴군도 눈부신 전적을 올리며 1637년에는 독일 북부 지역을 점령하고 1642년에는 신성로마제국의 황제군을 무찔렀다.

1645년부터 프랑스, 스웨덴이 전장에서 잇달아 승전고를 울리자 가톨릭 연맹은 더 이상 버티지 못하고 평화 협정을 제안했다. 마찬가지로 엄청난 피해를 본 영국과 스웨덴도 3년 넘게 지속한 전쟁을 어서 매듭짓고 싶었다. 게다가 스웨덴이 강대국으로 성장할 것을 두려워하는 덴마크가 후방에서 공격해오는 탓에 스웨덴은 독일과의 싸움에 전력을 다할 수 없었다. 이러한 여러 요인이 작용한 결과, 두 세력 사이에 평화 협정이 체결되었다. 1648년 10월, 프로테스탄트 연맹과 가톨릭 연맹이 평화 협정을 맺기로 하고 오스나브뤼크 조약과 뮌스터 조약을 체결했다. 이 두 조약을 합쳐 베스트팔렌 조약이라고 불렀으며 이를 끝으로 30년 전쟁은 마침표를 찍었다.

30년 전쟁과 베스트팔렌 조약이 역사에 미친 영향은 매우 컸다.

▼ 베스트팔렌 조약

1648년 10월 24일, 참전국들이 독일 뮌스터 시청에 모여 오스나브뤼크 조약과 뮌스터 조약을 체결하고 있다. 이 두 조약을 합쳐 베스트팔렌 조약이라고 부른다. 이 조약으로 전승국인 프랑스와 스웨덴은 큰 이득을 얻은 반면에 독일과 스페인은 더욱 쇠락하게 되었다.

일단, 유럽의 정치 판도를 완전히 뒤바꾸어 놓았다. 전쟁터가 된 독일은 전쟁이 오랫동안 이어진 탓에 경제가 파탄 나고 분열 국면이 가속되어 그렇지 않아도 보잘것없던 신성로마제국은 허울뿐인 제국으로 전락하고 말았다. 그리고 패전국인 스페인은 더욱 쇠락해서 강대국의 지위를 잃었다. 그런 한편 네덜란드는 이 전쟁을 통해 스페인의 지배에서 벗어나 해상 사업을 발전시키게 되었고, 프랑스는 합스부르크 왕가의 위협을 떨치고 유럽의 절대 강국으로 거듭났다. 스웨덴은 독일 북부의 광대한 영토를 얻었으며, 독일 제후국이 된 후에는 독일의 내부 문제에 더욱 자유롭게 간섭할 수 있게 되어 강대국의 지위를 단단히 다졌다.

베스트팔렌 조약은 값진 의미가 있다. 이 조약은 국제회의를 통해 국제 분쟁을 해결하는 좋은 전례를 남겼으며, 주권 개념을 확립해 근대 국제 관계의 기틀을 다졌다.

브란덴부르크의 재건자

독일은 17세기까지도 여러 제후국으로 구성된 국가였다. 그러던 중에 30년 전쟁으로 치명상을 입은 독일의 제후들은 저마다 재건과 부흥의 길을 모색했다. 그중 가장 괄목할 만한 성과를 거둔 인물이 브란덴부르크 호엔촐레른 왕가의 선제후 프리드리히 빌헬름이다.

전쟁의 상처

독일의 7대 선제후

17세기 독일은 여전히 분열된 상태였다. 신성로마제국의 황제가 명목상 독일의 황제였지만 이름뿐인 황제였고, 제후들이 저마다 세력을 형성하고 있었다. 많은 선제후 중에 세력이 가장 큰 7명이 신성로마제국의 황제를 선출하는 권한을 행사했다. 그래서 이들을 가리켜 7대 선제후라고 불렀다. 마인츠 대주교, 트리어 대주교, 쾰른 대주교, 보헤미아 국왕, 라인 궁중백, 작센 공작, 브란덴부르크 변경백이 바로 그들이다.

30년 전쟁은 독일에 엄청난 고통을 안겨주었다. 총 인구도 약 650만 명이나 줄어들었고, 30년 전쟁의 결과 체결한 베스트팔렌 조약에 따라 독일은 분열 상태를 이어가게 되었다. 세력이 큰 몇몇 선제후를 빼더라도 독자적인 세력을 갖춘 소제후만 200여 명이나 되었고, 신성로마제국 황제가 직접 다스리는 '자유 도시'들도 있었다.

7대 선제후의 세력권 중에 브란덴부르크는 제국의 상처를 고스란히 보여주는 표본이자 제국의 부흥을 상징하는 도시이기도 했다. 브란덴부르크 선제후 게오르크 빌헬름은 외유내강형 지도자였으며, 30년 전쟁은 그에게도 고통 그 자체였다. 스웨덴의 대군이 그의 영지에서 여러 차례 전투를 치러 승리를 거두었고, 중심 도시였던 베를린은 공업 기반이 완전히 파괴되었으며, 브란덴부르크 인구는 60만 명에서 21만 명으로 크게 감소했다. 그의 뒤를 이어 겨우 스무 살에 브란덴부르크 선제후가 된 프리드리히 빌헬름(1640~1688)은 48년의 통치 기간에 수많은 빛나는 업적을 남겼다.

프리드리히의 업적

프리드리히 빌헬름은 발등에 떨어진 불을 끄기 위해 경제를 회복하고 발전시키는 데 앞장섰다. 그를 따라 귀족들도 자신의 장원을 적극적으로 개간하고, 재배 기술을 개량했다. 프리드리히 빌헬름은 뽕나무 재배를 장려하고 방직 공업을 발전시켰으며, 또한 도시 간의 원활한 무역을 위해 운하를 건설했다. 이러한 노력에 힘입어 브란덴부르크의 경제와 인구는 빠른 속도로 회복되었다. 프리드리히는 강력한 군대를 양성하기 위해 프랑스에서 돈을 빌렸다. 이를 위해 그는 베를린 중앙 정부에 공물을 바치도록 각 지방을 설득했고, 귀족들에게도 브란덴부르크의 발전에 협조해달라고 부탁했다. 이와 함께 그는 귀족의 직접세를 감면하고 귀족들에게 자식을 군대에 보내거나 중앙 정부에서 일을 시키라고 요청했다.

　이때 프랑스의 왕이 된 루이 14세가 종교 관용 정책을 철회하고 가톨릭에 최고 권위를 부여하면서 신교도를 핍박하자 많은 신교도가 다른 나라로 떠났다. 프리드리히는 이때를 놓치지 않고 종교 관용 정책을 펼쳐 가톨릭교도, 신교도, 유대교도 모두 브란덴부르크에서 안심하고 살 수 있게 했다. 심지어 다른 나라의 신교도들이 브란덴부르크로 이주하도록 협조하기도 했다. 그리하여 브란덴부르크에는 2만 명에 가까운 이민자가 몰려들어 도시 인구를 늘리고 브란덴부르크의 상업 발전에 이바지했다. 그뿐만 아니라 군인이 되기도 해서 브란덴부르크에 새 부대가 5개나 늘어났다.

　군대의 규모도 몰라보게 커지고 군사력도 훨씬 막강해졌지만, 프리드리히는 서둘러 정복 전쟁에 나서지 않았다. 그러나 스웨덴군이

▼ 브란덴부르크 문
브란덴부르크 문은 독일의 수도 베를린의 한가운데에 있다. 이 문을 통과하면 브란덴부르크로 향하므로 이러한 이름이 붙었다. 프로이센 국왕 프리드리히 빌헬름 2세의 명령으로 1788년부터 1791년까지 지어졌으며 오늘날 베를린을 대표하는 건축물이 되었다.

그의 영토를 침략하려고 할 때에는 적극적으로 방어에 나서서 물리쳤다. 또한 다른 선제후의 영토를 일부 빼앗기도 했다. 프리드리히가 세상을 떠났을 때, 브란덴부르크의 영토는 그가 즉위한 초기보다 4만 제곱마일이나 늘어나 있었다.

프리드리히는 교육과 문화에도 관심을 기울였다. 그는 대학을 짓고, 문화와 예술을 사랑하는 총명하고 아름다운 아내 소피 샤를로트와 라이프니츠의 충고를 받아들여 베를린에 과학 아카데미를 건설했다. 또 아내와 함께 살롱을 열어 학자들과 철학, 예술에 대한 견해를 나누고 많은 학술 단체를 지원하기도 했다.

1688년, 프리드리히 빌헬름은 향년 예순여덟에 세상을 떠났다. 그는 48년의 통치 기간에 전쟁의 상처를 치유하고 브란덴부르크를 독일 내 강자로 자리매김하게 했으며 자신의 계승자에게 튼튼한 기틀을 마련해주었다.

전설적인 여왕 크리스티나

그녀는 전설이었다. 아버지 구스타브 2세와 마찬가지로 훌륭하게 나라를 다스렸으며, 그녀 개인적으로도 멋진 삶을 살았다. 머리에 쓴 왕관을 시원하게 벗어 던지고 한 줄기 바람처럼 유럽 대륙을 누볐다. 그녀는 역사에 이름을 남긴 뭇 별들처럼 다채롭고 찬란하게 빛을 내뿜었다.

어린 여왕

1626년 12월 8일, 북방의 사자로 불리는 스웨덴 국왕 구스타브 아돌프의 왕비가 진통을 시작했다. 구스타브는 그전에 두 딸을 두었으나, 안타깝게도 모두 일찍 죽고 말았다. 그래서 이번에야말로 스웨덴을 다스릴 중책을 짊어질 왕자가 태어나기를 손꼽아 기다렸다.

드디어 시녀들이 왕비가 순산했다는 소식을 전해왔다. 그러나 이번에도 왕자가 아니라 공주였다. 구스타브의 얼굴에 잠깐 실망한 기색이 비치는가 싶더니, 곧 큰 소리로 외쳤다. "나는 이 아이가 장차 왕자와 마찬가지로 큰일을 할 것이라고 믿는다." 구스타브의 기대를 한 몸에 받고 태어난 이 아이가 바로 크리스티나였다.

크리스티나는 30년 전쟁이 한창이던 때에 태어났다. 그래서 구스타브는 딸이 남자아이처럼 용감하게 나라를 다스릴 수 있도록 틈만 나면 크리스티나를 데리고 군영을 찾았다. 크리스티나도 아버지를 따라 위풍당당하게 군대를 시찰하는 것을 좋아했다.

▼ **크리스티나 여왕 초상**

크리스티나는 여섯 살의 어린 나이에 여왕으로 즉위했다. 아버지 구스타브 2세가 막 전사한 뒤였으므로 당시 스웨덴에서는 나라 안팎에서 문제가 터졌다. 그 어린 나이에 벼랑 끝에 몰린 나라를 짊어져야 했으니, 얼마나 힘들었을지 짐작하고도 남는다.

크리스티나가 네 살이던 1630년, 구스타브는 공주에게 왕위를 물려주기로 결정을 내렸다. 그리고 그해에 30년 전쟁에 뛰어들었다. 1632년 겨울에 구스타브는 잠깐의 휴식을 뒤로하고 다시 전쟁터로 떠났다. 전쟁터에 나가기 전에 구스타브는 대신 중 몇 사람을 택해 크리스티나의 스승으로 임명했다. 그리고 딸에게 그다지 애정이 없는 아내를 대신해 여동생과 매부에게 딸을 부탁했다. 이렇게 모든 준비를 마친 구스타브는 전쟁터로 나갔다. 그러나 그것을 마지막으로 구스타브는 영원히 딸과 이별하게 되었다. 1632년 11월, 그는 뤼첸 전투에서 전사했다.

든든한 아버지를 잃은 크리스티나는 여섯 살의 나이에 스웨덴의 왕위에 올랐다. 이때까지도 그녀의 어머니는 남편의 죽음을 받아들이지 못해 구스타브의 시신을 궁 안에 두고 종일 그 곁을 떠나지 않았다. 심지어 남편의 심장을 수정함에 넣고 침대 머리맡에 걸어 두기까지 했다. 크리스티나는 이런 암울한 분위기 속에서 하루하루를 버텨야 했다.

그렇게 1년이 지났을 때 드디어 크리스티나에게 구세주가 나타났다. 구스타브의 충신이자 절친한 친구였던 악셀 옥센셰르나가 독일 전쟁터에서 돌아온 것이다. 그는 어린 여왕을 이런 암담한 환경에 둘 수 없다고 판단하고 그녀의 모후에게서 데려와 구스타브가 미리 지명해 둔 교사들에게 교육을 맡겼다.

크리스티나는 금세 굳은 의지력과 놀라운 지적 능력을 보였다. 그녀는 다양한 분야의 학문을 배우면서 남자아이와 다름없이 승마, 궁술까지 익혔다. 하늘에서 자신을 지켜보고 있을 아버지를 실망시킬 수 없었던 크리스티나는 배움에 빠져 소녀 시절을 보냈다. 1644년 12월, 열여덟 살이 된 크리스티나는 정식으로 직접 국정을 처리하기 시작했다(1644~1654년 재위).

성실한 군주

크리스티나가 직접 나라를 다스리기 시작했을 때는 마침 30년 전쟁이 마무리될 무렵이었다. 당시 스웨덴은 강력한 군사력에 힘입어 30년 전쟁을 끝내며 맺은 협상에서 유리한 위치에 섰다. 1648년, 30년 전쟁에 참가한 국가들은 베스트팔렌 조약을 체결했고, 이와 함께 수십 년 동안 온 유럽을 피바다로 만들고 유럽의 정세마저 바꿔놓은 전쟁이 끝났다.

크리스티나는 평화 조약으로 전쟁을 끝내는 데 중요한 역할을 했다. 그녀는 전쟁을 증오했다. 그녀에게서 아버지를 빼앗아간 것도 전쟁이었다. 그래서 크리스티나는 베스트팔렌 평화 협상에 직접 참여해서 각국의 입장을 적극적으로 조율했다. 많은 역사학자는 이 협상이 성공적으로 마무리될 수 있었던 것은 크리스티나 여왕의 노력 덕분이라고 생각했다.

크리스티나는 영리하고 주관도 뚜렷했다. 그녀는 스웨덴이 군사력은 막강할지 모르나 영국과 프랑스와 비교할 때 문화 수준이 한참 뒤처진다고 생각했다. 국가 사무를 담당하는 관료들조차 걸핏하면 점성술 같은 미신에 기댔다. 그래서 크리스티나는 자신이 다스리는 동안 스웨덴을 문명국으로 만들겠다고 결심했다.

크리스티나는 지식인들을 궁정으로 초청해서 자신과 관료들에게 철학, 과학, 문학, 예술에 대해 강연해달라고 부탁했다. 또 이들과 함께 스웨덴 사회를 발전시킬 방법에 대해 토론했다. 관료들뿐만 아니라 백성도 그 혜택을 누리게 하기 위해서 크리스티나는 서유럽의 다른 국가들처럼 신문을 발행하게 했다. 크리스티나가 초청한 수많은 철학자, 과학자, 문학가, 예술가 중에 결코 빼놓을 수 없는 위인이 바로 프랑스의 위대한 철학자 데카르트이다. 열정이 넘쳤던 여왕은 데카르트에게 매일 새벽 철학 강의를 부탁했다. 그러나 북유럽의 추운 날씨를 견디지 못한 데카르트는 결국 병으로 몸져누워 세상을 떠나고 말았다. 이 일로 크리스티나는 유럽 철학계의 거센 비난에 시달려야 했다.

크리스티나가 다른 유럽 국가에서 초청한 유명 인사 중에는 가톨릭교도도 많았다. 그들은 여왕과 지식을 교류하는 한편, 프로테스탄트인 여왕에게 가톨릭의 교리와 신도들의 생활에 대해 강의했다. 사실 크리스티나는 어려서부터 프로테스탄트를 싫어했다. 그런 와중에 가톨릭교도들과 친분을 쌓으면서 점점 프로테스탄트를 멀리하고 로마 교황청을 동경하게 되었다. 그리하여 크리스티나는 마침내 스웨덴은 물론 온 유럽을 경악시킬 놀라운 결정을 내렸다.

왕관을 내려놓다

스웨덴은 프로테스탄트 국가였기 때문에 국왕도 당연히 프로테스

여왕의 사랑

1655년 초봄, 크리스티나는 학식이 뛰어나고 매력적인 아촐리노 추기경을 만나게 되었다. 금세 마음이 통한 두 사람은 친구가 되어 서로 존경했고, 그렇게 시간이 흘러 어느덧 서로 진심으로 사랑하게 되었다. 그러나 두 사람은 서로에 대한 마음을 드러낼 수 없었다. 크리스티나는 퇴위한 여왕에 대한 지나친 관심 때문에 하루가 멀다고 여론의 입방아에 올랐고 아촐리노는 이미 하느님에게 몸을 바친 성직자였기 때문이다. 두 사람은 편지로만 마음을 표현할 수밖에 없었다. 그렇게 두 사람은 편지로만 30년 동안 사랑을 나누었다. 언젠가는 엎어지면 코 닿을 거리에 살면서도 하루에도 몇 통씩 편지로만 대화를 나누어야 했다. 이렇게 조심했는데도 두 사람의 관계를 알아차린 여론은 두 사람을 매섭게 비난했다. 이에 크리스티나와 아촐리노는 자신들은 평범한 친구일 뿐이라며 변명해야 했다. 1689년에 크리스티나가 세상을 떠나자 아촐리노가 그녀의 장례를 준비했다. 실로 죽음까지 이어진 아름다운 사랑이었다.

탄트 신도였다. 그런데 크리스티나 여왕이 갑자기 가톨릭으로 개종하겠다고 폭탄선언을 했다. 스웨덴 전역은 믿기 어려운 이 소식에 큰 충격을 받았다. 대신들은 크리스티나의 생각을 바꾸기 위해 입이 닳도록 설득했지만, 크리스티나는 이미 뜻을 굳힌 뒤였다. 그녀가 가톨릭으로 개종하길 고집한다면, 그녀에게 남은 길은 오직 하나, 스스로 왕관을 벗고 왕족이자 프로테스탄트인 후계자를 찾아 왕위를 물려주는 것뿐이었다.

권력의 정점에서 스스로 물러나는 것이 어디 쉬운 일인가! 보통사람이라면 엄두도 못 낼 일이었겠지만 크리스티나는 조금도 망설이지 않았다. 1654년 6월 6일, 크리스티나는 정식으로 퇴위를 선언하고 사촌인 칼 10세 구스타브에게 왕위를 넘겨주었다. 그녀의 퇴위식은 웁살라 성에서 열린 의정 회의에서 성대하게 거행되었다. 회의장을 가득 메운 대신과 의원들은 마지막까지 여왕이 마음을 돌리기를 바랐다. 심지어 퇴위식을 주관한 대신은 한참을 머뭇거리면서 선뜻 여왕의 왕관을 벗기지 못했다. 결국, 크리스티나는 스스로 왕관을 벗어 사촌인 칼의 머리에 씌워주었다.

크리스티나의 퇴위 소식은 온 유럽을 발칵 뒤집어놓았다. 그러나 시원하게 왕관을 벗어 던진 크리스티나는 시종을 데리고 자유롭게 유럽을 돌아다니기 시작했다. 당시 유럽인들은 모였다 하면 이 대범한 여왕에 대해 이야기꽃을 피웠다. 유럽 대륙을 여행한 후 크리스티나는 마침내 그토록 동경하던 바티칸에 도착했다. 교황은 가톨릭으로 개종한 그녀를 따뜻하게 맞아주었다. 그러나 가톨릭으로 개종한 후에도 그녀의 삶에는 평안이 깃들지 않았다. 사람들은 그녀가 여왕으로 있으면서 얼마나 사치스럽고 유흥을 즐겼는지에 대해 수군거렸다. 크리스티나는 결국 로마에서의 삶에 넌더리가 났다.

그로부터 얼마 후 크리스티나는 온갖 유언비어를 뒤로하고 프랑스로 떠났다. 이곳에서도 크리스티나는 많은 지식인과 친분을 쌓으며 철학, 문학, 예술에 대해 토론했다. 그러나 어떤 이유로 심경의 변화가 일었는지, 크리스티나는 다시 여왕이 되고자 했다. 그러나 스웨덴으로 돌아가서 한 번 넘겨 준 왕위를 다시 빼앗을 수는 없는 노릇이었다. 결국, 크리스티나는 프랑스 국왕과 모의해서 그의 도움을 받아 스페인이 지배하는 나폴리를 빼앗고 나폴리의 여왕이 되려고 했다. 그런데 크리스티나의 계획을 알게 된 시종이 그만 비밀을 발설해버렸다. 화를 참을 수 없었던 크리스티나는 그 시종을 죽여버렸다. 그리고 나폴리 여왕이 되고자 했던 꿈도 같이 죽고 말았다.

1658년에 크리스티나는 다시 로마로 돌아갔다. 그러나 처음에 로마를 방문했을 때와 달리 아무도 그녀를 반기지 않았다. 교황조차그녀를 차갑게 대했다. 그렇게 시간이 지나면서 차츰 로마에서의 삶도 안정을 찾았고, 교황과의 관계도 나아졌다. 크리스티나는 스웨덴에 있는 자신의 영지에서 거둬들이는 엄청난 수입 중 일부는 생활비로 쓰고 나머지는 유럽의 문화와 예술을 발전시키는 데 썼다. 유명한 화가들의 작품도 대량 구매했는데 그중에는 티치아노, 라파엘로와 같은 거장의 작품도 있었다. 1689년 4월, 크리스티나는 파란만장했던 삶에 대한 평가를 후세에 맡기고 조용히 눈을 감았다.

▼ **스웨덴 국왕 칼 10세 구스타브**
스웨덴 국왕 칼 10세 구스타브는
크리스티나의 사촌오빠로 1654년
부터 1660년까지 재위했다.

세르반테스와 《돈키호테》

세르반테스의 인생은 온통 가시밭길이었다. 그러나 그는 굳은 의지로 모든 어려움을 극복하고 위대한 작품 《돈키호테》를 써냈다. 이 작품은 세계문학 사에 깊은 영향을 미쳤으며 많은 사람에게 감명을 주었다.

박복한 운명

1547년 9월, 스페인 마드리드 인근의 작은 마을에서 미겔 드 세르반테스 사아베드라가 태어났다. 그의 아버지는 각지를 돌아다니는 외과 의사였다. 의술은 별 볼일 없는 의사였지만, 노래 부르는 재주만큼은 타고났다. 소년 세르반테스는 문법학교에서 몇 년 동안 공부한 후, 아버지를 따라 스페인의 여러 도시를 돌아다니며 유랑 생활을 했다. 그러면서 다양한 계층 사람들의 삶을 직접 목격했다.

성인이 된 세르반테스는 아버지에게서 독립해 혼자 힘으로 살아갔다. 1569년, 세르반테스는 한 추기경을 따라서 멀고 먼 이탈리아로 떠나 그곳에서 추기경의 시종으로 일했다. 당시 이탈리아는 도시 곳곳에 문화가 녹아 있고 인문주의 사상이 용솟음치고 있었으며, 세르반테스도 이곳에서 온몸으로 새로운 문화를 느꼈다.

그렇게 1년이 흘렀을 때, 세르반테스는 또 다른 삶을 찾아서 이탈리아 나폴리에 주둔한 스페인군에 자원입대했다. 세르반테스가 군대에 들어간 그해에 이탈리아 베네치아공화국과 오스만튀르크제국 간에 충돌이 일어났다. 베네치아공화국은 강력한 해군력을 자랑했지만, 튀르크 해군은 그보다 훨씬 용맹했다. 지중해는 곧 베네치아와 오스만튀르크제국의 전쟁터로 변하고 말았다. 튀르크인이 강력한 군사력으로 베네치아령이던 키프로스를 점령하자 베네치아는 반발하며 저항했다. 로마 교황과 바티칸을 지원하던 스페인도 이에 분노했고, 스페인은 베네치아의 편에 서서 튀르크와 전쟁을 하기로 결정을 내렸다.

1571년, 드디어 전쟁이 터졌다. 그해 9월에 세르반테스는 마르케사 호를 타고 전투에 참가했다. 한 달 후 양측 사이에 대규모 전투가 벌어졌다. 이것이 바로 역사상 유명한 '레판토 해전'이다. 이는 기독교와 이슬람교의 충돌로 일어난 역사적인 전투였다. 이 전투에서 세르반테스는 용감하게 싸우다가 총알이 몸을 관통하는 부상을 당했다. 총알 세 발이 그의 몸을 꿰뚫었는데 그중 왼팔에 입은 부상이 심각해서 세르반테스는 결국 평생 외팔이로 살아야 했다. 세르반테스는 부상당한 후에도 4년이나 더 군대에서 복무하며 여러 곳을 떠돌았다. 그러던 1575년에 기독교 연맹군 사령관과 시칠리아 총독이 스페인 국왕에게 보내는 추천서를 들고 스페인으로 돌아갔다.

그러나 재수 없는 놈은 뒤로 넘어져도 코가 깨진다는 말처럼, 세르반테스는 귀국길에 해적에게 납치되어 북아프리카의 알제리로 끌려갔다. 해적들은 그의 가족을 위협해서 거액의 몸값을 받아낼 작정이었다. 그런데 세르반테스의 몸에서 거물급 인사들이 스페인 국왕에게 보내는 서신이 나오자 해적들은 그를 귀한 가문 출신으로 오해하고 엄청난 액수의 몸값을 요구했다. 가난한 세르반테스의 가족은 당연히 그만한 몸값을 줄 수 없었고, 이후 세르반테스는 노예 생활을 하게 되었다. 세르반테스는 여러 차례 탈출을 시도했지만 운이 없어 번번이 붙잡혔다. 그렇게 5년 동안 노예로 일하다가 친구들과 가족이 어렵사리 돈을 모아 해적들에게 몸값을 준 다음에야 풀려났다.

▼ 세르반테스 동상
세르반테스는 르네상스 시기 스페인의 유명한 소설가이자 극작가, 시인이었다.

문학에 빠지다

1580년, 세르반테스는 천신만고 끝에 결국 스페인으로 돌아왔다. 그 사이에 서른을 훌쩍 넘긴 세르반테스는 군대에서 공을 세우긴 했지만 여전히 내세울 것이 없는 신세였다. 스페인 국왕이 어렵게 살아 돌아온 그에게 별 관심을 보이지 않아서 그는 입에 풀칠하기 위해 날마다 고된 일을 해야 했다.

당시 스페인에서는 희극 열풍이 불었다. 이에 어려서부터 문학을 좋아했던 세르반테스는 글을 써서 생계를 꾸려나가기로 마음먹었다. 그가 출판한 첫 번째 소설은 《라 갈라테아》였다. 이 소설로 세르반테스는 많은 돈을 벌었지만, 이후의 작품은 별로 주목받지 못해서 쥐꼬리만 한 수입으로 생계를 이어가야 했다. 1587년, 세르반테스는 극본 20~30여 편과 서정시, 풍자시까지 썼다. 그러나 극본을 무대에 올려도 관객의 반응이 뜨뜻미지근해서 금세 잊혔고, 서정시와 풍자시도 사람들의 관심을 끌지 못했다. 그가 가족을 부양하려면 글 쓰는 일 외에 다른 일을 더 해야 했다.

이후 세르반테스는 좋은 일자리를 구하게 되었다. 바로 스페인 무적함대의 물자조달관이 된 것이다. 일반적으로, 이 자리는 배곯을 일이 없는 최고의 일자리였다. 그러나 세르반테스는 교회에 불법적으로 세금을 징수했다는 죄목으로 고소당해 교적에서 제명되고 옥살이를 해야 했다. 감옥에서 나온 후 세르반테스는 또 어렵사리 세금징수관으로 고용되었다. 이 일도 물자조달관에 못지않은 좋은 일거리였다. 그런데 세르반테스는 은행장이 공금을 횡령해서 도망친 사건에 연루되어 또다시 거의 1년 동안 옥살이를 했다.

두 번째로 감옥에서 나온 세르반테스는 또 빈털터리가 되었다. 감옥에 있으면서 그는 돈키호테라는 기사의 일생을 묘사하는 소설을 구상했는데, 머릿속에서만 그려본 그 이야기를 글로 옮기기로 하고 빈민굴의 다 쓰러져가는 집을 가장 싼 임대료를 내고 빌렸다. 그리고 밤낮을 가리지 않고 글쓰기에 몰두한 끝에 인류 역사상 손꼽히는 위대한 작품을 완성했다!

《돈키호테》의 탄생

1605년에 《돈키호테》 1권이 완성되었다. 이 소설이 출판되자 호평이 쏟아졌고, 순식간에 온 스페인이 돈키호테에 빠져들었다. 고귀한 신분의 국왕에서 평민에 이르기까지 모두 돈키호테에 열광했다. 1년 동안 6번이나 다시 책을 찍어내고, 각국 언어로 번역되어 스페인 국경을 넘어 유럽 전역으로 퍼졌다. 《돈키호테》는 불티나게 팔려나가는데 정작 세르반테스는 여전히 가난뱅이 신세를 벗어나지 못했다. 사실, 세르반테스는 이미 독자들에게 여러 번 외면당해서 어떤 소설이 잘 팔리는지 알지 못했기 때문에 이 소설에도 별다른 기대를 걸지 않고 출판업자에게 원고를 아주 싼 값에 넘겼던 것이다.

온 유럽이 《돈키호테》에 빠져 시끌벅적할 때, 그 책의 작가는 가난에 몸부림치고 있었다. 그러던 어느 날 세르반테스의 집 근처에서 살인 사건이 일어났다. 그런데 어찌 된 영문인지 이번에도 세르반테스가 누명을 뒤집어쓰고 감옥에 갇히게 되었다. 세 번째로 출소했을 때는 이미 감당할 수 없을 정도로 빚이 늘어나 있는 상태였다. 그래서 세르반테스는 빚쟁이들을 피해 여기저기 도망 다녀야 했다.

이런 상황에서도 세르반테스는 《돈키호테》 2권을 완성해 1615년에 출판했다. 이리하여 독자들은 시대에 적응하지 못한 돈키호테의 삶을 온전히 이해하게 되었다.

실의에 빠진 돈키호테

돈키호테는 몰락한 귀족이다. 중세 기사들의 모험담에 흠뻑 빠진 그는 낡고 녹슨 갑옷을 입고 말라빠진 말을 탄 채 시종 산초를 데리고 세 차례나 전국을 돌아다닌다. 그는 횡포한 적을 무찌르고 약한 자를 돕는 기사가 되어 위대한 공을 세우겠다고 다짐한다. 한번은 기사와 귀부인의 사랑을 흉내 내어 근처 농가의 못생긴 처녀를 자신의 애인이라고 생각하고 귀부인처럼 숭배했지만, 이 처녀는 그가 누군지도 몰랐다. 돈키호테는 첫 번째 출정에 나섰다가 사람들에게 죽도록 맞고, 마음씨 좋은 어떤 사람 덕분에 무사히 집으로 돌아온다.

▼ 풍차를 공격하려다 나가떨어진 돈키호테를 발견한 산초
1835년 프랑스 화가 줄스 데이비드의 작품이다. 돈키호테가 긴 창을 들고 풍차를 향해 용감하게 돌진한다. 그러나 창이 풍차 날개에 걸리면서 돈키호테는 공중으로 들어 올려졌다가 땅바닥에 내동댕이쳐진다.

두 번째 출정에서도 돈키호테는 온갖 어처구니없는 일을 벌인다. 풍차를 거인이라고 생각하고 공격하려다가 땅바닥에 내동댕이쳐졌고, 양떼를 적군이라고 생각해 양떼 사이로 진격했다가 목동에게 보복을 당하기도 했다. 우스꽝스러운 짓을 하는 돈키호테는 사람들에게 미친 사람 취급을 받는다. 하지만 돈키호테는 마법사가 농간을 부려서 자신이 공을 세우지 못하는 것이라고 생각했다. 죽기 전에야 비로소 돈키호테는 지난 일들이 모두 현실이 아니었다는 것을 깨닫는다. 그는 기사의 모험담에 나오는 모든 이야기가 헛소리였다는 것을 깨닫고 지난날을 깊이 후회한다. 그리고 자신의 외손녀에게 기사 소설을 읽은 사람에게 시집가면 유산을 남겨주지 않겠다고 경고한다.

혹자는 돈키호테를 읽으며 우스꽝스러운 이야기에만 정신이 팔렸을 수도 있고, 당시 스페인 사회의 다채로운 생활상과 다양한 계층의 인물상에 흥미를 느낀 사람도 있을 것이다. 또 돈키호테의 비극 뒤에 숨은 존경과 애정을 느꼈을 수도 있고, 거울 속의 자신을 보는 듯한 느낌에 슬프고 괴로웠을 수도 있다. 이처럼 돈키호테는 사람들에게서 다양한 생각을 이끌어낸다. 어쩌면 돈키호테를 보며 세르반테스를 떠올린 사람도 있을 것이다.

1616년 4월 19일, 세르반테스는 병상에 누워 세상을 떠났다. 그의 가족은 위대한 명성에 어울리는 장례를 치러줄 돈조차 없었다. 그러나 《돈키호테》는 그의 묘비명이 되어 후세에 길이 전해질 것이다.

▼ 세르반테스 기념비
스페인 마드리드 광장에 있는 세르반테스 기념비이다. 작가는 높은 곳에 앉아서 돈키호테와 시종 산초가 그들의 여정을 떠나는 모습을 지켜보고 있다.

192

갈릴레이의 과학의 길

갈릴레이는 과학을 사랑했다. 진리를 탐구하고 미지의 세계를 탐색하기 위해 그는 자신의 뜻을 굽히지 않았고, 어려움이 닥쳤을 때도 고귀한 머리를 숙이지 않았다. 사람은 운명에 놀아날 수 있지만 진리는 영원하다고 믿었기 때문이다.

소신을 지키다

　1564년 2월의 어느 아침, 이탈리아 피사에서 새 생명이 태어났다. 아이의 부모는 갈릴레오 갈릴레이라는 이름을 지어주었다. 갈릴레이의 아버지 빈첸초 갈릴레이는 교양 있고 박학다식한 신사였다. 그는 아들에게 더 좋은 교육을 시키기 위해 1574년에 피렌체로 갔고, 얼마 지나지 않아 아들을 수도원에서 운영하는 학교에 입학시켰다. 수도원 소속 학교답게 종교 교리와 종교 이야기를 강의하는 것 외에 라틴어, 수사학, 논리학, 수학 등도 가르쳤다. 이곳에서 갈릴레이는 아버지에게서 배운 것과는 비교도 안 될 만큼 많은 지식을 배웠고, 사물을 보는 다양한 관점에 대해서도 배우면서 세상에 대한 시야를 넓혀갔다.

　수도원 학교에서 5년 동안 공부한 후, 갈릴레이는 집으로 돌아가서 아버지를 도와 옷감 장사를 했다. 그러나 갈릴레이의 관심사는 여전히 책에 있었다. 특히 철학과 수학에 푹 빠졌다. 이렇게 아들이 다른 분야에 뜻을 둔다는 것을 알고 있었지만 빈첸초 갈릴레이는 아들이 의학 공부를 하길 바랐다. 당시 의사는 사회적으로 존경받고 수입도 많은 직업이었기 때문이다. 갈릴레이는 아버지의 뜻에 따라 1581년에 피사 대학 의학부에 입학했다. 이때 그의 나이 겨우 열일곱 살이었다.

　그러나 대학에 입학한 뒤에도 갈릴레이는 도통 의학에 관심이 가지 않았다. 그의 흥미를

▼ 갈릴레이의 초상
　갈릴레이는 이탈리아의 물리학자이자 천문학자, 철학자이며 근대 실험과학의 선구자였다.

▲ 망원경을 들고 있는 갈릴레이

1609년, 갈릴레이는 천체망원경을 발명해 천체를 관측했다. 그 결과 달의 표면이 알려진 바와 달리 울퉁불퉁하다는 사실을 알아냈고 달 표면을 그림으로 남기기도 했다.

끄는 것은 오로지 철학과 수학뿐이었다. 그래서 갈릴레이는 종종 수학 교실 밖에서 강의를 듣고 틈만 나면 수학과의 친구들과 수학 문제를 토론했다고 한다. 이 사실을 알게 된 한 수학 교수의 도움으로 갈릴레이는 수학과 물리학으로 전공을 바꾸었다. 그토록 바라던 공부를 하게 된 갈릴레이는 물 만난 물고기처럼 수학과 물리학 두 분야에서 놀라운 재능을 보이기 시작했다. 그러나 이번에는 집안 형편이 발목을 잡았다. 1585년, 학비를 댈 수 없을 만큼 집안의 경제 사정이 어려워져서 갈릴레이는 졸업장도 받지 못하고 학교를 그만두어야 했다.

그러나 학교를 떠나서도 수학과 물리학에 대한 그의 애정은 식을 줄을 몰랐다. 갈릴레이는 틈만 나면 수학과 물리학 연구에 빠져들었다. 1586년에 발표한 '비중천칭'이라는 논문이 이탈리아 수학계에 큰 반향을 일으키면서 갈릴레이는 유명한 수학자, 귀족들과 친분을 쌓게 되었다. 그 후 1589년에 갈릴레이는 수학자와 귀족들의 도움으로 피사 대학의 교수가 되었다.

진리여 영원하라

갈릴레이가 활동한 시대에는 아리스토텔레스의 생각이 절대적인 진리였다. 하지만 아리스토텔레스라고 언제나 옳은 것은 아니다. 아리스토텔레스는 자유 낙하하는 물체의 속도가 물체의 질량에 비례한다고 생각했다. 그러나 갈릴레이는 아리스토텔레스의 생각이 틀렸다는 것을 오래전에 깨달았다. 그래서 자신이 옳다는 사실을 증명하기 위해 피사의 사탑에 올라가서 질량이 다른 쇠공을 동시에 떨어뜨려 보았다. 과연, 그의 생각대로 두 공은 동시에 땅에 닿았다. 1590년에 갈릴레이는 이 실험 결과를 토대로 《운동에 관하여》라는 논문을 발표해 처음으로 낙체 법칙을 제기했다.

1592년에 갈릴레이는 피사 대학을 떠나 파도바 대학의 교수로 부임했고, 이곳에서 많은 연구 성과를 거두었다. 그는 물체가 열 팽창 후에 냉각 수축하는 특성을 이용해 최초의 온도계를 만들었다. 이와 함께 명성이 높아지면서 그는 많은 귀족과 교류하게 되었다. 이 시기에 갈릴레이는 경제적으로 풍족해진 덕분에 연구비 걱정 없이 연구에만 몰두할 수 있게 되었다.

1600년, 갈릴레이는 로마에서 브루노가 처형된 일로 매우 놀랐다. 브루노(1548~1600)는 줄곧 코페르니쿠스의 지동설을 지지하고 교회가 인정하는 천동설을 부정했다. 그래서 로마 교황청의 이단 심문소에 체포되어 로마 캄포 데이 피오리 광장에서 화형에 처해진 것이었다. 갈릴레이도 코페르니쿠스의 《천체의 회전에 관하여》라는 책을 읽고 코페르니쿠스가 제시한 관점에 대체로 동의했다. 그래서 진실을 말한 브루노를 화형에 처한 교회에 크게 분노했다.

1609년 여름, 갈릴레이는 네덜란드의 한 안경 제작자가 멀리 있는 물체를 뚜렷하게 볼 수 있는 거울을 만들었다는 소식을 듣고 호기심이 발동했다. 그는 이 거울이 심심함을 달래거나 군사 작전을 펼치는 데도 유용하겠지만 과학 관찰에 큰 쓸모가 있겠다고 생각했다. 그래서 곧바로 그 거울의 원리를 이용한 망원경을 제작하기 시작해서 얼마 지나지 않아 천체관측용 망원경을 만들어냈다.

1609년 11월, 갈릴레이는 사물을 30배나 확대할 수 있는 망원경을 제작해서 먼 밤하늘을 향해 설치하고 환하게 빛나는 달을 관찰했다. 갈릴레이는 처음으로 달 표면에 올록볼록한 '산'이 솟아 있는 것을 발견했다. 달에는 어슴푸레하나마 화산의 흔적도 남아 있었다. 이 관찰을 통해 그는 목성에 위성이 네 개나 있고 수많은 성체가 은하를 구성한다는 사실도 알아냈다.

아리스토텔레스는 천체가 모두 완전한 형태의 구형이며 그 표면이 거울처럼 매끄럽다고 생각했다. 그리고 교회는 이런 아리스토텔레스의 관점을 지지했다. 즉, 갈릴레이의 관측 결과는 아리스토텔레스의 관점을 완전히 뒤집는 것이었다. 1610년에 갈릴레이는 《별세계의 사자》를 출판해서 천체망원경으로 관찰한 달, 목성, 은하 등의 상태를 소개했다. 사람들은 상상도 하지 못했던 우주의 신비를 벗겨낸 갈릴레이에게 빠져들었다. 책이 출판된 지 얼마 지나지 않아 이탈리아 곳곳은 온통 달과 목성 등 우주에 관한 이야기로 소란해졌다.

프톨레마이오스의 천동설

프톨레마이오스는 기원전 2세기 무렵에 활동한 인물로 천동설을 집대성했다. 프톨레마이오스는 아리스토텔레스의 관점에 따라 우주를 연구한 후, 가상의 우주 운행 체계를 세웠다. 그는 태양, 달, 행성들이 모두 지구 주변을 돌고 있으며 이 행성들의 운행 궤도는 11층의 하늘로 나뉜다고 생각했다. 그중 가장 가까운 층의 궤도를 도는 것이 달이라 그 층을 달 하늘이라고 불렀고, 그 뒤를 이어 수성하늘, 금성하늘, 태양하늘 등으로 이름 지었다. 그렇다면 이 행성들은 왜 지구를 도는 것일까? 프톨레마이오스는 그 이유를 당연히 '신의 뜻'이라고 생각했다. 아리스토텔레스와 프톨레마이오스의 천동설은 하느님의 존재를 인정하고 하느님이 세상의 모든 것을 주재한다고 생각했다. 이는 하느님을 경배하는 교회의 뜻에 딱 들어맞기 때문에 17세기에 이르러서도 교회는 여전히 천동설을 지지한 것이다. 이에 따라 천동설을 부정하는 지동설을 비롯한 다른 새로운 진리는 교회의 배척을 받았다.

교회의 심기를 건드리다

《별세계의 사자》가 출판된 후, 갈릴레이는 개량한 망원경으로 천체 관측을 계속했다. 1613년, 갈릴레이는 《태양 흑점에 관한 편지》를 발표해 태양의 흑점을 관찰한 결과를 있는 그대로 소개했다. 또 실제로 관측한 결과를 토대로 코페르니쿠스의 지동설이 옳다고 주장했다. 갈릴레이가 밝힌 것은 진실이었지만, 그것이 당시 사회에는 매우 '불편한' 진실이었기 때문에 결코 받아들여질 수 없었다. 얼마 지나지 않아 보수적인 성직자들이 갈릴레이를 비난하며 기독교 교리를 위반했다는 죄로 고소했다. 그들은 당장 갈릴레이를 체포해서 심문하라고 종교재판소에 호소했다.

그러나 당시 갈릴레이는 이탈리아에서 손꼽히는 유명 인사였기 때문에 아무리 성직자들이 비난의 목소리를 높여도 교황 마음대로 잡아다가 중죄로 다스릴 수는 없었다. 게다가 갈릴레이가 교황에게 속죄의 편지까지 보낸 상황에서는 더더욱 그랬다. 1616년, 교황 바오로 5세는 그 유명한 '1616년 금지령'을 내렸다. 이때 교황은 갈릴레이에게 말과 문자를 비롯한 그 어떤 형식으로도 코페르니쿠스의 지동설을 지지하거나 선전하거나 옹호하지 말라고 명령했다. 그러나 갈릴레이는 이와 같은 위협에도 과학에 대한 믿음을 버리지 않았다.

갈릴레이는 계속 과학 연구에 몰두했고, 《프톨레마이오스와 코페르니쿠스의 2대 세계 체계에 관한 대화》라는 책을 집필했다. 1630년 5월에 그는 다섯 번째로 로마를 방문해서 마침내 이 책의 출판 허가를 받아냈다. 이 책을 세상에 내놓기 위해 그는 세 사람이 대화하는 형식을 빌려 천동설과 지동설이 겨루는 문학적인 서술 방법을 썼다. 이 책에서 갈릴레이는 중립을 지키는 것처럼 보이지만, 사실 이는 종교재판소의 심문을 받을 때 빠져나갈 구멍을 만들어 놓은 것에 불과했다. 그는 책 곳곳에서 지동설에 대한 신념을 드러내고 천동설의 오류를 비판했다.

1632년, 드디어 《프톨레마이오스와 코페르니쿠스의 2대 세계 체계에 관한 대화》가 출판되었다. 이 책이 출판되자마자 유럽 학술계와 문학계는 호평을 쏟아냈고 책에 나오는 세 인물도 알 만한 사람은 다 아는 유명 인사가 되었다. 그러나 그로부터 6개월 후 로마 교황청은 갈릴레이의 《프톨레마이오스와 코페르니쿠스의 2대 세계 체계에 관한 대화》를 금서 목록에 올렸다. 갈릴레이가 '1616년 금지령'을 위반하고 코페르니쿠스의 지동설을 대놓고 지지한다는 것이 이유였다. 이어서 일부 국가에서도 《프톨레마이오스와 코페르니쿠스의 2대 세계 체계에 관한 대화》를 판매하지 못하게 했다. 갈릴레이가 자국의 이단 사상가들에게 좋지 않은 영향을 미친다는 이유에서였다. 교황도 갈릴레이에게 종교재판소에서 심문을 받으라고 명령했다.

당시 칠순이 다 된 갈릴레이는 교황의 소환 명령이 떨어지자 노쇠한 몸을 이끌고 로마로 향했다. 갈릴레이는 어떠한 변호도 허락되지 않은 상황에서 수차례 모진 고문과 심문을 받았다. 1633년 6월, 종교재판소는 '1616년 금지령'을 위반한 죄로 갈릴레이에게 종신 연금형을 선고했다. 그리고 《프톨레마이오스와 코페르니쿠스의 2대 세계 체계에 관한 대화》를 불태우고, 갈릴레이의 모든 저서에 대해

▼ 종교재판소의 심판을 받는 갈릴레이
갈릴레이는 종교재판소의 위협에 굴복해 교황의 뜻을 받아들였다.

재인쇄를 금지했다.

원래부터 몸이 좋지 않았던 갈릴레이는 감옥에 갇히고 나서 건강이 더욱 쇠약해졌다. 1638년, 스스로 거동하지도 못할 만큼 쇠약해진 갈릴레이는 교황의 동의를 구해 감옥에서 나와 아들의 집으로 옮겨갔다. 1641년 겨울, 갈릴레이는 계속되는 고열에 시달렸다. 이제는 어떤 약으로도 그의 생명을 지킬 수가 없었다. 1642년 1월 8일, 갈릴레이는 영원히 눈을 감았다. 그러나 그는 후대인들에게 위대한 저서와 과학에 대한 탐구 정신을 남겼다.

캄파넬라와 《태양의 도시》

캄파넬라는 이상주의를 추구하는 투사였다. 그는 교회의 추잡한 위협에도 굽히지 않았고 그 어떤 고난에도 머리를 숙이지 않았다. 그는 진리를 위해 굳세게 저항했지만, 잔혹한 현실에 부딪혀 이상의 불꽃이 스러지자 결국 모든 희망을 펜으로 옮겼다. 그리하여 탄생한 작품이 바로 《태양의 도시》이다.

기독교의 반역자

1568년 9월, 톰마소 캄파넬라는 이탈리아 남부의 작은 마을에서 빈농의 아들로 태어났다. 찢어지게 가난한 가정 형편 탓에 캄파넬라는 수도원에 들어가서 성직자가 될 수밖에 없었다. 수도원에는 수많은 책이 소장되어 있어서 캄파넬라는 수도원의 장서들을 탐독하기 시작했다. 그는 수도원 기숙사에서 밤이 깊도록 책을 읽느라 항상 남들보다 초가 많이 필요했다. 그래서 어느 날 수도원장을 찾아가 책을 읽을 수 있게 더 많은 초를 달라고 했다가 단번에 거절당했다. 캄파넬라는 지식에 대한 열망을 시로 표현하기도 했다. "내 탐욕스럽기 그지없는 위는 밑 빠진 독처럼 메울 수 없다. 나는 영원히 굶주려 있을 것이다."

캄파넬라는 책 속에서 많은 지식을 얻었다. 열일곱 살이 되었을 때 그는 어떤 학자를 대신해 철학 변론회에 참석하게 되었다. 어린 소년이 단상에 오르자, 저 잘난 맛에 우쭐해하던 사람들은 비웃음이 담긴 눈빛을 던졌다. 캄파넬라의 상대는 중년의 성직자였다. 그는 흐르는 물처럼 막힘없이 말을 이어갔지만, 캄파넬라는 그의 엉성한 논리를 어김없이 집어냈다. 그가 종교 경전은 절대로 틀릴 수 없다고 말하자 캄파넬라가 물었다. "오래전에 죽은 아우구스티누스는 신대륙의 존재를 인정하지 않았지만 콜럼버스는 신대륙을 찾아내지 않았습니까?" 이에

▼ **캄파넬라의 동상**
캄파넬라는 이탈리아 르네상스 시대의 공상적 사회주의자이자 저명한 철학자 겸 작가였다.

성직자가 반문했다. "그토록 경전을 믿지 못한다면 무엇이 진리입니까?" 그 말에 캄파넬라는 조금도 망설이지 않고 대답했다. "자연이야말로 진리를 검증하는 기준이지요." 이 말은 캄파넬라의 독특한 종교관을 대변하는 말이자, 평탄하지 않은 그의 삶의 방향을 결정했다.

감옥살이

캄파넬라는 계속해서 많은 책을 읽어 방대한 지식을 쌓게 되었다. 스물세 살 때 캄파넬라는 나폴리에 있는 성 도미니크 수도원으로 갔는데, 이 수도원의 도서관은 어마어마한 양의 장서로 유명했다.

어느 날, 캄파넬라는 도서관에서 책을 읽다가 벽에 쓰여 있는 규정을 발견했다. "누구도 책을 빌리거나 책을 도서관 밖으로 가지고 나갈 수 없다. 이를 위반하면 교적에서 제명한다." 이 글을 본 캄파넬라는 불쾌한 마음이 들어 큰 소리로 외쳤다. "겨우 책을 빌리는 정도로 교적에서 제명하다니, 교황이 미친 건가?" 이 한 마디로 캄파넬라는 첫 번째 옥살이를 하게 되었다. 그 며칠 후에 수도회의 경비들이 캄파넬라를 체포해 교황의 사자가 머무르는 곳으로 압송했다. 1591년에 일어난 일이다. 당시 캄파넬라는 1년 동안 감옥에 갇혀 심한 고문을 받았다. 이듬해인 1592년 8월, 종교재판소는 캄파넬라에게 당장 나폴리를 떠나 고향에 있는 수도원으로 돌아가고 다시 하느님을 믿고 이단 사상은 버리라고 명령했다.

▼ 캄파넬라는 평생 이곳저곳을 떠돌아다녔고, 여러 번 옥살이를 하느라 한곳에 오래 머무른 적이 없다. 이곳은 그가 한때 머물렀던 집이다.

감옥에서 나온 후 캄파넬라는 교회의 명령대로 고향으로 돌아가지 않았다. 그는 피렌체를 거쳐 베네치아 서부의 파도바로 갔다. 그리고 그곳에서 가정교사로 일하며 자신의 사상을 고수하고 집필 활동을 계속했다. 그러면서 갈릴레이와 그론을 사귀게 되었는데 종종 이 두 사람에게 자신의 사상과 견해를 이야기했다. 갈릴레이는 신중한 사람이었지만 그론은 떠벌리기를 좋아하는 인물이어서 캄파넬라가 한 말을 여기저기 퍼뜨리고 다녔다. 발 없는 말이 천 리를 간다고 했다. 결국 그것이 종교재판소에까지 흘러들어 가 그론은 감옥에 갇히고 말았다. 그리고 지독한 고문 끝에 그론은 관련 인물로 캄파넬라와 갈릴레이의 이름을 털어놓았다. 이 때문에 캄파넬라는 또 한 번 옥살이를 하게 된다.

1594년 초, 캄파넬라는 로마로 압송되어 심문을 받았다. 심문관은 그에게 기독교를 부정하고 이단 사상을 퍼뜨린 것을 자백하라고 강요했다. 그러나 캄파넬라는 거짓으로라도 자신이 이단이라고 인정하는 순간 화형이 선고될 것이라는 사실을 잘 알고 있었다. 그래서 모진 고문을 견디며 끝끝내 무죄를 주장했다. 이렇게 되자 종교재판소도 그론 한 사람의 말만 믿고 캄파넬라에게 죄를 선고할 수는 없었다. 그렇게 2년이 흘러 마침내 석방된 그에게 교회는 이단 사상을 버리고 다시 하느님을 믿겠다고 맹세하는 의식을 받으라고 강요했다. 그런데 어찌 된 일인지 캄파넬라는 석방된 지 두 달 만에 다시 투옥되었다. 이는 바로 종교재판소에서 막 잡아들인 어느 이단 사상가가 캄파넬라와 공범이라고 자백했기 때문이다. 이 일로 캄파넬라는 다시 감옥에서 2년을 갇혀 지낸 후에야 로마를 떠날 수 있었다.

조국을 위해 계략을 꾸미다

1598년, 캄파넬라는 복잡한 심경으로 로마를 떠나 고향 칼라브리아로 돌아갔다. 그런데 그를 맞이한 것은 그리운 고향이 아니라 스페인군에 점령당한 식민지였다. 캄파넬라의 옛 친구들은 스페인군이 얼마나 악독하게 이탈리아인을 때리고, 가두고, 죽였는지 이야기해주었다. 그 말을 들으면서 캄파넬라는 피가 거꾸로 솟는 기분이었다. 그는 고통받는 조국을 구하기 위해 반란을 일으키기로 마음먹었다.

일단 생각을 굳힌 캄파넬라는 바로 행동에 나섰다. 먼저 몇몇 친구와 함께 칼라브리아 지역 대귀족 간의 다툼을 말리고 반란에 동참하라고 호소했다. 그리고 튀르크 해군에 몸담고 있는 이탈리아 출신 장교를 만나 도움을 약속받았다. 이렇게 모든 준비를 마치고 이제 행동에 옮길 일만 남았을 때, 뜻밖의 일이 벌어졌다. 반란군 중 두 사람이 배신해서 스페인 당국에 이 사실을 알린 것이다. 캄파넬라는 또다시 나폴리에 있는 스페인 감옥에 투옥되었다. 그에게 도저히 견딜 수 없는 모진 고문을 가한 후 스페인 법관이 말했다. "너에게는 자신을 변호할 권리가 없다. 너는 사형에 처해질 것이다. 사형당하기 전에 마지막 만찬이나 즐겨라."

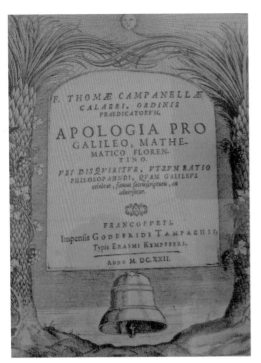

▲ 《태양의 도시》 책표지
《태양의 도시》는 봉건적 수탈에 반대하고 행복한 삶을 염원한 이탈리아 하층민에 대한 내용을 담고 있다. 이 책은 사회주의 역사에 고귀한 정신적 유산을 남겼다.

캄파넬라는 눈앞이 캄캄해졌다. 하지만 삶을 그렇게 쉽게 포기하고 마냥 슬퍼할 수만은 없다고 생각하고 곧 살 길을 고민하기 시작했다. 1600년 4월, 캄파넬라의 감방에서 갑자기 불길이 치솟았다. 서둘러 달려가서 불을 끈 사람들은 그곳에서 정신이 나간 캄파넬라를 발견했다. 이상한 웃음을 흘리다가 갑자기 대성통곡을 하는 등 영락없이 미친 사람이었다. 당시 법률에 따르면 정신이 온전하지 못한 죄인에게는 판결을 내릴 수 없었다. 법관은 캄파넬라가 판결을 피하려고 미친 척하는 것이라고 생각했지만, 그가 거짓으로 미친 척한다는 증거를 찾을 수가 없었다.

그러나 캄파넬라가 감옥에서 쓴 글들을 간수가 발견하면서 1603년 1월에 캄파넬라는 종신형을 선고받았다. 그 후에도 캄파넬라는 여전히 감옥에서 나가기 위해 별별 방법을 생각해냈다. 1623년, 우르바누스 8세가 교황으로 선출되었다. 로마 교황은 예전부터 스페인과 사이가 좋지 않았다. 게다가 개인적으로도 스페인과 갈등이 있었다. 우르바누스 8세는 자신의 조카를 나폴리 국왕에 앉힐 생각이었는데 나폴리를 포함한 이탈리아 곳곳이 스페인의 수중에 들어가면서 우르바누스 8세의 계획이 틀어진 것이었다.

이 사실을 안 캄파넬라는 감옥에서 빠져나가기 위해 교황과 스페인 사이의 갈등을 이용하기로 했다. 그는 먼저 교황에게 편지를 써서 스페인이 충직한 성직자를 무고하게 죽이려 한다고 호소했다. 그리고 스페인 당국에도 편지를 써서 자신은 스페인을 사랑한다며 억울한 심경을 토로했다. 이때 스페인과 교황의 관계는 최악의 상황으로 치닫고 있었다. 그래서 나폴리의 스페인 총독은 종교재판소에서 캄파넬라를 탐탁지 않게 생각한다면 그를 석방해서 교황에게 한 방 먹여야겠다고 생각했다. 그리하여 1626년에 캄파넬라는 마침내 다시 세상 빛을 보게 되었다. 그러나 그의 불운은 여기서 끝이 아니었다. 그로부터 한 달 후에 캄파넬라는 또다시 종교재판소에 체포되어 로마로 끌려갔다.

당시 로마에는 온갖 유언비어가 떠돌았다. 교황의 반대파는 점성술에 따르면 우르바누스가 얼마 안 있어 죽을 것으로 예견되었다며 떠들어댔다. 가톨릭을 믿는 교황이었지만 그도 세간에 떠도는 소문에 홀려 불안한 나날을 보냈다. 이런 상황을 본 캄파넬라는 자신이 점성술의 대가이며 닥쳐올 불행을 피하는 방법도 알고 있다고 떠벌렸다. 이 말은 곧 교황의 귀에까지 들어갔다. 그러자 캄파넬라의 예상대로 교황은 그를 감옥에서 꺼내주고 자신에게 예정된 재앙을 물리쳐달라고 부탁했다. 캄파넬라는 교황의 앞에서 진짜 점성술사처럼 행동하며 이런저런 것을 시키기도 했다. 그 덕분에 마음이 안정된 교황은 금세 평소의 모습을 되찾았다. 그리하여 캄파넬라는 아무 탈 없이 로마를 떠나 프랑스에서 말년을 보낼 수 있었다.

이상 속 태양의 도시

캄파넬라는 감옥에서 기회가 있을 때마다 인생과 세상에 대한 견해를 써내려 갔다. 그중 가장 중요한 저서가 바로 《태양의 도시》로, 캄파넬라의 핵심 사상을 고스란히 보여준다. 이 책은 한 항해가가 여관 주인에게 자신이 항해 중에 우연히 알게 된 '태양의 도시'에 대해 이야기를 꺼내는 것으로 시작해 그가 태양의 도시에서 본 모든 것에 대한 이야기로 이어진다. 이 도시에 사는 사람들은 생산자재와 생활용품을 공유했다. 또 모든 부를 소유하고 사용할 수 있었지만 부의 노예가 되지는 않았으며, 그들은 노동을 명예로운 일이라고 생각했다. 이곳에는 낙천적인 이상주의가 가득했다.

캄파넬라가 《태양의 도시》를 완성했을 때, 한 독일인이 감옥에 있는 그를 만나러 왔다. 그는 캄파넬라에게 이 작품을 출판하고 싶다며 원고를 가져가더니 연기처럼 사라져버렸다. 그리고 1613년에 아다미라는 이름의 또 다른 독일인이 캄파넬라를 면회하러 왔다. 두 사람은 서로 말이 잘 통했고, 아다미는 이후 독일로 돌아가서 《태양의 도시》를 출판하기 위해 여기저기 발품을 팔았다. 그러나 일은 생각만큼 순조롭게 풀리지 않았다. 그러던 1623년에 드디어 아다미는 이 위대한 작품을 독일에서 출판했다. 그로부터 10년 후에 캄파넬라의 수정을 거친 최종본이 프랑스에서 출판되었고, 이는 곧 각국 언어로 번역되어 세계 곳곳으로 전파되어서 후세에 고귀한 정신문화유산을 남겨주었다.

취미가 외교였던 루벤스

17세기를 풍미한 인물 가운데 루벤스는 매우 독특한 이력이 있는 사람이다. 그는 성공한 화가였고, 또한 노련한 외교관이기도 했다. 그는 평생 단한 번도 고난과 풍파를 겪은 적이 없지만, 역경을 겪지 않고도 인류 역사에위대한 유산을 남겼다.

화가로서의 삶

페테르 파울 루벤스(1577~1640)는 17세기 유럽 바로크화파를 대표하는 화가로 당시 유럽 미술계에서 손꼽히는 인물이었다. 미술사에서 그는 '화가들의 왕자'로 불리며 높은 평가를 받았다. 그런데 위대한 화가였던 그는 놀랍게도 탁월한 '외교관'이기도 했다.

독일에서 태어난 루벤스는 열 살 때 아버지를 여읜 후 어머니를따라서 플랑드르의 안트베르펜으로 옮겨 갔다. 그곳에서 생계를 위해 랄랭 백작 부인의 시동이 되었고, 백작 부인의 곁에 머무는 동안궁중 귀족의 예의범절을 제대로 익히고 타고난 언어적 재능을 유감없이 발휘했다. 이후 루벤스는 당시 유명했던 화가들에게서 미술 수업을 받고 어느 정도 명성을 쌓았다. 그러다가 그림의 최고 경지에오르고자 이탈리아로 향했다.

1608년, 이탈리아에서 재능을 갈고 닦은 루벤스는 안트베르펜으로 돌아왔다. 그리고 그곳에서 플랑드르 대공 알브레흐트에게 귀족작위를 받고 궁정 화가가 되었다. 이때 루벤스의 그림은 이미 틀이잡혀 있었다. 이탈리아에 있는 동안 루벤스는 거의 모든 유명 화가의 작품을 모사하며 그림 실력을 닦았다. 이 과정에서 티치아노, 미켈란젤로, 다빈치 등 예술 거장들의 정수를 받아들인 루벤스의 그림은 웅장하고 화려하면서 감동을 전하는 걸작의 풍격을 갖추었다. 안트베르펜 대성당을 위해 그린 〈십자가를 세움〉과 〈십자가에서 내려지는 그리스도〉는 그의 최고작이라고 할 수 있다. 유럽의 많은 왕실과 귀족이 루벤스의 명성을 듣고 그림을 부탁하려 줄을 서면서 루벤스는 유럽의 각 도시를 방문할 기회를 얻었다.

외교는 취미 생활

알브레흐트 대공이 죽은 후, 루벤스는 스페인령 플랑드르 총독 이사벨라에게 발탁되어 내정대신이 되었다. 이로써 국가 기밀을 접할 기회가 많아졌고 중요한 임무를 띤 사절로서 외국을 방문하게 되었다. 이 시기에 루벤스는 뛰어난 외교 재능과 노련한 임기응변 능력을 마음껏 발휘했다. 그 결과 그는 유럽 각국의 왕실 사이를 활발하게 오가며 활동하는 중요한 인물이 되었다.

1628년에 루벤스는 대사의 신분으로 프랑스 파리를 방문했다. 그곳에서 우연히 영국 국왕의 총애를 받는 버킹엄 공(1592~1628)을 만나게 되었는데, 함께 대화를 나누면서 그는 박학다식하고 말주변이 좋은 루벤스에게 호감을 느꼈다. 이 버킹엄 공은 바로 프랑스 작가 알렉상드르 뒤마의 명작인 《삼총사》에 등장하는 인물이다. 소설 속에서 버킹엄 공은 프랑스 왕비 안공주와 불 같은 사랑을 나눈다. 왕비의 불륜을 알아차린 프랑스 재상 리슐리외가 당연히 두 사람의 사랑을 방해하면서 여러 사건이 벌어진다. 소설 속 이야기는 예술성을 가미하기 위해 사실을 각색한 것이지만, 그렇다고 완전히 꾸며낸 이야기는 아니다. 당시 영국, 프랑스, 네덜란드, 스페인 각국은 각자의 이익을 위해 치열한 전쟁을 벌이고 있었다. 버킹엄 공은 스페인과 동맹을 맺고 프랑스와 전쟁을 벌일 생각이었다. 그러던 중에 루벤스를 만나자 그는 절호의 기회가 찾아왔다고 생각했다. 루벤스는 플랑드르 총독 이사벨라의 측근이고, 이사벨라는 스페인 국왕의 딸이었다. 그래서 버킹엄 공은 루벤스에게 스페인 국왕 펠리페 4세에게 그림을 전해달라고 은밀히 부탁했다. 그렇게

▼ **루벤스의 자화상**
루벤스는 평생 수많은 작품을 남겼고, 행복한 삶을 살았다. 첫 번째 부인 이사벨라 브란트가 죽은 후, 그는 쉰셋일 때 열여섯 살밖에 안 된 엘레나 푸르망과 결혼했다. 엘레나 푸르망은 매우 아름다운 여인이어서 루벤스는 그녀를 모델로 수많은 작품을 그렸다. 〈모피를 두른 엘레나 푸르망〉, 〈화원에 있는 엘레나 푸르망〉 등은 루벤스가 아름다운 아내를 위해 그린 유명한 작품이다.

해서 스페인을 끌어들여 프랑스를 공격할 셈이었다. 루벤스는 버킹엄 공의 부탁을 흔쾌히 받아들여 스페인으로 향했다. 그러나 사람의 목숨은 하늘에 달렸다더니, 루벤스가 스페인에 도착했을 무렵 버킹엄 공은 암살당하고 말았다.

1629년, 루벤스는 스페인 국왕의 명을 받고 평화 조약을 체결하러 영국으로 향했다. 영국에서 그는 성대한 환영을 받았다. 루벤스는 축복의 마음을 전하기 위해 런던 화이트홀 궁전에 〈평화의 알레고리〉를 선물한다. 당시 영국의 한 대신이 루벤스에게 물었다. "존경하는 대사님, 취미로 그림을 그리신다면서요?" 그러자 루벤스가 유쾌하게 대답했다. "아닙니다. 그림이 본업이고, 취미로 외교 일을 하는 겁니다."

우주를 올려다본 케플러

우주는 신비롭다. 그래서 오랜 옛날부터 사람들은 우주를 올려다보았다. 누군가는 그곳에서 창작의 영감을 얻기도 하고, 또 누군가는 인생의 의미를 깨닫기도 했다. 그중에는 과학으로 우주의 비밀을 밝히려고 한 사람도 있었다. 케플러는 평생 우주를 올려다보며 수많은 별의 비밀을 밝혀내어 인류에게 소중한 과학 유산을 물려주었다.

소년, 괴로움을 벗하다

1571년 12월, 요하네스 케플러는 뷔르템베르크공국 바일 데어 슈타트의 한 귀족 가정에서 태어났다. 케플러의 할아버지는 읍장까지 지냈지만, 그의 아버지에 이르러 가문이 몰락했다. 케플러의 아버지는 용병 일로 돈벌이를 하다가 여관을 차린 후 술독에 빠져 살았고, 그의 어머니도 성격이 괴팍했다.

케플러의 어린 시절은 비참했다. 병약했던 그는 다섯 살 때 천연두와 성홍열을 앓았다. 천만다행으로 목숨은 건졌지만, 얼굴에 곰보 자국이 심하게 남고 눈은 고도 근시가 된 데다 한쪽 손을 자유롭게 쓰지 못하는 등 어린 나이에 이미 그의 몸은 만신창이가 되었다. 그런 탓에 케플러는 움직이는 데 많은 불편을 겪었지만, 굳은 의지와 진취적인 정신으로 위대한 업적을 남겼다.

어린 시절 케플러는 열심히 공부한 결과 뷔르템베르크 공작이 주는 장학금을 받았다. 그리고 공부하는 틈틈이 부모를 도와 일도 했다. 1587년에 케플러는 뛰어난 성적으로 튀빙겐 대학에 진학했는데, 이때 집안에 불행이 닥쳤다. 아버지는 병으로 죽고 어머니는 마녀로 몰려 감옥에 갇힌 것이다. 아직 소년인 그에게는 여러모로

▼ **케플러의 초상화**

케플러는 독일의 천문학자이다. 그는 유명한 행성 운동 3법칙(케플러 법칙)을 제시해 뉴턴이 만유인력을 발견하는 데 토대가 되었다.

힘든 상황이었다. 하지만 케플러는 좌절하지 않고 꿋꿋이 공부에 매진해 튀빙겐 대학에서 학사 학위와 석사 학위를 취득했다.

케플러는 다양한 분야에 흥미를 느꼈고 그중에서도 광대한 우주의 매력에 푹 빠졌다. 그래서 천문학과 수학을 전공하고, 목마른 사람이 물을 구하듯 코페르니쿠스의 저서를 탐독했다. 1594년에 케플러는 오스트리아로 가서 그라츠 신학교에서 수학을 가르치며 우주에 대한 연구를 계속했다. 1596년에 케플러는 《우주의 신비》를 발표해 세상을 놀라게 했다. 이 책에서 케플러는 코페르니쿠스의 지동설을 바탕으로 지구를 포함해 태양계 안에 있는 행성 6개에 대해 자세히 설명하고, 각 행성의 궤도가 서로 다르다는 사실을 밝혔다. 논리가 다소 엉성하기는 했지만 당시로써는 파격적일 정도로 진보적인 견해였다. 이는 나중에 그가 우주를 연구하는 데 밑바탕이 되었다.

케플러는 당시 유럽의 유명한 과학자들에게 《우주의 신비》를 보냈다. 그중에는 덴마크의 천문학자 티코 브라헤도 있었다. 브라헤는 지동설에 관한 코페르니쿠스의 견해에 완전히 동의하지는 않았지만 젊은 학자의 학술적 재능을 높이 샀다. 이탈리아 과학자 갈릴레이도 혜성처럼 등장한 케플러의 재능에 감탄했다.

우주의 비밀

1600년에 티코 브라헤가 케플러에게 프라하로 와서 조수가 되어달라고 부탁했다. 브라헤는 천문 관측에 평생을 바친 학자로, 천문을 관측하여 코페르니쿠스의 지동설을 검증하고 완성하는 데 크게 공헌했다. 브라헤가 뭇 별들의 움직임을 알아내면서 그의 눈을 통해 새로운 천문 현상들이 신비의 베일을 벗었다. 그러나 그가 발견한 것 중에서 무엇보다도 가장 값진 것은 두말할 나위 없이 케플러였다.

1601년, 티코 브라헤가 세상을 떠나면서 자신이 평생에 걸쳐 모은 엄청난 양의 천문 관측 자료를 모두 케플러에게 남기며 천문 관측과 연구를 계속해달라고 당부했다. 케플러는 스승이 남긴 자료를 체계적으로 정리해 《신혜성》 등의 저서를 출판했다.

케플러는 오랫동안 천문 관측을 하면서 많은 성과를 거두었다. 1604년에 그는 목성보다 밝은 새로운 별을 하나 발견하고 이후 무려 17개월 동안 이 별을 관측하면서 많은 관측 자료를 남겼다. 그래서 훗날 사람들은 이 별을 일러 '케플러 신성'이라고 불렀다. 1607년에 케플러는 또 다른 거대한 혜성을 관측했다. 이 혜성이 바로 우리에게 익숙한 핼리 혜성이다.

케플러는 브라헤가 남긴 자료를 연구하다가 화성에 관한 자료들을 발견했다. 사실, 코페르니쿠스의 이론대로 화성의 운행 궤도를 계산하면 편차가 너무 컸다. 그래서 브라헤는 관측을 통해 코페르니쿠스의 이론을 여러 군데 수정했으며 화성도 그중 하나였다. 그러나 브라헤는 이 일을 완벽하게 끝내지 못했다. 케플러는 그의 작업을 이어 계속 화성을 연구하면서 구형의 궤도를 적용해서 만든 화성 운행표가 화성의 운행을 정확하게 반영하지 못한다는 사실을 발견했다. 관측 결과에 자꾸 오차가 생기자, 케플러는 구형이 아닌 타원형 궤도를 적용해서 화성 운행표를 다시 만들어보았다. 그 결과 타원형 궤도가 화성의 실제 운행 궤도와 비슷하다는 사실을 알게 되었다. 그리고 이 결과를 다른 행성에도 적용해보아 케플러는 지구를 비롯해 태양의 주위를 회전하는 행성들의 궤도는 모두 타원형이라는 사실을 알아냈다. 이렇게 해서 코페르니쿠스의 학설 중 행성이 원형 궤도를 따라 태양의 주위를 돈다는 이론은 틀렸다는 사실이 이론과 실험을 통해 입증되었다.

엄청난 양의 관측 자료를 토대로 케플러는 1609년에 《신천문학》을 출판했다. 이 책에서 케플러는 그 유명한 '케플러 제1법칙'과 '케플러 제2법칙'을 제기했다. 케플러 제1법칙에 따르면 모든 행성은 타원형 궤도를 따라 태양의 주위를 회전하고, 궤도의 크기는 서로 다르며, 태양이 타원형 궤도의 한 초점에 자리한다. 그리고 케플러 제2법칙은 행성과 태양을 연결하는 가상의 선분이 같은 시간 동안 쓸고 지나가는 면적은 궤도 어디에서든 항상 같다는 사실을 근거로 중요한 결론을 내렸다. '행성이 태양의 주위를 공전하는 속도는 궤도의 지점에 따라 다르다. 태양에 가까워지면 속도가 빨라지고 태양에서 멀어지면 느려진다.' 그로부터 10년 후인 1619년에 케플러는 《세계의 조화》라는 책을 출판해 케플러 제3법칙을 제시했다. 조화의 법칙으로 불리는 세 번째 법칙에 따르면, 행성의 공전 주기의

▲ 적도식 혼천의
티코 브라헤가 유럽 최초로 만든 적도식 혼천의이다. 당시 사람들은 이 신기한 천체 관측 기구에 많은 관심을 보였다.

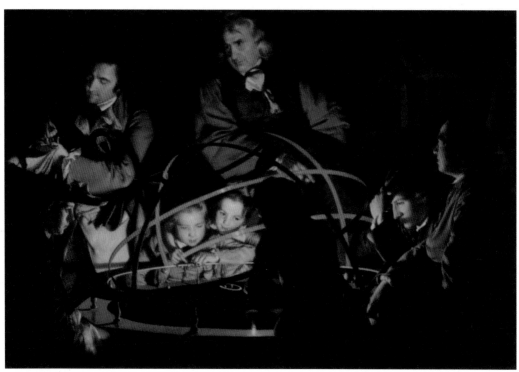

▲ 〈태양계를 강의하는 철학자〉

1766년에 영국 화가 조셉 라이트가 그린 유화이다. 한 철학자가 '태양계'라는 과학 도구를 이용해서 태양의 주위를 공전하는 행성들의 움직임을 설명하고 있다. 이 '태양계'는 코페르니쿠스와 케플러, 뉴턴 등 천문학자와 과학자들이 제기한 내용을 모두 내포한다. 그림 속에서 어린아이 세 명과 여성 한 명이 강의에 심취해 있다.

제곱은 궤도의 긴반지름의 세제곱에 비례한다.

이 밖에도 케플러는 오랜 시간 혜성을 관찰한 결과를 정리해 《혜성론》을 썼다. 또 1627년에는 티코 브라헤가 남긴 자료와 자신의 관측 결과를 토대로 《루돌프 행성표》를 간행했다. 이 표를 이용하여 공전하는 행성의 구체적인 위치를 추측할 수 있었으며 그 결과가 꽤 정확했다. 그 후로 100년 동안 케플러의 루돌프 행성표는 유럽 각국에서 사용하는 표준 행성표가 되었다. 1629년에 케플러는 《진기한 1631년의 천문 현상》에서 1631년 11월 7일에 수성 일면 통과 현상이 일어나고 12월 6일에는 금성의 일면 통과 현상이 일어날 것이라고 예언했다. 일면 통과 현상이란, 지구보다 안쪽 궤도에서 태양의 주위를 도는 행성들이 지구와 태양 사이를 통과해서 이를 지구에서 볼 때 마치 작은 흑점이 태양을 지나가는 것처럼 보이는 현상을 말한다. 이후 케플러가 예언한 때에 유럽인은 수성 일면 통과 현상을 관측할 수 있었지만 금성 일면 통과 현상은 유럽에서 관측할 수 없었다.

다른 업적들

케플러는 별자리를 관측하며 광대한 우주의 비밀을 알아낸 한편 다른 과학 분야에서도 많은 업적을 남겼다. 1611년에 케플러는 《굴절광학》이라는 책을 써내면서 인류 최초로 광선과 광속에 대한 표시법을 만들었다. 또 오목렌즈를 접안렌즈로 사용한 갈릴레이 망원경을 개량해서 대물렌즈와 접안렌즈에 모두 볼록렌즈를 사용한 새로운 망원경을 선보였다. 그는 이 망원경에 물체의 상하좌우가 반대로 맺히는 '도립상'의 원리에 대해서도 설명했다. 그리고 빛의 굴절을 연구해 빛의 강도와 빛의 거리의 제곱이 반비례한다는 사실도 밝혀냈다. 케플러는 인간의 눈에 대한 보편적인 인식을 부정하고 새로운 이론을 주장했다. 다시 말하면, 과거에는 인간의 눈에서 빛이 발사되기 때문에 인간이 사물을 볼 수 있다고 생각했다. 하지만 케플러는 그와 반대로 물체가 반사한 빛이 인간의 눈으로 들어가 사물을 볼 수 있는 것이며, 캄캄한 방에서 아무것도 볼 수 없는 것은 그곳에 있는 물체가 빛을 반사하지 않기 때문이라고 설명했다. 이 밖에 1611년에는 《육각형 눈송이에 관하여》라는 책을 출판해서 눈송이의 육각형 구조를 관찰한 결과를 토대로 알아낸 대칭 관념을 소개했다.

1615년에 케플러는 《포도주 통의 신계량법》을 발표해 원과 부피에 대한 연구 결과를 밝혔다. 그는 원이 수많은 삼각형으로 구성되며, 이 삼각형들의 꼭짓점은 모두 원의 중심에 닿고 원주는 셀 수 없이 많은 삼각형의 변들로 이루어진다고 생각했다. 그리고 이를 토대로 원추는 수많은 각뿔로 이루어지고 원기둥도 수많은 각기둥으로 이루어졌다고 여겼다. 케플러는 이 책에서 일종의 분할 방법만 제시했을 뿐 구체적인 계산법은 설명하지 않았다. 그러나 케플러가 제기한 사고방식이 수학의 발전에 큰 영향을 미쳤으므로 그 공을 높이 사야 할 것이다.

케플러는 과학 연구 외에 음악에도 조예가 깊었다. 그는 과학 연구를 하는 틈틈이 아름다운 음악 선율에 빠졌고, 음악과 천문학을 같은 것으로 보기도 했다. 플라톤은 신이 바로 기하학이며 온 세계를 통해 그 사실을 보여주고 있다고 주장한 바 있는데 케플러는 이 주장에 깊이 공감했다. 그가 생각하기에 신은 여러 행성을 살아 숨 쉬는 실체로 연결했고, 기하학적 형태로 세계를 만든 후, 귀로 들을 수 있는 음악으로 이 모든 사물을 표현했다. 이러한 생각을 토대로

태양계의 8대 행성

태양계의 행성은 긴 시간을 거치면서 하나씩 발견되었다. 과학 기술이 발전하면서 태양계에 있지만 지구에서 멀리 떨어져 보이지 않던 행성들이 관측된 것이다. 오랫동안 사람들은 태양계에 수성, 금성, 지구, 화성, 목성, 토성, 천왕성, 해왕성, 명왕성까지 9개 행성이 존재한다고 생각했다. 그러나 2006년 8월 24일에 프라하에서 열린 국제천문연맹 제26차 총회에서 전문가들은 행성의 정확한 정의에 대해 과학적으로 토론한 후 명왕성은 왜행성이므로 태양계 행성에서 제외한다고 밝혔다. 이로써 태양계에 있는 행성은 모두 8개로 결론지어졌다.

케플러는 음악가야말로 진정한 우주의 조화를 깨달을 수 있으므로 반드시 우주를 우러러보아야 한다고 호소했다.

케플러는 과학자였지만 점성술에도 일가견이 있었다. 보통사람들이 볼 때 점성술은 신비로움을 가장한 속임수에 불과할지 모르지만, 케플러는 점성술과 과학이 일맥상통한다고 생각했다. 그가 볼 때 우주는 매우 신기한 곳이고 미지의 존재로 가득한 곳이기 때문에 우주를 이해하려면 추측하는 것 외에는 다른 방법이 없었다. 케플러는 종종 신성로마제국 황제의 부름을 받아 별자리를 보고서 점을 치기도 했고, 이에 관한 그림을 여럿 남기기도 했다.

1630년 11월 15일, 위대한 과학자 케플러는 한 여관에서 조용히 눈을 감았다. 이때 그가 가지고 있던 것은 동전 몇 개와 책, 그리고 원고뿐이었다. 평생 우주의 별을 올려다본 케플러는 죽은 뒤에도 빛나는 별이 되어 인류가 우러러보는 역사의 밤하늘을 수놓고 있다.

그림으로 영혼을 깨우다

17세기 유럽에서는 국토 면적만 놓고 보면 보잘것없는 작은 나라 네덜란드가 다른 유럽 강국들을 제치고 전 세계 무역을 독점하다시피 했다. 그래서 세계사에서는 17세기를 일러 '네덜란드의 세기'라고도 한다. 당시 네덜란드는 정치, 경제 분야에서만 강국의 면모를 보인 것이 아니라 미술 분야에서도 '네덜란드의 세기'를 이끌었다. 네덜란드화파의 대표 인물인 렘브란트는 이 시기의 예술사에 커다란 발자취를 남겼다.

미술의 전당에 들어서다

1606년, 렘브란트 하르먼스 판 레인(1606~1669)은 네덜란드 레이던의 유복한 가정에서 태어났다. 아버지는 제분업자였고 어머니는 제빵사의 딸이었으며, 렘브란트는 아홉 남매 중 여덟째였다. 일곱 살이 되자 렘브란트는 라틴어 학교에 들어갔다. 그 후 렘브란트는 열네 살에 레이던 대학에 입학했는데, 바로 이곳에서 자신의 인생을 걸 대상이 예술이라는 사실을 깨달았다. 그래서 학교를 그만두고 스승을 찾아다니며 그림 수업을 받았다. 1624년에 렘브란트는 네덜란드의 수도 암스테르담으로 가서 당시에 유명했던 역사 화가 피터 라스트만의 문하에서 그림을 배웠고, 그에게서 화풍에 많은 영향을 받았다. 1627년, 소묘는 물론 유화, 에칭 등 다양한 회화 장르를 섭렵한 렘브란트는 회화 기법과 표현력에 자신의 생각을 담기 시작했다. 그리고 다른 화가들에게서 명암 대비가 뚜렷한 화법을 배워 자신만의 독특한 풍격을 만들어 갔다.

이후 렘브란트는 고향인 레이던으로 돌아가서 개인 화실을 열었다. 이곳에서 그는 부모님과 형제 자매를 모델로 수많은 초상화를 그렸다. 그중 가장 눈에 띄는 작품은 형을 그린 초상화다. 렘브란트는 빛의 강렬한 대비를 통해 인물의 주요 이미지를 두드러지게 표현했는데, 이처럼 인물의 심리 상태를 효과적으로 드러내는

▼ **렘브란트의 자화상**
렘브란트는 네덜란드 역사상 가장 위대한 화가일 뿐만 아니라 17세기 유럽을 대표하는 뛰어난 화가였다.

표현법을 활용하면 인물의 성격과 심리 상태를 고스란히 화폭에 담을 수 있다. 유럽 미술사가들은 밝은 부분의 질감은 두드러지고 나머지 부분은 어둡게 처리된 회화 기법을 렘브란트 조명이라고 불렀다.

이 밖에 렘브란트의 회화 작품에는 〈돌에 맞아 죽는 성 스테파누스〉, 〈발람의 나귀와 천사〉 등이 있다. 독특한 풍격의 작품들을 내놓으면서 렘브란트는 점차 유명해졌고, 유럽 곳곳에서 주문이 밀려들었다. 이에 렘브란트는 자신의 재능을 맘껏 펼치기 위해 다시 암스테르담으로 활동 무대를 옮겼다.

전성기에 들어서다

암스테르담에서 렘브란트의 작품은 큰 주목을 받았다. 인물의 성격이 도드라지고 극적인 구조가 돋보이는 초상화는 물론이고 신화와 종교 이야기를 소재로 한 작품들도 인기를 끌어서 왕실에서도 그에게 수많은 작품을 의뢰할 정도였다. 많은 명작 중에서도 렘브란트의 명성과 지위를 끌어올려 준 작품은 바로 〈툴프 박사의 해부학 강의〉이다. 이 그림은 암스테르담의 외과의사협회 소속 의사들을 그린 단체 초상화이다. 당시 네덜란드에서는 이러한 단체 초상화가 유행이었다. 그래서 수많은 협회와 단체에서 자신들의 정체성을 드러낼 수 있는 단체 초상화를 의뢰했다. 단체 초상화에 나오는 인물들은 각자 일정액씩 돈을 내어 화가에게 그림을 부탁했다. 〈툴프 박사의 해부학 강의〉를 그릴 때, 렘브란트는 인물을 아무렇게나 배열하던 기존의 구도를 버리고 각 인물의 성격을 드러내는 극적인 구도를 선택했다. 그는 주요 인물인 툴프 박사를 기준으로 나머지 인물들이 그 주변에 자연스럽게 모여 있는 화면을 구성했다. 그리고 인물들의 표정을 하나하나 생동감 넘치게 표현했다. 섬세한 붓놀림은 인물의 외면뿐만 아니라 감춰진 내면세계까지 그려냈다. 빛과 그림자의 뚜렷한 명암 대비로 인물들의 성격과 기질, 심지어 영혼까지도 손에 잡힐 듯 묘사했다. 생명력이 넘치는 그의 그림을 보고 의뢰인들은 하나같이 감탄사를 쏟아냈다. 그 덕분에 렘브란트는 하루아침에 유명세를 얻어 밀려드는 주문을 감당하느라 눈코 뜰 새 없이 바빠졌다. 이때부터 렘브란트는 네덜란드에서 가장 인기 있는 화가로 주목받으며 인류의 영혼을 그리는 예술가로 존경받았다.

예술적 성공과 더불어 사회적 지위까지 얻은 렘브란트도 큐피드의

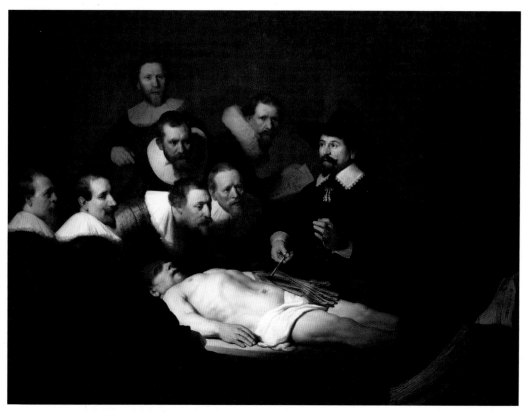

화살에 맞아 사랑에 빠졌다. 그와 동업하던 미술상 헨드리크 윌렌브르흐의 사촌 여동생 사스키아를 우연히 만나게 되었는데, 두 사람은 서로 첫눈에 반했고 렘브란트는 그녀와 결혼하겠다고 맹세했다. 사스키아는 명문가 출신으로 아버지가 레이우아르던 시의 시장까지 지낸 인물이었기 때문에 결혼하면서 어마어마한 지참금을 가져왔다. 그러나 사스키아의 가족이 처음부터 두 사람의 결혼을 허락한 것은 아니었다. 신분의 차이로 두 사람은 처음에 심한 반대에 부딪혔다. 하지만 모든 고난을 사랑의 힘으로 극복하고 마침내 아름다운 결실을 맺었다. 1639년, 렘브란트는 요덴브레스트라트에 있는 호화로운 주택을 사서 사치스러운 생활을 누리며 행복을 만끽했다. 렘브란트가 그린 〈화가와 그의 아내 사스키아〉에서 당시 두 사람이 얼마나 행복했는지 엿볼 수 있다. 이 그림 속에서 렘브란트는 기사처럼 칼을 찬 채 축배를 들고, 그의 아내 사스키아는 렘브란트의 무릎에 앉은 채 고개를 돌려서 관객들에게 인사하고 있다. 두 사람의 모습에서 근심 걱정 하나 없이 행복한 삶을 느낄 수 있다.

내리막길에 들어서다

1642년의 어느 날, 암스테르담 시의 민병 대장인 귀족 코크가 렘브란트를 찾아와서 시청사에 걸어 두려고 하니 암스테르담 사수협회[15]의 순찰 모습을 그린 단체 초상화를 그려달라고 의뢰했다. 주문을 받은 렘브란트는 깊이 고민한 끝에 파격적인 작품 〈야경〉을 완성했다. 거대한 화폭에 담긴 장면은 정교하고 절묘했다.

〈야경〉은 코크와 그의 부하들이 긴급한 출정 명령을 받고 전 부대원이 급히 모여서 성을 나서려고 하는 장면을 묘사했다. 렘브란트는 코크와 그의 부관을 화면의 가운데에 배치했다. 체격이 우람하고 어깨에 인끈을 차고 칼을 든 채 당당하게 걷는 코크가 고개를 숙이고

▶ 〈야경(The Night Watch)〉
1642년 작. 이 그림은 렘브란트의 예술과 삶에 중요한 전환점이 된 작품이다. 암스테르담 사수협회의 의뢰로 그린 단체 초상화로, 원래 배경은 대낮이었는데 그림 위에 유약을 덧칠할 때 먼지가 섞였고 시간이 흐르면서 물감 속의 납 성분과 공기 중의 황이 결합해 황화납이 되면서 색이 검게 변했다. 이런 사실을 몰랐던 사람들은 밤 풍경을 그린 줄로 오해하고 '야경'이라고 이름 붙였다.

15) 네덜란드 시내 지역의 무장보안직업협회

있는 다소 아담한 체구의 부관과 대화를 나누고 있다. 그리고 나머지 사람들은 두 사람의 옆과 뒤쪽에 자유롭게 서서 북을 두드리거나 깃발을 들고 있거나 총을 닦거나 들고 있는 등 출정 준비를 마치고 명령을 기다리는 모습이다. 이 단체 초상화는 〈툴프 박사의 해부학 강의〉보다 많은 파격을 시도했다. 〈툴프 박사의 해부학 강의〉도 딱딱하고 진부한 구도를 타파하고 그림에 이야기가 있다는 점에서 파격적이라고 할 만했다. 하지만 플롯이 단순하고 인물들이 눈에 띄는 위치에 가지런히 배치되었다. 〈야경〉에서는 여기서 더 나아가 더욱 다채로운 이야기를 생생하게 펼쳐놓고, 자신의 주특기인 강렬한 명암 대비를 이용해 중요도에 따라 등장인물의 밝기를 조정했다. 그래서 별로 중요하지 않은 인물은 어둠 속에 묻히기도 했다.

렘브란트는 대중의 환호성과 갈채를 기대하며 〈야경〉을 공개했는데 반응은 예상 밖이었다. 대중은 렘브란트를 외면했고 사수협회는 완성된 그림을 받지 않겠다고 거절했다. 네덜란드는 상당히 민주적인 나라였기 때문에 등장인물들의 신분이 대체로 평등했다. 게다가 화면에 등장하는 사람들은 크기와 비중에 상관없이 똑같은 비용을 낸 상태였다. 그래서 중요도에 따라 인물의 크기와 명암이 다른 것을 보고 화를 낸 것이었다. 사수협회는 그림값을 되돌려받기 위해 렘브란트를 법정에 고소하고 매섭게 비난했다. 이 일로 렘브란트의 명성은 바닥에 떨어져 그에게 그림을 주문하던 사람들도 점차 발길을 끊었다. 이 시기에 렘브란트는 인생의 큰 고비를 맞았다. 엎친 데 덮친 격으로 사랑하는 아내 사스키아마저 세상을 떠나면서 렘브란트의 인생은 내리막길로 접어든다.

이후 렘브란트의 삶은 점점 더 곤궁해졌다. 그는 자신의 하녀였던 여성과 두 번째 결혼을 했는데, 당시의 도덕관념에 따르면 두 사람의 결혼은 '불법'이었다. 그래서 프로테스탄트 교회에서 심문과 처벌을 받게 되었고, 사회 각계에서 쏟아지는 비난과 지탄을 감수해야 했다. 그리고 1656년에 법원에 파산 신고를 하면서 렘브란트의 삶은 바닥을 헤매게 되었다.

비록 처참하고 고된 삶이었지만, 렘브란트는 붓을 놓지 않았다. 그는 평생 유화 600여 점, 에칭 300여 점, 소묘 2,000여 점을 남겼고 그중 100여 점은 자화상이었다. 1669년 10월 4일, 렘브란트는 마침내 병마와 가난 속에서 눈을 감았다.

그림을 고친 렘브란트

《성경》에 이런 이야기가 나온다. 고대 이스라엘에 다윗이라는 영웅이 있었다. 그는 용맹하고 싸움을 잘해서 사람들의 사랑을 받았지만, 사울 왕은 다윗이 왕위를 노린다고 의심해서 죽이기로 마음먹었다. 그런데 사울 왕이 갑자기 미쳐 발작할 때면 오직 다윗이 연주하는 하프 소리만이 그의 발작을 잠재울 수 있었다. 어느 날 다윗이 사울 왕의 병을 치료하기 위해 하프를 연주할 때, 사울이 다윗을 죽이려고 창을 던졌다. 하지만 다행히 다윗은 창을 피했다. 렘브란트는 초기에 이 장면을 묘사한 그림을 그린 바 있다. 그림 속에서 살기등등한 얼굴로 창을 쥔 채 다윗의 악기 연주를 듣고 있는 사울 왕은 당장에라도 다윗을 죽일 기세이다. 그러나 말년에 이르러 생각이 바뀐 렘브란트는 같은 주제로 다른 그림을 그렸다. 이번에는 살기등등한 얼굴이 아니라 눈에 눈물이 가득한 얼굴의 사울 왕이었다. 다윗에게 마음 깊이 감사하면서도 다윗이 자신의 왕위를 빼앗을지 모른다는 두려움에 혼란스러웠기 때문이다. 렘브란트의 이 그림은 인간의 영혼까지 그려낸 뛰어난 작품으로 평가된다.

사상가 스피노자

스피노자는 유대인이지만 진리를 추구하면서 유대교 신앙에서 멀어져 결국 유대인 공동체에서 쫓겨났다. 유대인을 배척했던 당시 유럽에서 그를 받아주는 나라는 없었다. 결국, 스피노자는 사상의 자유를 위해 스스로 고독한 삶을 택하고 철학에 빠져들었다.

철학의 숭배자

바뤼흐 스피노자(1632~1677)는 1632년에 네덜란드 암스테르담에서 태어났다. 성공한 상인이었던 그의 아버지는 아들이 유대교 랍비[16]가 되기를 바랐다. 그러나 스피노자는 어려서부터 종교를 의심했다.

여섯 살 때 친어머니를 여의고 새어머니의 손에 자라면서 스피노자는 세상에서 자기 혼자인 것 같다고 느꼈다. 전통적인 유대교 학교에 입학한 후, 스피노자는 유대교 법전과 유대교 선각자들이 남긴 저서는 물론 비非유대교 철학자인 플라톤과 아리스토텔레스의 사상, 심지어 브루노와 데카르트의 사상도 배웠다. 아는 것이 많아질수록 그는 경전의 진실성을 의심하게 되었다. 그러나 스피노자가 어떤 생각을 하는지 알 리 없는 사람들은 그저 놀랍도록 영특한 그가 언젠가 유대교의 위대한 랍비가 될 것이라고 기대했다.

학교를 떠난 스피노자는 아버지의 사업을 돕기 시작했는데, 철학에 대한 열망이 점점 커졌다. 그는 결국 비유대교 서적을 섭렵하고자 네덜란드의 학자인 반 덴 엔데를 찾아가서 라틴어를 배우기 시작했다. 반 덴 엔데는 뛰어난 언어학자이자 유명한 회의론자로, 훗날 종교 교리의 진실성에 의심을 품은 죄로 루이 14세의 분노를 사서 교수형에 처해졌다.

반 덴 엔데에게 라틴어를 배울 때, 스피노자는 아름다운 그의 딸을 사귀게 되었다. 아름답고 영리하며 박학다식한 그녀에게 깊이 빠져들어 사랑에 눈이 먼 젊은이는 용감하게 그녀를 찾아가서 청혼했지만, 단번에 거절당하고 말았다.

사랑에 실패한 스피노자는 크게 상심했다. 그러나 그 후 사랑의

---

16) 히브리어로 박사, 지도자라는 뜻

불꽃이 사그라지자 철학에 대한 열망은 더욱 거세게 타올랐고, 스피노자는 위대한 철학적 사유에 평생을 바치겠다고 결심했다. 1654년, 스피노자의 아버지가 하던 사업이 어려워져 가세가 기울기 시작했다. 그러자 아버지는 스피노자가 그럴듯한 직업을 얻어 집안을 도와주길 바랐으나, 2년 후에 일어난 일로 그는 아들과 아예 인연을 끊었다.

종교의 반역자

반 덴 엔데에게 라틴어를 배운 후 스피노자는 비유대교 서적에 기록된 더 많은 사실을 알게 되었다. 특히 브루노의 작품에 영향을 받아 더욱 회의론을 신봉하게 되었다. 스피노자는 영혼이 영원하다는 말은 다 헛소리이고, 하느님이나 천사는 존재하지 않으며, 종교는 선험[17]에 기초한 망상에 불과하

▲ **스피노자의 초상**
스피노자는 서양 근대 철학사상 가장 중요한 이성주의자이다. 그의 저서 《기하학적 방법으로 증명한 에티카》(약칭 《에티카》)는 유클리드의 기하학적 방법을 적용하여 쓴 것이다. 이 밖에도 《신학정치론》과 《정치론》 등의 저서를 남겼다.

고 전혀 논리적이지 않다고 생각했다. 이러한 종교에 대한 저항은 생각에 머무르지 않고 행동으로 옮겨졌다. 스피노자는 자신의 '이단' 사상을 공개적으로 밝히고 유대교의 각종 종교 의식에 참여하는 것을 거부했다.

스피노자의 행동에 다른 유대교도들은 크게 분노했다. 그중에 유대교 장로들은 직접 스피노자를 찾아와서 그의 뛰어난 재능을 칭찬하고, 앞으로 종교에 대한 이단적 발언과 행동을 자제하고 형식적으로나마 유대교 신앙을 따른다면 매년 거액의 연금을 주겠다고 제안했다. 그들이 제시한 연금은 스피노자와 가족이 생계를 걱정하지 않고 살 만큼 넉넉한 수준이었다. 그러나 스피노자는 돈에 굴복해서 진리에 대한 신념을 꺾지는 않겠다고 답하며 조금의 망설임도 없이 제안을 거절했다. 이렇게 자신의 신념을 지킨 대가는 컸다. 1656년 7월, 스피노자는 유대교 교적에서 제명되고 그날부터 유대교도들의 경멸과 저주를 받았다. 누구도 그에게 다가오거나 말을 걸려고 하지

---

17) 경험에 앞서 선천적으로 가능한 인식 능력

▲ 레인스부르흐에 있는 스피노자
의 옛집

울창한 숲에 둘러싸인 빨간 집
안에는 스피노자의 삶과 사고,
저술의 흔적이 남아 있다.

않았다. 당시 스피
노자는 겨우 스물네
살이었다.

심지어 스피노자
의 아버지도 아들과
인연을 끊겠다고 선
언하고 그를 집에서
쫓아냈다. 훗날 아
버지가 사망했을 때
누나가 자신의 유산
상속권을 박탈하자,
스피노자는 법원에
가서 부당함을 호소
한 끝에 유산을 상
속했다. 그러고는 바로 자신이 상속한 유산을 전부 누나에게 보냈
다. 그가 원한 것은 유산이 아닌 진리였기 때문이다.

집을 떠난 후 스피노자는 고독한 철학의 세계로 빠져들었다. 암스
테르담에서도 쫓겨난 그는 교외의 다락방을 간신히 얻었다. 그의 아
버지는 부자의 인연을 끊으면서 경제적 지원도 중단했다. 스스로 생
계를 꾸릴 수밖에 없게 된 스피노자는 안경알을 가공하는 일을 하기
시작했다. 유대교에서는 자기 손으로 세속의 물건을 얻고 자신의 머
리로 신성한 사상을 얻어야 한다고 가르쳤다. 스피노자는 비록 유대
교의 교리는 부정했지만 유대교의 생활방식과 사상에 대한 추구는
높이 평가했다. 안경알 가공은 가장 기본적인 생존을 위해서 하는
일이었고, 그의 본업은 철학이었다. 그래서 스피노자는 하루 대부분
을 철학을 탐구하는 데 보냈다.

그로부터 4년 후, 스피노자는 안경 가게 주인을 따라 레이던 근처
의 레인스부르흐로 이주했다. 이곳에서 3년 동안 머무르면서 그는
주인을 제외하고는 거의 아무도 만나지 않았다. 세상과 단절된 삶
속에서 오로지 철학이 그의 전부였다. 이 시기에 스피노자는 《데카
르트 철학의 원리》와 《지성개선론》을 집필했다. 1663년부터는 헤이
그 근처에 있는 작은 도시 포르부르흐에 살면서 집필 활동에만 전념
했다. 그리고 저서들을 출판하면서 그는 평생을 통틀어 몇 안 되는

친구인 과학자 하위헌스, 철학자 라이프니츠, 네덜란드 삼부회 의장 위트 등과 사귀게 되었다. 1665년, 스피노자는 위트의 극진한 초청에 헤이그로 이주했다.

고독한 위인

이 무렵 스피노자는 이제 이름 없는 철학자가 아니었다. 전 유럽에서 그의 이름을 모르는 사람이 없을 정도로 유명한 사람이 되어 있었다. 심지어 이 위대한 철학자의 얼굴을 직접 보려고 일부러 헤이그를 찾아오는 사람도 적지 않았다. 스피노자는 마치 네덜란드의 명소와 같았고, 사람들은 그와의 만남을 영광으로 생각했다. 당연히 스피노자의 친구들은 위대한 철학자가 가난에 쪼들려 지내는 것을 두고 볼 수 없어 앞다투어 도움을 주겠다고 나섰다. 그러나 스피노자는 모든 도움의 손길을 거부했다. 그에 대한 경제적 지원과 관련해 이런 일화가 전해진다. 한 부유한 상인이 스피노자에게 거액의 돈을 지원하겠다고 제안했다가 단호하게 거절당했다. 그러자 죽음을 앞둔 이 상인은 또다시 스피노자에게 모든 유산을 남기겠다고 했다. 이번에도 물론 여지없이 단번에 거절당했다. 상인은 마지막으로 한 번 더 스피노자에게 매년 거액의 연금을 주겠다고 제안했다. 결국, 상인의 진심을 더는 외면할 수 없었던 스피노자는 그중 일부분만 받기로 했다.

프랑스 국왕 루이 14세도 스피노자를 깊이 존경했다. 그래서 한 번은 스피노자에게 다음 저서에 "프랑스 국왕 폐하에게 바친다."라는 말만 넣어 주면 엄청난 연금을 주겠다고 약속했다. 그러자 스피노자는 자신이 경외하지 않는 사람에게 저서를 바칠 수는 없다며 거절했다.

1673년, 당시 매우 명망이 높던 독일의 하이델베르크 대학에서 스피노자에게 교수직을 제안했다. 하이델베르크 대학의 교수가 된다는 것은 당시로써는 매우 영광스러운 일이었다. 대학 측은 스피노자에게 그의 철학 사상을 자유롭게 강의할 수 있도록 최대한 보장하겠다고 약속했다. 다만, 절대로 네덜란드의 종교 신앙에 의심을 나타내지 않는다는 전제 조건을 달았다. 이에 스피노자는 교수직을 단념하고 대학 측에 답신을 보냈다. 이 글에서 그는 대학 측이 '자유롭게 철학 사상을 강의할 수 있도록 보장한다'고 했는데 어디까지 보장할 수 있는지 알 수 없으며 종교 신앙에 대해 의문을 제기하지 않을 자신도 없다는 이유를 들어 교수직을 사양했다. 스피노자에게 대학 교수직은 그가 믿는 진리에 비하면 모래알만도 못 한 것이었다.

모든 유혹을 뿌리친 스피노자는 다시 고독한 철학 세계에 빠져들었다. 세상의 번잡스러움은 세상의 몫이고 그의 세상은 변함없이 고요하고 심오했다. 다만, 병약한 그의 몸이 더 이상 철학의 세계를 떠돌도록 내버려두지 않았다. 1677년 2월 21일, 몹시 춥던 그날 스피노자는 고독과 적막 속에서 세상을 떠났다. 위대한 철학자의 심오한 사유도 이로써 마침표를 찍었다.

▼ **암스테르담 거리에 세워진 스피노자의 동상**
스피노자는 네덜란드 사상계의 거인으로 거의 모든 주요 도시에서 그의 동상을 볼 수 있다. 스피노자는 네덜란드의 상징이나 다름없다.

'만능 천재' 라이프니츠

라이프니츠는 17세기 독일에서 활동한 걸출한 천재이자 당시 유럽의 별이었다. 그는 철학, 수학, 물리학, 화학, 생물학, 역사, 문화, 논리학에 이르기까지 다양한 분야를 연구했다. 한때는 외교관으로 활동하며 여러 학술 기구의 설립을 주도하기도 했다. 그리하여 그는 유럽 역사상 마지막 만능 천재로 불리게 되었다.

명문가에서 태어나다

1646년, 독일 동부에 있는 라이프치히의 명문가에서 고트프리트 빌헬름 라이프니츠가 태어났다. 아버지는 라이프치히 대학의 철학 교수였고 어머니도 매우 교양 있는 여성이었다. 이런 가정에서 좋은 가정교육을 받으며 자란 라이프니츠는 다양한 언어로 자신의 생각을 표현하는 법을 배우고 거대한 세상에 숨겨진 수많은 수수께끼에 관심을 느꼈다.

라이프니츠는 여섯 살 때 아버지를 여의었는데, 그의 아버지는 죽기 전에 어마어마하게 많은 장서를 남겼다. 라이프니츠는 어머니에게 그리스 로마 문화에 대한 지식을 배우며 기본 소양을 쌓았고 여덟 살 때 학교에 들어가서 그리스어, 라틴어, 산수, 논리학 등 여러 학문을 배웠다. 열다섯 살 때부터 라이프치히 대학에서 법률을 공부했는데, 전공에만 매달리지 않고 다양한 분야의 지식을 섭렵했다. 라이프니츠는 고대 성현들이 남긴 고전에서도 많은 깨달음을 얻었지만, 베이컨과 캄파넬라, 케플러, 갈릴레이, 데카르트 등 당대 지식인들의 대작도 탐독했다. 놀라울 정도로 영리했던 라이프니츠는 단 2년 만에 대학 과정을 마치고 1663년에 학사 학위를 받았다. 그 후 1664년에 예나 대학에서 잠시 공부하면서 철학 석사 학위를 받았다. 그런데 바로 그해에 어머니마저 세상을 떠나 라이프니츠는 열여덟 살에 외톨이가 되었다. 이때부터 그는 과학과 철학의 세계에서 살아갔다.

1665년, 라이프니츠는 라이프치히 대학에 '신분에 관하여'라는 박사 논문을 제출했다. 그러나 라이프치히 대학의 논문 심사위원회는 박사 후보생이 너무 많은 데다 그가 겨우 스무 살밖에 안 되었다는 이유로 박사 학위 수여를 거절했다. 이에 분개한 라이프니츠는 라이프치히를 떠나 뉘른베르크의 알트도르프 대학으로 가서 이 학교에 박사 논문을 제출했다. 1666년 2월, 알트도르프 대학은 라이프니츠에게 법학 박사 학위를 수여했다. 알트도르프 대학 교수들은 라이프니츠의 박학다식함을 높이 사 그에게 교수직을 제안했다. 그러나 라이프니츠는 알트도르프 대학의 요청을 거절했다. 따분하고 음침한 스콜라학파의 삶에 싫증이 났기 때문이다. 라이프니츠는 젊은 피가 끓는 청년이 세상과 단절된 학교에서 청춘을 허비해서는 안 된다고 생각했다. 그는 학교보다 다양한 삶이 존재하고 도전과 열정이 넘치는 세상에서 삶의 즐거움을 찾고 싶었다.

정치계에 발을 담그다

1666년 여름, 라이프니츠는 위대한 사상가들의 삶의 흔적을 느껴보고자 네덜란드로 가기 위해 짐을 꾸렸다. 그러나 이 계획은 마인츠 선제후의 측근이던 보이네부르크를 만나면서 무산되었다. 보이네부르크는 여러 방면에 학식이 풍부하고 국내외 정세에 뛰어난 통찰력을 보이는 라이프니츠에게 호감을 느껴 그를 마인츠 선제후에게 추천했다. 이로써 라이프니츠는 정치에 발을 들이게 되었다.

1671년부터 라이프니츠는 외교 업무를 보기 시작했다. 외교 활동을 하면서 그는 시야를 넓히고 외부 세계와 깊은 관계를 맺었다. 1672년, 라이프니츠는 마인츠 선제후의 요청으로 프랑스 파리로 향했다. 당시 프랑스 국왕이던 루이 14세를 설득해서 독일을 공격하려는 계획을 철회하게 하는 것이 그의 임무였다. 그러나 정작 루이 14세를 만날 기회가 없어 임무를 완수하지 못했다. 비록 공적인 임무는 실패했지만, 개인적으로는 많은 성과를 거둔 방문이었다. 라이프니츠는 1672년부터 1676년까

▼ 라이프니츠의 초상
라이프니츠는 역사상 보기 드문 천재 중의 천재였다. 그는 법학, 역학, 광학 등 40여 개 분야를 섭렵해 17세기의 아리스토텔레스라고 불렸다.

지 파리에 머무르면서 프랑스어를 배우고 과학계와 문화계의 유명 인사를 두루 사귀었다. 미적분 이론의 확립 같이 그가 평생 이룬 수많은 과학적 성과의 틀이 갖춰진 곳이 바로 파리였다.

1673년 초, 영국과 네덜란드 사이를 중재하기 위해 라이프니츠는 런던으로 향했다. 이번 방문에서도 공적으로는 아무런 성과를 거두지 못했지만, 그는 보일과 훅 등을 비롯해 영국의 많은 학자와 친분을 쌓았다. 이 위대한 과학자들은 라이프니츠의 능력을 높이 샀다. 특히 라이프니츠가 자연과학 분야에서 거둔 성과에 찬사를 보냈다. 1673년 3월에 파리로 돌아간 라이프니츠는 4월에 영국왕립학회 회원으로 추천을 받았다. 1676년에는 독일 하노버 공작의 부름을 받아 공작 가문의 법률 고문이자 도서관 관장으로 일했다. 그 후 1689년에 라이프니츠는 바티칸 도서관의 관장으로 임명되었다. 이 자리는 매우 명예로운 자리였기 때문에 그는 최선을 다해서 일했다. 그리고 연구하는 짬짬이 종교를 소재로 한 논문도 여러 편 써서 발표했다. 1700년에 라이프니츠는 파리 과학아카데미의 외국인 회원이 되었으며, 이후 베를린 과학아카데미를 설립하는 데 많은 기여를 하고 초대 원장까지 맡았다.

▲ 라이프니츠의 조각상
라이프니츠는 독일의 유명한 수학자이자 물리학자, 역사학자로 뉴턴과 함께 미적분의 발명자로 불린다. 그는 인류의 과학 지식을 풍부하게 하는 데 많은 공헌을 했다.

과학적 성취를 거두다

17세기에 유럽의 과학 기술은 각국 군주의 지원을 받아 빠르게 발전하며 많은 성과를 거두었다. 그중 수학계에서 거둔 가장 큰 성과는 미적분의 발명일 것이다. 사람들은 뉴턴과 라이프니츠가 각자 미적분학을 만들었다고 생각해 왔다. 미적분은 미분과 적분을 합쳐 이르는 말이다. 간단히 말해, 미분은 무한대로 쪼개는 것이고 적분은 무한대로 더하는 것이다. 미적분을 이용하면 탄젠트를 구하는 문제, 면적을 구하는 문제, 순간 속도를 구하는 문제, 함수의 최댓값을 구하는 문제 등을 쉽게 해결할 수 있다. 1684년 10월, 라이프니츠는 《교사학보》에 《극대 및 극소를 위한 새로운 계산법》이라는 논문을 발표했다. 이는 최초의 미적분에 관한 문헌이었다. 미적분이 만들어지면서 근대 수학과 근대 과학의 기초가 다져졌으므로 그 의미는 매우 크다.

라이프니츠는 물리학 분야에서도 놀라운 업적을 거두었다. 1671년에 그가 집필한 《새로운 물리학의 가설》이 발표되면서 물체의 구체적인 운동과 추상적 운동의 경계가 규정되었다. 이 밖에도 라이프니츠는 데카르트의 운동량 보존의 법칙을 깊이 연구한 후 이를 수정해서 역학적 에너지 보존 법칙의 틀을 제시했다. 또 뉴턴이 연구한 바 있는 영구 기관이 불가능하다는 사실도 증명했다.

1693년, 라이프니츠는 지구의 기원에 관한 글을 발표했다. 이후 이 글을 정리해서 책으로 엮었는데, 여기에서 그는 암석의 형성 원인에 대해 설명했다. 그는 생물 화석이 생물종의 진화를 반영한다고 생각했고, 이것은 모든 자연계가 변화한 결과이지 우연한 현상이 아니라고 주장했다. 라이프니츠가 제기한 지구의 변화에 대한 주장은 이후 이 분야에 대한 연구의 발전을 촉진했다.

생물학 분야에서는 《단자론》 등의 저서를 통해 동물과 식물 사이에 생물이 존재한다고 주장했다. 기상학 분야에서는 직접 연구팀을 꾸려 대기압과 날씨 상황을 관찰했고, 철학 분야에서는 간단한 변증법 관념을 제기한 바 있다.

중국 문화에 심취하다

라이프니츠는 수준 높은 중국 문화에 심취했다. 그는 처음으로 중국 문화와 철학을 연구한 독일인으로, 중국에 다녀온 예수회 전도사에게 양잠법과 직조법, 광물 자원, 제지술, 서적 등 많은 것에 대해 물었으며 중국에 관한 자료를 정리해서 책으로 출판하기도 했다.

라이프니츠는 인류 문명 중 가장 앞서 나가고 위대한 문화는 유라시아 대륙 양쪽에 있다고 생각했다. 한쪽은 나날이 발전하는 유럽이고 다른 한쪽은 고대 문화와 문명을 간직한 중국이었다. 라이프니츠는 중국과 유럽이 기술과 대자연의 도전에 맞서는 데 서로 다른 장점을 갖추었으므로 서로 교류하고 배워야 한다고 생각했다. 논리적 사고와 철학적 사유에서는 유럽이 중국보다 한 수 위였으나 인간과 인간, 인간과 자연이 어울리는 데서는 중국을 따라갈 수 없다고 보았다. 라이프니츠는 이렇게 중국 문화와 유럽 문화의 특징을 객관적으로 분석하고 서로 상대방의 것을 배우고 자주 교류하길 바랐다. 이를 위해 그는 청나라 강희제에게 서신을 보내 중국과 유럽이 학술적으로 교류하는 과학 아카데미를 설립하자고 건의했다.

▲ 라이프니츠 계산기의 모형
1673년에 파리에서 라이프니츠는 덧셈, 뺄셈, 곱셈, 나눗셈 및 제곱 연산이 가능한 기계를 만들었다.

　라이프니츠는 중국 선진 제자백가의 저서를 섭렵하고 그 의미를 이해한 후 중국 선인들의 지혜에 감탄을 금치 못했다. 그래서 과학을 연구하는 중에도 중국 문화와 철학을 이해하는 데 많은 시간을 보냈다. 라이프니츠는 《주역》의 영향을 받아 팔괘에 근거해서 이진법 연산 법칙도 생각해냈다고 한다. 그는 유럽인의 연구 결과를 바탕으로 자신이 개발한 이진법 연산 법칙을 활용해 덧셈, 뺄셈, 곱셈, 나눗셈은 물론 제곱 연산까지 했다. 이것이 바로 훗날 컴퓨터 시스템에서 활용된 연산 법칙이다.

제 4 장

아시아 세계

사파비 왕조 중흥의 주인공

이란에는 역사상 세 차례 강대한 제국이 들어섰다. 바로 페르시아왕국, 사산 왕조 페르시아, 그리고 사파비 왕조이다. 아바스 1세는 쓰러져 가던 사파비 왕조를 다시 일으킨 주인공으로, 그 덕분에 사파비 왕조는 17세기에 다시 한 번 황금기를 맞이했고 그 자신도 이 시기의 위대한 인물이 되었다.

역경의 주인공이 되다

1571년, 사파비 왕조의 왕인 샤(Shah) 타흐마스프 1세의 맏아들 호다반다의 아들 아바스가 태어났다. 호다반다는 병치레가 잦고 성격이 다혈질이어서 그가 다음 샤가 될 것이라고 생각하는 사람은 아무도 없었다. 타흐마스프 1세도 둘째 아들 이스마일과 또 다른 아들 하이다르를 더 좋아했다. 그래서 사람들은 왕자의 탄생에도 별다른 관심을 보이지 않았다. 어차피 왕조의 운명과는 아무 상관도 없으리라고 여겼기 때문이다.

1576년, 사파비 왕조의 샤 타흐마스프 1세가 갑자기 세상을 떠났다. 그는 죽기 전에 다음 샤가 될 왕자를 미리 지목해두지는 않았지만 하이다르를 염두에 두고 있었다. 그러나 전쟁에서 혁혁한 공을 세웠고 명성도 드높았던 이스마일은 이 같은 결정을 받아들일 수 없었다. 그래서 자신의 주둔지에서 신속하게 수도로 진격해 왕궁을 점령하고 동생인 하이다르를 죽였다.

샤의 자리에 오른 이스마일은 자신에게 위협이 될 수 있는 사람들을 제거하기 시작했다. 가장 먼저 희생된 것은 그의 형제와 그 자손들이었다. 이스마일의 형인 호다반다는 당시 병으로 몸져누워 있었고 눈도 거의 보이지 않았기 때문에 숙청 대상에서 제외되었다. 그러나 이스마일은 장자인 형의 두 아들은 살려두려고 하지 않았다. 그의 추격을 피해 도망치던 중에 아바스의 형은 잡혀서 살해당했지만 아바스는 쿠리칸이라는 농민의 집에 숨어 목숨을 건졌다. 이때 아바스는 쿠리칸의 아들과 친구가 되었다.

1577년, 권력의 맛에 도취해 있던 이스마일은 여동생 파리칸이 사주한 사람에게 독살당했다. 이때부터 사파비 왕조 내부에서는 왕위 쟁탈전이 벌어졌고, 귀족들은 나라를 안정시키기 위해 서둘러 합법적인 왕위 계승자를 찾아 나섰다. 그들은 곧 타흐마스프 1세의 맏아들 호다반다를 떠올리고 그를 샤로 추대했다. 아버지 호다반다가 샤의 자리에 오르자마자 파리칸과 이스마일의 아들을 사형에 처한 후에야 아바스도 두 다리 뻗고 잘 수 있게 되었다.

1582년에 왕자가 된 아바스는 호라산 총독으로 임명되었다. 당시 열세 살 소년이었지만, 아바스는 이미 나서야 할 때와 몸을 사려야 할 때를 분명히 알고 있었다. 그는 일단 자신을 낮추고 때를 기다렸다. 총독이 된 후, 아바스는 겉으로는 회화와 건축 설계에 마음을 쏟는 척하며 화가와 건축가들을 초청해 열심히 공부에 매진했다. 그러면서 몰래 소년들을 모아 군사 훈련을 하고 전술을 연구했다.

호다반다는 갈수록 시력이 나빠져서 나랏일을 처리할 수 없는 지경이 되었다. 다행히 그의 왕비이자 아바스의 어머니가 매우 유능해서 병약한 남편을 대신해 나랏일을 돌보았다. 그러나 1587년에 아바스의 어머니는 귀족들이 보낸 자객에게 암살당하고 말았다. 아바스는 이제 자신이 나설 때가 되었다고 느꼈다. 지금 나서지 않는다면 왕위는 다른 사람의 손에 들어갈 것이 분명했다.

아바스는 어머니의 장례를 치른다는 명분으로 시종들을 대거 이끌고 왕궁으로 가서 아버지를 강제로 퇴위시키고 스스로 사파비 왕조의 샤가 되었다(1587~1629년 재위).

권력을 다지다

왕위를 빼앗은 아바스는 가장 먼저 자신의 권력 기반을 다지는 일에 나섰다. 먼저 그는 어머니를 살해한 범인을 찾는다는 명분으로 자신에게 반대하던 대귀족들을 진압하는 한편, 자신의 지위를 위협

▼ 아바스 1세

아바스 1세는 이란 역사상 가장 위대한 군왕으로 손꼽히는 인물로 사파비 왕조는 그의 통치 시기에 최전성기를 맞았다. 아바스 1세는 회화와 방직, 원고 삽화 제작 등 분야를 매우 중요하게 생각해서 당시 예술의 발전에 크게 공헌했다.

▲ 아바스가 앉았던 왕좌

할 수 있는 남동생과 여동생을 추방했다.

당시 사파비 왕조의 최고 통치자는 샤였지만 대부분 지방의 실질적인 지배자는 대귀족이었다. 이들은 각 부족의 추장으로 저마다 어느 정도 군사력을 갖추고 엄연한 소왕국의 지배자로서 군림했다. 사파비 왕조가 정치적으로 오랫동안 안정되지 못한 것도 다 이 때문이었다. 아바스는 이 문제를 해결하기 위해 각 지방 추장이 보유한 병력을 줄였다. 이 조치로 야멸차게 채찍을 휘두른 아바스는 한편으로 귀족들을 달래기 위해 달콤한 당근을 준비했다. 그는 부족 추장, 관료 및 이슬람교 장로들로 구성된 중앙 최고 의회를 조직해 샤의 자문 기관으로 두었다.

귀족들은 이로써 중앙에서 권력을 얻었지만, 이 권력은 빛 좋은 개살구였다. 그들이 할 수 있는 일이라고는 샤에게 건의하는 것뿐이기 때문이다. 그런 상황에서 지방의 실권은 점점 아바스가 임명한 지방관에게 넘어갔다. 게다가 아바스는 자신이 임명한 지방관을 감독하는 관료를 따로 두어 각지의 상황을 자신에게 직접 보고하게 했다.

부강한 나라를 일구기 위해 아바스는 경제 발전에 박차를 가했다. 상업 발전을 위해 애쓴 상인들을 장려하고 많은 세금을 감면해주었으며, 상인들이 편하게 화물을 보관할 수 있도록 국고를 투자해서 무역로를 따라 많은 창고를 지었다. 아바스가 통치하던 시기에 서유럽 국가들은 열성적으로 전 세계에 무역로를 개척하고 있었다. 아바스는 이 서유럽 국가들과의 무역을 적극적으로 추진하고, 러시아에도 사절단을 보내 양국 간 무역을 희망했다. 이러한 아바스의 노력 덕분에 사파비 왕조의 국내 상업과 무역은 크게 발전했다. 상업의 번영에 따라 수공업도 발전하면서 경쟁력을 갖추었고, 이는 다시 국력을 강화하는 밑거름이 되었다. 1598년, 아바스는 전국을 더 쉽게 관리하기 위해 왕국의 수도를 나라 한가운데에 자리한 이스파한으로 옮겼다. 그리고 중앙에서 지방을 더 쉽게 관리할 수 있도록 중앙에서 각지로 통하는 도로를 건설했다. 한편, 이런 정치, 경제적 개혁보다 군사 부문 개혁의 중요성이 더 컸다. 아바스가 왕위에 오르던 시기에 사파비 왕조는 사면초가의 상황에 몰려 있었다. 국내에서는 귀족들이 반란을 일으키고 백성이 봉기를 일으켰다. 국외에서는 튀르크가 침략해왔고, 우즈베크족이 호라산을 점령했다. 일련의 개혁으로 국내의 정치 상황을 다소 안정시킨 아바스는 곧바로 군사 개혁에 온 힘을 쏟았다. 아바스는 주로 두 분야를 개혁하는 데 집중했다. 군대의 장비 수준을 높이고 또한 충성도를 강화하는 것이었다. 장비를 개혁하기 위해서 아바스는 영국인 셜리 형제를 초빙했다. 그들의 협력으로 사파비 왕조의 군대는 화승총과 대포를 보유하고 엄격한 훈련을 받은 새로운 군대로 거듭났으며 포병대가 주력 부대가 되었다. 그리고 아바스는 군대의 충성도를 높이기 위해 귀족이 군대 내에서 누리던 특권을 없애고, 다양한 계층을 군대에 받아들였으며, 모든 군대를 샤의 직속 부대로 두어 샤가 모든 권한을 손에 쥐도록 했다.

대외 정복

경제력과 군사력을 높인 사파비 왕조는 우즈베크와 튀르크에 복수할 날이 오기만 기다렸다. 1597년 봄, 아바스의 대군이 우즈베크족의 부하르칸국이 점령한 헤라트로 진군했다. 그리고 얼마 후 아바스 1세는 헤라트에서 부하르칸국의 압둘라칸 2세와 치열한 전투를 벌였다. 아바스의 대군은 용맹하고 협동심이 뛰어나 전투가 시작된 지 얼마 지나지 않아 승기를 잡았다. 전세가 아바스 1세 쪽으로 기운 것을 깨달은 압둘라 2세는 패잔병을 이끌고 도망쳤다. 그러자 아바스 1세는 여세를 몰아 호라산 전 지역과 헤라트를 되찾고, 적의 뒤를 쫓아가 아프가니스탄 서부 지역까지 손에 넣었다. 우즈베크칸 군을 격파한 아바스 1세는 이제 창끝을 숙적 오스만튀르크제국으로 향했다. 아바스는 먼저 외교 수단을 이용해 러시아와 서유럽 각국에 사절단을 파견해서 동맹을 맺길 희망했다. 다른 나라가 공격해 올 가능성을 없애 안심하고 튀르크를 포위 공격하기 위해서였다.

1603년에 튀르크 내부에서 반란과 내분이 일어나자 아바스는 마침내 튀르크로 진격할 때가 온 것을 깨달았다. 내부 문제로 혼란하던 튀르크는 갑작스러운 적의 공격에 황급히 군대를 조직해서 대항했다. 우루미에 호수 근처에서 격전을 벌인 끝에, 아바스는 6만여 병력으로 튀르크의 10만 대군을 이겼다. 이후 사파비 왕조의 군대는

사파비 왕조

사파비 왕조는 16세기 초에 튀르크인이 세운 왕조이다. 초대 왕 이스마일 1세의 통치 아래 사파비 왕조는 이란을 통일하고 영토를 지금의 아프가니스탄과 아제르바이잔 지역까지 넓혔다. 사파비 왕조는 건국 초기부터 이웃한 오스만튀르크제국과 갈등을 겪었다. 오랜 세월 서로 전쟁을 치르는 동안 사파비 왕조는 내내 오스만튀르크제국에 밀렸다. 그러나 아바스 1세가 즉위하면서 상황을 뒤집어 놓았다. 아바스 1세는 우즈베크족과 튀르크족의 기세를 꺾고 포르투갈의 손에서 호르무즈 해협을 되찾아 사파비 왕조의 최전성기를 일구었다.

더욱 맹렬하게 공세를 펼쳐 아제르바이잔, 아르메니아, 그루지야 동부와 바그다드 등을 점령했다. 10년에 걸쳐 긴 전쟁을 치른 끝에 사파비 왕조는 튀르크와 이스탄불 조약을 체결해 아바스가 점령한 땅을 모두 사파비 왕조의 영토로 인정받았다. 그러나 튀르크인은 쉽게 영토를 내어주지 않았다. 잠시 몸을 사리며 복수할 시간을 번 그들은 1616년에 다시 사파비 왕조와 전쟁을 벌였다가 참패를 당했고, 1623년에 바그다드를 침공했다가 패하고 물러났다.

아바스 1세는 무역로를 개척하고 페르시아 만 지역을 지배하기 위해 1601년부터 1602년까지 바레인 제도를 점령하고, 호르무즈 해협을 점령한 포르투갈을 쫓아내려 했다. 포르투갈은 1507년에 페르시아 만의 무역 요충지인 이 지역을 점령한 후로 계속 지배하고 있었다. 아바스는 그런 포르투갈에 맞서기 위해 당시 '떠오르는 태양' 영국을 찾았다. 영국은 17세기 초에 아시아 진출을 꾀하고 있었는데 이미 오래전에 이 지역을 차지한 포르투갈이 큰 걸림돌이었다. 같은

▼ 아바스 1세와 대신들이 공연을
  감상하고 있다.

목표가 생긴 아바스와 영국은 1623년에 연합해서 포르투갈을 몰아내고 호르무즈 해협 연안 지역을 차지했다. 이로써 사파비 왕조는 호르무즈 해협의 지배권을 되찾았다.

아바스는 대내외 정책을 통해 사파비 왕조를 중흥시키고 샤의 위엄도 확고히 다졌다. 그리하여 나라를 일으켜 세운 위대한 왕으로 역사에 기록되었다.

튀르크의 쇠락

오스만튀르크제국은 술레이만 1세 이후 줄곧 내리막길을 걸었다. 17세기에 겉으로는 여전히 강대국의 위용을 자랑했지만, 무능력하고 사치스러우며 방탕한 술탄들이 잇달아 왕위에 오르면서 망국의 조짐이 보이기 시작했다. 퇴폐적인 삶에 찌든 술탄들은 위대한 제국을 몰락의 구렁텅이로 밀어넣었다.

공포의 왕위 계승제

　1595년에 오스만튀르크제국에 메메드 3세(1595~1603년 재위)가 새로운 술탄으로 즉위했다. 메메드 3세는 어머니의 지시대로 제국의 법인 카눈에 근거해서 이복형제 열아홉 명을 죽였다. 카눈이란, 다른 왕위 계승제에서는 유례를 찾아보기 어려울 정도로 잔혹한 관습으로 술탄이 즉위한 후 왕위를 지키기 위해 모든 잠재적 위협을 제거할 목적으로 형제들을 전부 죽이는 것이었다.

　그러나 메메드 3세가 1603년 4월에 병으로 죽으면서 상황이 바뀌었다. 메메드 3세의 두 아들이 모두 너무 어려서 둘 중 하나를 죽였다가 남은 한 명에게 예기치 못한 일이 닥치면 왕실의 권력이 다른 자들의 손에 넘어갈 공산이 컸기 때문이다. 이런 상황을 막기 위해 새로 즉위한 아흐메드 1세는 대신들의 충고를 받아들여서 '카눈'을 따르지 않고 동생의 목숨을 살려주었다. 그러나 동생이 역모를 꾀하지 못하도록 제국의 관련 규정에 따라 동생을 궁 안 깊은 곳에 가두고 외부와 접촉하지 못하도록 했다.

▼ 술탄 이브라힘 1세가 개축한 이슬람교 사원

　1617년에 아흐메드 1세가 죽고 오랫동안 감금되어 있던 오스만 2세가 즉위했다. 이후 오스만튀르크제국의 왕위 계승은 부자 승계가 아닌 형제 승계로 바뀌었다. 오스만 2세 이후의 술탄은 모두 오랫동안 궁 안에 감금되어 있다가 풀려나 왕위를 계승했다. 시간이 흘러 '카눈'이 유명무실해진 지 오래였지만, 감금되어 있는 동안 왕자들은 술탄이 갑자기 마음을 바꿔 자신을 죽일지도 모른다는 생각에 두려움 속에서 하루하루를 보냈다. 예를 들면 이브라힘 1세가 그랬다. 술탄 무라드 4세가 세상을 떠나 궁에 갇혀 지내던 동생 이브라힘이 왕위를 잇게 되었다. 대신들이 이 소식을 알렸을 때, 이브라힘은 무라드 4세가 자신을 죽이려고 음모를 꾸민 줄로만 알았다. 그래서 공포에 질려 대신들이 들어오지 못하도록 창문과 문을 모두 잠가버렸다. 그러다 대신들이 술탄의 시체를 가져와서 사실을 확인시켜 준 다음에야 비로소 안심하고 밖으로 나와 술탄 이스마일 1세(1640~1648년 재위)가 되었다.

왕궁에 감금된 왕자들도 혼인은 물론 후비를 들일 수도 있었다. 하지만 왕자의 아내들은 모두 불임 수술을 받아야만 했다. 간혹 아기를 낳는 일도 있었지만, 아기가 태어나자마자 잔인하게 죽였다. 그래서 형의 뒤를 이어 술탄으로 즉위하는 왕자들은 대부분 자녀가 없었다. 게다가 그들은 오랫동안 감금 생활을 했기 때문에 국가 대사를 해결할 능력이 없었고 방탕한 삶을 즐기느라 국가 대사에는 관심조차 없는 경우도 많았다.

방탕한 제왕

감옥살이나 다름없는 감금 생활과 공포에서 벗어나 술탄이 된 왕자들은 제국의 최고 통치자라는 이름을 받았지만 무능력했고 마음의 병이 심각했다. 술탄이 되기 전까지 나랏일을 처리해본 경험이 없었기 때문에 각 분야의 문제를 어떻게 처리해야 할지 몰랐다. 그런 그들에게 복잡하고 어려운 국정을 운영하는 일은 고통에 가까웠다. 이 밖에도 지난날 너무 무료하게 지낸 것을 보상이라도 받으려는 듯 술탄이 된 후로는 마음 놓고 유흥을 즐겼다.

음주를 인생의 유일한 낙으로 여기고 온종일 술에 빠져 지낸 술주정뱅이 술탄, 잡기 공연에 빠져 광대를 궁으로 불러들여서 온종일 잡기 공연만 보고 광대 시합을 벌여 직접 심판을 본 술탄, 별자리에 빠져서 나라 안팎의 점성술사를 몽땅 궁으로 불러들여 별자리를 해석하는 술탄까지 하나같이 무능력하고 한심하기 짝이 없었다.

이 모든 이를 제치고 방탕함에서 따라올 자가 없던 술탄이 바로 이브라힘 1세였다. 이브라힘은 8년 동안 술탄의 자리에 있으면서 종종 제멋대로 엉뚱한 일을 벌였다. 그는 제국 의회가 열릴 때면 갑자

▲ 레판토 해전

1571년에 레판토 해전에서 오
스만튀르크제국 해군이 스페인
과 베네치아 연합군에 크게 패
해 지중해의 지배권을 잃었다.
이때부터 오스만튀르크제국은
내리막길을 걷기 시작했다.

기 그 자리에 참석한 관료들에게 함께 연회를 즐기자고 요청했다.
한번은 이런 일도 있었다. 이브라힘이 회의를 주재하는 대와지르[18]
를 부르더니 하렘의 주방에서 물을 끓이는 데 사용할 장작을 사오라
고 시켰다. 이 밖에도, 모피를 무척 좋아한 이브라힘은 전국 각지에
최상급 검은담비 모피를 진상하라고 명령하고 침실 바닥과 벽을 온
통 검은담비 모피로 장식했다. 이브라힘은 또 셀 수 없이 많은 처첩
과 시녀들이 있는 하렘에서 온종일 음탕한 행위를 하며 보냈다. 그
러나 이것은 흥이라고 할 것도 없었다. 어느 날 이브라힘은 하렘에
서 믿을 만한 사람을 뽑아 비밀 임무를 맡겼다. 바로 수도 이스탄불
에 있는 목욕탕을 돌아다니며 용모가 출중하고 몸매가 풍만한 소녀
를 찾아 그녀들이 목욕하는 자태에 대해 소상히 고하라는 것이었다.
그들의 묘사를 듣고 마음에 들면 무슨 수를 써서라도 그 소녀들을
궁으로 끌고 와 자신의 시중을 들게 했다. 이렇게 납치해 온 여성들
에게 싫증이 난 이브라힘은 심지어는 관료들의 부인과 딸에게까지
마수를 뻗쳤다.

술탄들이 이처럼 하나같이 퇴폐적인 삶에 빠져 정사를 돌보지 않
으니, 자연히 왕실의 여성들이 정치에 발을 들여놓기 시작했다.

18) 오스만튀르크제국에서 재상을 가리킨 명칭

▲ 자포로제 코사크인이 술탄 메 메드 4세에게 보내는 답장

16~18세기에 러시아에서 우크라이나 자포로제로 도망친 농노들이 형성한 군사 집단을 자포로제 코사크인이라고 불렀다. 그들은 주로 지주의 횡포를 피해 도망친 농노들로 상비군이 2만여 명에 달했고 용맹하며 싸움을 잘했다. 그들은 부자를 죽여 가난한 사람들을 도왔고 절대로 적에게 무릎 꿇지 않았다. 그래서 오스만튀르크제국의 술탄은 자포로제 코사크인에게 튀르크제국에 귀순하라고 권유했다. 그러나 코사크 용사들은 애국심이 남달랐기 때문에 술탄에게 귀순 권유를 거부하는 편지를 보냈다. 이 그림은 답장을 쓰는 장면을 묘사한 것으로, 코사크인들이 술탄을 조롱하는 편지 내용에 박장대소하고 있다.

여성, 정치를 주무르다

오스만튀르크제국 하렘의 최고 권력자는 술탄의 어머니와 왕비였다. 17세기 오스만튀르크제국 역사 중 약 30년은 여성이 정권을 잡고 최고 권력을 행사했다. 제국에서 가장 높은 관직인 재상 대와지르를 임명하는 일까지 관장할 정도로 그녀들은 강력한 권력을 휘둘렀다.

메메드 3세는 어머니 사피예 하툰에게 모든 권력을 맡겼다. 사피예는 메메드 3세의 아버지 무라드 3세가 총애한 부인이었다. 무라드 3세는 사피예의 말이라면 무엇이라도 들어주었기 때문에 권력을 탐한 무라드 3세의 어머니와 여동생에게 사피예는 눈엣가시나 다름없었다. 두 사람은 사피예의 권세를 약화시키기 위해 여색을 즐기는 무라드 3세에게 아름답고 애교가 많은 시녀들을 보냈다. 과연, 무라드 3세는 온종일 시녀들과 노느라 나랏일은 말할 것도 없고 사피예에게도 무관심해졌다. 평생 방탕한 생활을 즐긴 무라드 3세는 100명이 넘는 자식을 두었는데 이들은 각기 파를 나누어 음으로 양으로 권력을 다퉜다. 술탄의 자녀가 아무리 많아도 차기 술탄은 제국의

17세기 술탄 재위 연표

1595~1603년 메메드 3세
1603~1617년 아흐메드 1세
1617~1618년 무스타파 1세
1618~1622년 오스만 2세
1622~1623년 무스타파 1세
1623~1640년 무라드 4세
1640~1648년 이브라힘 1세
1648~1687년 메메드 4세
1687~1691년 술레이만 2세
1691~1695년 아흐메드 2세
1695~1703년 무스타파 2세

제도에 따라 사피예의 아들인 메메드 3세에게 계승될 수밖에 없었다. 훗날 왕위에 오른 메메드 3세는 형제들을 죽일 생각이 전혀 없었다. 그러나 술탄의 어머니인 사피예가 '카눈'에 따라 형제들을 죽일 것을 고집하는 바람에 어쩔 수 없이 형제 열아홉 명을 죽이게 되었다. 이후, 오스만튀르크제국의 술탄은 메메드 3세였지만 어머니인 사피예가 최고 권력자가 되었다. 이때부터 오랫동안 여인들의 정치 참여가 불문율이 되었다.

이브라힘 1세 때 권력의 중심이 완전히 하렘으로 넘어가 이브라힘의 어머니와 세 왕비가 대권을 장악했다. 그녀들은 이브라힘이 주색잡기에 빠져 계속 방탕한 생활을 하도록 내버려두었다. 그러던 1648년 3월, 이브라힘 1세의 아들이자 다음 왕위를 계승할 메메드 4세가 정변을 일으켜 술탄을 폐위하고 하렘에서 비밀리에 목 졸라 죽였다. 그러나 새로 즉위한 술탄 메메드 4세(1648~1687년 재위)도 아버지와 마찬가지로 나랏일은 내팽개치고 제멋대로 행동했다. 또한 주색잡기에 빠져 하렘에서 시간 가는 줄 모르고 종일 방탕한 삶을 즐겼다. 그리하여 메메드 4세의 어머니인 타르한이 그고 작은 나랏일을 모두 관장하게 되었다.

술탄이 나랏일을 돌보지 않고 방탕하고 사치스러운 생활을 즐긴 결과, 제국의 재정난이 심각해졌다. 그러나 정권을 잡은 여인들은 권력을 유지하기 위해 술탄이 아무리 사치와 낭비를 일삼아도 제지하기는커녕 오히려 더 부추겼다. 게다가 모후와 왕비들의 씀씀이도 결코 술탄에 뒤지지 않아서 국고는 점점 비어갔다. 술탄들은 사치스러운 생활을 유지하기 위해 각종 세목을 만들어 백성의 고혈을 짜냈다. 이 밖에도 술탄은 관리들에게 관직을 주는 대가로 진귀한 선물을 바치게 했다. 이 때문에 오스만튀르크제국의 관료들은 갈수록 부패했고, 매관매직이 성행했다. 술탄과 관료들의 수탈을 견디다 못한 백성이 결국 민란을 일으켰다. 이후 17세기 전반에 오스만튀르크제국에서는 수시로 민란이 일어나 제국의 몰락을 앞당겼다.

튀르크와 베네치아의 해전

오스만튀르크제국은 강력한 군사력으로 유럽 각국을 불안에 떨게 했다. 그러나 17세기 전반, 제국의 쇠락과 더불어 군사력도 크게 약화되었다. 이 점은 오스만튀르크제국과 베네치아의 해전에서 여실히 드러났다.

강적이 침략해오다

오스만튀르크제국의 술탄들이 정사를 돌보지 않고 향락에 빠져 지내면서 제국의 군대는 더 이상 발전하지 못하고 점점 침체했다. 특히 오스만튀르크제국이 자랑으로 여기던 해군은 그 상황이 심각했다. 오랫동안 전쟁이 벌어지지 않은 데다 훈련마저 게을리 한 탓에 전투력이 크게 약화되었는데, 이런 상황에서 튀르크와 역시 전성기를 넘기고 쇠락의 길로 접어든 베네치아공화국 사이의 갈등이 점점 심화되어 결국 전쟁이 일어났다.

1656년 초, 베네치아는 오스만튀르크제국 해군이 혼란에 빠진 절호의 기회를 놓치지 않고 대규모 함대를 파견해서 튀르크를 공격했

▼ 포카이아 전투

1649년에 베네치아는 네덜란드 해군과 연합하여 튀르크군을 크게 물리쳤다. 이때부터 베네치아는 오스만튀르크제국을 위협하기 시작했다.

다. 이에 오스만튀르크제국의 메메드 4세는 서둘러 적군에 대항할 해군 함대를 편성했다. 그런데 이때 해군 총사령관에 임명된 인물이 전투 경험이라고는 전혀 없는 부마 케난 파샤(Kenan pasha)였다. 6월 중순, 케난 파샤는 낙후된 무기와 턱없이 부족한 병력을 이끌고 수도 이스탄불에서 출발해 베네치아 함대가 머무르는 다르다넬스 해협으로 향했다.

오스만튀르크제국은 케난 파샤의 함대가 베네치아 함대를 크게 꺾고 승리를 거둘 것이라고 굳게 믿었다. 그러나 함대에 오른 튀르크 병사들은 하나같이 두려움에 떨었다. 그 때문에 긴 항해 도중에 스스로 목숨을 끊는 자도 있었고 언제 나타날지 모르는 베네치아 함대가 두려워 아무데나 대포를 쏘다가 아군의 함대를 맞추기도 했다. 게다가 설상가상으로 전염병까지 돌아서 목숨을 잃는 병사가 더 늘었다.

준비 없이 적을 맞다

1656년 6월 21일, 케난 파샤의 함대가 다르다넬스 해협에 도착했다. 드디어 그들의 시야에 가지런히 늘어선 베네치아 함대가 들어왔다. 이윽고 유럽 역사상 가장 큰 규모의 해전이 벌어졌다. 작전 경험이 없는 케난 파샤는 적군이 어떤 상태인지도 모르면서 무턱대고 선제공격을 할 전투 대형을 갖추라고 명령했다. 그러나 사전에 작전 시 항해 속도에 대한 지시를 받지 못한 오스만튀르크 해군 함선들은 제각기 다른 속도로 움직이기 시작했다. 당연히 오스만튀르크 해군 함대는 전투 대형을 갖추기는커녕 서로 엉망진창으로 뒤엉켜서 이러지도 저러지도 못하게 되었다. 이때 베네치아 함대는 그 틈을 놓치지 않고 두 줄로 늘어서서 아비규환에 빠진 튀르크 함대를 향해 돌진했다. 케난 파샤는 거침없이 물살을 가르며 접근하는 베네치아 함대를 발견하고 대형 전환을 멈추고 그 자리에서 적에 맞서라고 명령했다.

양국 함대의 거리가 점점 가까워지면서 포성이 울리고 화약 연기가 피어올랐다. 마침내 대해전의 막이 오른 것이다. 곧이어 총성과 귓전을 울리는 대포 소리, 병사들의 비명소리가 뒤섞이며 다르다넬스 해협은 아수라장으로 변했다. 시간이 갈수록 많은 병사가 죽어나갔고, 한 시간쯤 후에 비로소 승부가 갈리기 시작했다. 오스만튀르크제국의 함대는 더 이상 베네치아 함대의 맹공을 버텨낼 수 없었다. 그 와중에 총사령관 케난 파샤마저 중상을 입어 지휘할 수 없게 되자 오스만튀르크 해군 함대는 어찌할 바를 모르고 우왕좌왕했다. 결국, 튀르크 함대는 죽을힘을 다해 도망쳤다. 케난 파샤가 수도 이스탄불에 도착했을 때 무사히 돌아온 함선은 겨우 8척에 불과했고, 나머지 90여 척은 적의 포탄에 희생되고 말았다.

제국, 과오를 반성하다

베네치아 함대는 오스만튀르크 해군을 격파한 후 다르다넬스 해협의 섬 두 곳을 점령하고 더 나아가 오스만튀르크제국을 봉쇄했다. 이 소식이 이스탄불에 전해지자 패전 소식에 대한 튀르크인들의 놀라움과 분노는 어느덧 두려움으로 바뀌었다. 사람들은 하던 일을 접고 하나둘 이스탄불을 떠나기 시작했다.

사태가 심각해지는 것을 막고 백성을 진정시키기 위해 술탄은 희생양을 찾을 수밖에 없었다. 해군을 이끈 총사령관 케난 파샤가 가장 적당한 제물이었지만, 자신의 매부를 죽일 수는 없는 노릇이었다. 그래서 대신에 케난 파샤를 총사령관에 추천한 사람을 파직했다. 그리고 그는 파직된 지 얼마 안 되어 암살되었다. 그의 죽음으로 백성의 분노는 일시적으로 누그러졌지만, 그 후에 달라진 것은 아무것도 없었다. 술탄 메메드 4세는 여전히 여색과 사냥에 빠져 지냈고 대신들은 권력 다툼을 하느라 바빴다. 이때, 일부 지식인들이 제국을 되살리려면 술탄에게 무언가를 기대하지 말고 나라를 잘 다스릴 수 있는 뛰어난 대와지르를 선출해야 한다고 생각했다.

베네치아의 곤돌라

17세기에 베네치아는 경제도 빠르게 발전했지만 물에 둘러싸인 환경으로 해군력도 막강한 편이었다. 오늘날 베네치아는 아름다운 수상 도시로 수많은 관광객을 끌어들이고 있으며, 전쟁은 이미 베네치아와 상관없는 이름이 된 지 오래다. 베네치아에는 곤돌라라고 하는 매우 독특한 교통수단이 있다. 곤돌라는 앞코가 뾰족한 배로 날렵하고 정교하며, 서기 11세기 무렵에 처음으로 만들어져 이후 베네치아의 대표적인 교통수단으로 이용되었다. 수많은 여행자가 베네치아에 가서 곤돌라를 타고 이곳저곳을 여행하고 싶어 한다.

명재상 쾨프륄뤼 가문

사람들은 사면초가에 빠진 오스만제국을 구할 유능한 대와지르를 기대했다. 그리하여 쾨프륄뤼 가문에서 몇 대에 걸쳐 대와지르를 배출했다. 그러나 그들 가운데 진정으로 나라를 위해 공을 세운 인물은 메흐메드 쾨프륄뤼와 아흐메드 쾨프륄뤼 부자였다. 두 사람이 전심전력을 쏟은 덕분에 오스만제국은 잠시나마 생기를 되찾았다.

대와지르의 길

오스만튀르크의 비상

오스만튀르크는 오구즈계 튀르크인이 세운 나라이다. 13세기 중엽에 오스만튀르크의 시조인 에르투그룰이 롬 술탄국에서 튀르크계 부족 일부의 통수권을 넘겨받고 비잔틴 영토를 빼앗기 시작했다. 이후 에르투그룰의 아들인 오스만의 통치 시기에는 롬 술탄국이 몽골의 공격을 받아 멸망했다. 1300년에 오스만은 정식으로 독립을 선포했다. 그러나 이때는 고정적인 수입원도, 정상적인 행정 관리 제도도 없이 그저 약탈로 명맥을 유지하는 정도에 불과했다. 1326년, 오스만의 아들 오르한(1326~1360년 재위)이 즉위하면서 자신을 술탄이라고 불렀다. 그 후 오르한과 그의 계승자들은 줄기차게 전쟁을 일으켜 오스만제국의 영토를 넓혀 갔고, 그 결과 유럽과 아시아, 아프리카 세 대륙에 걸쳐 마지막 대제국을 건설했다.

다르다넬스 해전에서 참패한 후, 제국의 지식인들은 문제의 원인을 되짚기 시작했다. 그들은 뛰어난 대와지르를 뽑아서 눈앞에 닥친 위기를 극복하고 다시 대제국의 풍모를 되찾길 바랐다. 수차례 국무회의를 개최해 대와지르를 선출하기 위해 열띤 토론을 벌였지만, 결론을 내리지 못했다. 결국, 메메드 4세(1648~1687년 재위)의 어머니이자 대권을 장악한 타르한이 적극적으로 지지한 메흐메드 쾨프륄뤼(?~1661)가 국무회의의 승인을 얻어 오스만튀르크제국의 대와지르로 선출되었다.

메흐메드 쾨프륄뤼는 평범한 가문에서 태어나 어린 시절에 왕궁의 주방에서 주방장 보조로 일하기 시작했고, 영리하고 일도 잘한 덕분에 곧 주방장이 되었다. 그는 성실하고 겸손했으며 묵묵히 제 할 일을 충실히 했다. 그를 아는 사람이라면 누구나 호감을 느끼고 칭찬을 아끼지 않았다. 이후 메흐메드는 우연히 술탄의 측근 후스레를 알게 되었고 그의 신임을 얻었다. 후스레는 대와지르에 임명되자 메흐메드 쾨프륄뤼를 기용해서 관직과 함께 아나톨리아에 영지를 주었다. 이에 메흐메드 쾨프륄뤼는 충성을 다해 후스레를 보필했다. 그러나 둘의 인연은 오래가지 못했다. 얼마 지나지 않아 후스레가 궁정에서 술탄에게 반기를 들려는 군사 정변에 가담했는데 사전에 술탄 메메드 4세에 발각되었기 때문이다. 제국에서 추방당한 후스레는 자객에게 살해당하고 말았다. 이때 메흐메드 쾨프륄뤼는 이미 쉰이 넘은 나이였다. 든든한 버팀목을 잃었지만, 그는 맥없이 주저앉지 않고 전과 다름없이 최선을 다해서 임무를 수행했다. 새로 임명된 대와지르는 행정 능력도 뛰어난 데다 결코 부패 관료들과 손잡지 않는 메흐메드를 깊이 신뢰했다. 새 대와지르에게도 신임을 받은 메흐메드는 왕실 수비대장이 되었고, 예순 즈음에는 지방 총독으로 임명되었다.

메흐메드 쾨프륄뤼는 총독 재임 기간에 보여준 뛰어난 행정 능력을 인정받아 와지르로 임명되었다. 이리하여 수도 이스탄불로 돌아가게 된 메흐메드는 드디어 중앙 정부의 정책을 제정하는 데 참여하게 되었다. 그러나 국정 운영과 관련해 사사건건 대와지르와 마찰을 빚어서 대와지르의 미움을 사는 바람에 아나톨리아로 추방되고 말았다. 1656년 초, 메흐메드 쾨프륄뤼는 신임 대와지르의 시종이 되어 다시 이스탄불로 돌아가게 되었다. 그리고 이때부터 그는 순풍에 돛 단 듯 순탄한 인생길을 걸었다. 1656년 9월에 자신이 모시던 대와지르를 대신해 대와지르에 임명되었기 때문이다.

부정부패를 척결하다

대와지르에 임명된 메흐메드 쾨프륄뤼는 정치 경험이 풍부했고 지략이 뛰어났다. 그는 대와지르라는 지위가 모래성처럼 무너지기 쉽고 정책을 추진하는 데 숱한 장애물이 존재한다는 사실을 잘 알고

◀ 튀르크 귀족 집회
튀르크 귀족들은 여가에 함께 모여서 유흥을 즐기거나 이야기를 나누었다.

▲ 동서양 국가들의 사절단이 오스
만제국의 술탄을 알현하고 있다.

있었다. 그래서 대와지르에 임명되기 전에 술탄 메메드 4세와 황태
후 타르한에게 네 가지 조건을 요구했다. 첫째, 대와지르의 동의를
거치지 않고 술탄 마음대로 명령을 내리거나 법령을 비준할 수 없
다. 둘째, 다른 대신과 관리들이 마음대로 권력을 행사할 수 없다.
셋째, 대와지르의 관리 임용에 대해 술탄을 비롯해 왕족, 귀족들이
간섭할 수 없다. 넷째, 대와지르를 비방하거나 모함하는 자가 있더
라도 술탄은 거짓 모함에 속아 넘어가서는 안 된다. 황태후 타르한
은 메흐메드 쾨프륄뤼의 조건을 받아들였다. 그녀도 제국의 몰락을
바라지는 않았기 때문이다. 그러자 술탄 메메드 4세는 황태후가 찬
성한 마당에 자신이 반대해도 소용없다는 사실을 깨닫고 메흐메드
쾨프륄뤼의 요구 사항을 모두 수용하겠다고 선포했다. 이렇게 해서
메흐메드 쾨프륄뤼는 대와지르가 되어 탁월한 지도력을 발휘하기

시작했다.

메흐메드 쾨프륄뤼의 통치 방법은 매우 간단했다. 바로 부정부패를 척결해 모든 관리가 오직 나라를 위해서 헌신하게 하는 것이었다. 메흐메드 쾨프륄뤼는 개혁은 좋은 방법이 아니라고 생각했다. 이슬람 국가에서는 '개혁'을 부정적으로 보기 때문에 무리하게 개혁을 추진했다가는 이슬람 율법을 어겼다고 공격받을 것이 분명했다. 메흐메드 쾨프륄뤼는 그처럼 섶을 지고 불 속에 뛰어드는 모험은 하고 싶지 않았다. 그 대신 부정부패를 일삼고 직분에 충실하지 않은 관리들을 처단하는 데 모든 힘을 기울였다. 그는 16세기의 위대한 술탄 술레이만 대제가 제정한 법전대로만 따르면 제국을 되살릴 수 있다고 믿었다. 당시 오스만튀르크제국의 관리들은 심각하게 부패해 있었다. 그래서 메흐메드 쾨프륄뤼는 먼저 본보기로 고위직 관리 몇 명을 처단하기로 했다. 그는 해군 사령관과 근위군 사령관을 파면하고 법에 따라 처벌했으며, 황태후 타르한의 고문이자 악명이 자자했던 환관의 우두머리를 처단했다. 이렇게 고위직 관리들을 가차없이 처단해서 지방 관리들에게 두려움을 심어주고 나서, 메흐메드 쾨프륄뤼는 모든 관리의 뒷조사를 하기 시작했다. 그는 대와지르로 있던 5년 동안 불법 자행, 부정부패, 매국 행위 등의 죄명으로 관리 및 군인, 성직자를 무려 3만 명이나 처형했다.

메흐메드 쾨프륄뤼의 부패 관료 척결 조치는 큰 효과를 거두어 얼마 지나지 않아서 각지 관리 대부분이 맡은 일에 최선을 다하기 시작했다. 이로써 심각한 부정부패와 재정 문제가 동시에 해결되어 일거양득의 효과를 거두었다.

영토 확장

관리들의 기강을 다잡고 정치 기반을 다진 후, 메흐메드 쾨프륄뤼는 국내외의 적들에게 눈을 돌렸다. 내부적으로는 1657년부터 1658년까지 아나톨리아 총독 하산 파샤가 무장 반란을 일으켰다. 그가 제국의 정치, 경제를 개혁하고 과거 제국의 영광을 되찾겠다며 선동하자 백성은 물론 일부 관리까지 반란에 가담했다. 이에 메흐메드 쾨프륄뤼는 주저 없이 군대를 동원해 반란을 진압하고, 당근과 채찍을 적절히 써가면서 반란에 가담했던 관리들의 마음을 돌렸다. 그 결과 하산 파샤의 세력은 급속히 약화되어 얼마 지나지 않아 정부군에 평정되었다. 메흐메드 쾨프륄뤼는 하산 파샤를 비롯해 반란에 가담한 사람 대부분을 참수하고, 이후 제국의 안위를 위협할 이들에게 경고할 목적으로 그들의 목을 이스탄불 성문 앞에 걸어 두었다.

내부 반란을 평정한 메흐메드 쾨프륄뤼는 외국에 점령당한 두 섬을 되찾기 위해 파병을 결심했다. 먼저 작전 경험이 풍부한 인물을 해군 총독에 임명하고, 전쟁에 대비해 군사 훈련을 했다. 이어서 베네치아 해군이 방심한 틈을 타 다르다넬스 해협에 해군을 급파해서 베네치아에 전쟁을 선포했다. 1657년 8월, 오스만튀르크제국의 함대는 두 달에 걸쳐 맹렬하게 포격을 가한 끝에 잃었던 영토를 되찾고 수도 이스탄불에 드리웠던 어둠의 그림자를 말끔히 걷어냈다. 메흐메드 쾨프륄뤼는 베네치아에 점령당한 두 섬을 되찾아 이스탄불을 얽어매던 족쇄를 풀었다. 이 일로 메흐메드 쾨프륄뤼는 온 나라 사람이 모두 아는 유명인이 되었고 나라를 구한 영웅으로 백성의 존경과 사랑을 한몸에 받았다.

베네치아가 점령했던 섬을 되찾은 것은 시작에 불과했다. 메흐메드 쾨프륄뤼는 제국 군대의 사기가 하늘을 찌르는 것에 고무되어 술레이만 대제의 위업을 이어받아 영토를 확장하고자 했다. 그 첫 번째 목표는 트란실바니아였다. 트란실바니아는 헝가리와 폴란드로 가는 관문이자 오스만튀르크제국이 중유럽으로 나가는 발판이 될 전략적 요충지로, 15세기 중엽부터 제국의 지배를 받았다. 그런데 오스만튀르크제국이 점차 쇠락해가자 자국 영토에 거주하는 튀르크인을 몰아내고 폴란드마저 집어삼키려고 했다. 메흐메드 쾨프륄뤼는 점점 강성해지는 눈앞의 적 트란실바니아를 꺾어야겠다고 결심했다. 그는 먼저 트란실바니아의 왕위 계승자 한 명을 지원해 트란실바니아에 내부 분열이 일어나도록 조장했다. 그런 다음, 트란실바니아 국왕인 조지 2세 게오르게 라코치가 무력으로 경쟁자를 제압하려고 하자 정의를 수호한다는 명분으로 그와 격렬한 전투를 벌였다. 오스만튀르크제국 병사들은 목숨을 내던지고 싸웠고 병력도 적보다 우세했기 때문에 곧 승부가 갈렸다. 조지 2세의 군대는 크게 패했고, 조지 2세도 전투 중에 중상을 입어 전사했다. 이후 트란실바니아는 오스만튀르크제국에 무조건 공납을 바치겠다고 선포하고 제국의 군대가 트란실바니아 내 군사 요충지에 주둔하도록 했다.

메흐메드 쾨프륄뤼는 트란실바니아와의 전투를 승리로 장식하여 실추되었던 제국의 이미지를 회복시켰다. 그러나 1661년 10월에 뛰어난 명재상 메흐메드 쾨프륄뤼는 병으로 세상을 떠났다. 그리고 그의 아들 아흐마드 쾨프륄뤼가 아버지의 뒤를 이어 대와지르가 되었다.

아버지의 뒤를 잇다

메흐메드 쾨프륄뤼는 죽기 전에 자신의 아들 아흐메드 쾨프륄뤼를 대와지르에 천거했다. 이때 아흐메드 쾨프륄뤼는 스물여섯 살에 불과했지만, 훌륭한 아버지를 둔 덕에 술탄 메메드 4세의 임명을 받아 순조롭게 대와지르가 된다. 아흐메드 쾨프륄뤼는 어려서부터 아버지를 따라다니며 영욕의 세월을 함께했기에 노련한 정치가들보다 정치적 감각이 더 뛰어났고 능력도 두말할 나위가 없었다. 그러나 오로지 강력한 수단으로 나라를 다스린 메흐메드 쾨프륄뤼와 달리 아흐메드 쾨프륄뤼는 강약을 조절할 줄 알았다. 그는 사람의 마음을 사기 위한 당근과 두려움을 심어주기 위한 채찍을 시기적절하게 사용했다. 그뿐만 아니라 메흐메드보다 훨씬 뛰어난 군사 지도자의 면모를 보이며 대외 정복 전쟁에서 잇달아 큰 공을 세웠다.

1663년 6월, 아흐메드 쾨프륄뤼는 20만 대군을 지휘하여 오스트리아 합스부르크 왕가를 공격했다. 1년 동안 오스만제국군은 가는 곳마다 승전보를 울렸다. 1664년 7월, 오스트리아 합스부르크 왕가가 아흐메드 쾨프륄뤼에게 협상을 요청했다. 그러자 오스만제국은 합스부르크 왕가가 통치하는 영토 일부와 공납을 요구했다. 이에 오스트리아는 발등에 떨어진 급한 불을 끄기 위해 오스만제국의 요구를 받아들였다. 그러나 그것도 잠시, 그들은 금세 결정을 번복했다. 이렇게 오스트리아가 신의를 지키지 않은 것에 분노한 아흐메드 쾨프륄뤼는 오스트리아 합스부르크 왕가를 철저히 짓밟겠다고 결심했다. 그러나 오스만튀르크제국의 힘이 지나치게

▼ 튀르크 대와지르가 외국 사신을 접견하는 장면

메흐메드 쾨프륄뤼를 시작으로 그의 후손 중 많은 사람이 대와지르에 오른다. 그들은 튀르크 제국의 주요 정치 세력으로 튀르크 정국을 좌우지했다.

강해질 것을 두려워한 독일과 프랑스 등 유럽 국가들이 오스트리아 합스부르크 왕가를 지원하고 나섰다. 수많은 유럽 국가의 연합 공격에 밀린 오스만튀르크제국은 결국 합스부르크 왕가와 평등하게 바즈바르 평화 조약을 체결했다.

오스트리아 합스부르크 왕가와의 전쟁을 끝낸 아흐메드 쾨프륄뤼는 크레타 섬으로 눈을 돌렸다. 크레타 섬은 지중해에 자리한 전략적 요충지로 당시 베네치아가 지배하고 있었다. 그런데 수시로 해적들이 나타나 오스만튀르크제국의 선박을 약탈해서 크레타 섬으로 가져가는 바람에 제국의 무역은 심각한 타격을 받게 되었다. 이에 아흐메드 쾨프륄뤼는 직접 대군을 이끌고 크레타 섬을 공격해서 3년 후인 1669년 3월에 드디어 크레타 섬을 손에 넣었다.

크레타 섬을 장악하고 얼마 지나지도 않았는데 혈기왕성한 아흐메드 쾨프륄뤼는 폴란드를 넘보기 시작했다. 당시, 과거에 폴란드의 지배를 받은 적이 있는 일부 코사크인은 폴란드의 지배에서 벗어난 후에도 다시 폴란드에 정복당할까 봐 전전긍긍하고 있었다. 그러던 중 1672년 3월에 코사크의 우두머리가 이스탄불로 와서 오스만튀르크제국에 보호를 요청했다. 그러자 아흐메드 쾨프륄뤼는 술탄의 동의를 얻어 코사크인의 우두머리를 우크라이나 총독에 임명했다. 하지만 이때 우크라이나는 폴란드가 지배하고 있었기 때문에 폴란드가 이에 반발할 것은 불 보듯 빤한 일이었다. 예상대로 폴란드가 강력하게 항의하자, 아흐메드 쾨프륄뤼는 대군을 이끌고 카미에니에츠 포돌스키와 르비프를 공격해서 폴란드를 항복시켰다. 그리고 이로 말미암아 폴란드는 오스만튀르크제국에 포돌리아와 우크라이나를 할양하고 더불어 매년 엄청난 양의 금화를 바쳐야 하게 되었다. 그런데 막상 폴란드가 제때 조공을 바치지 않자, 아흐메드 쾨프륄뤼는 군대를 이끌고 곧장 폴란드로 향했다. 오스만튀르크제국의 맹렬한 공격을 받은 폴란드는 결국 백기를 흔들 수밖에 없었다. 1676년 9월, 폴란드가 먼저 오스만튀르크제국에 조약의 체결을 요청했고 공식적으로 포돌리아와 우크라이나를 오스만튀르크제국에 넘겨주었다.

영웅, 요절하다

1676년 말, 아흐메드 쾨프륄뤼가 향년 서른여덟 살에 안타깝게 요절했다. 그 후 아흐메드의 매부 카라 무스타프 파샤가 대와지르에 임명되었다. 그 역시 유능하고 포부가 큰 젊은이였으며, 쾨프륄뤼 부자가 정한 방침대로 나라를 통치하고자 노력했다. 그러나 뛰어난 업적을 세운 두 사람에 비하면 결과가 실망스러웠다.

1683년, 오스만튀르크 군대가 유럽 기독교 연합군과의 전투에서 크게 패했다. 그러자 제국의 간신들은 이 모든 책임을 카라 무스타 프 파샤에게 뒤집어씌웠다. 당시 술탄도 쾨프륄뤼 부자를 믿었던 것 만큼 그를 전적으로 신뢰하지 않았다. 결국 카라 무스타프 파샤는 교수형에 처해졌고, 이후 제국의 간신들이 대권을 노리고 활개치기 시작했다. 그 후에도 쾨프륄뤼 가문은 대와지르를 몇 명 더 배출했 다. 그들은 모두 무난하게 정무를 처리할 만큼 유능했지만, 역시 쾨 프륄뤼 부자가 이룬 업적을 뛰어넘지는 못했다. 이로써 오스만튀르 크제국의 몰락은 피할 수 없는 운명이 되었다.

▼ **기독교 연합군이 빈으로 진격 하다**
1683년에 튀르크의 빈 포위 공 격이 실패로 돌아갔다. 이는 유 럽에서 오스만튀르크제국의 영 토 확장에 제동이 걸렸음을 뜻 했다.

도쿠가와 이에야스

도쿠가와 이에야스는 일본의 전란 속에서 성장해 권력의 정점에 올라선 인물이다. 도요토미 히데요시가 죽은 후, 도쿠가와 이에야스는 세키가하라 전투에서 경쟁자들을 제거했다. 그리고 세이이 다이쇼군(정이대장군)이 되자 오사카 전투를 일으켜 후환을 없애버렸다. 그가 세운 도쿠가와 막부는 일본 막부 시대의 최후를 장식했다.

도요토미 히데요시와의 전쟁과 화해

1543년, 도쿠가와 이에야스는 일본 각지의 다이묘들이 천하를 다투던 전국 시대에 태어났다. 도쿠가와 이에야스의 아버지 마쓰다이라 히로타다는 그렇게 할거한 세력 중의 하나였다. 그래서 도쿠가와 이에야스는 어려서부터 천하를 노리는 자들 간에 서로 죽고 죽이는 세력 싸움을 보면서 자랐다. 1549년에 마쓰다이라 히로타다가 부하에게 암살당하고 어린 도쿠가와 이에야스는 이마가와 가문에서 인질 생활을 하게 되었다. 그러던 1560년에 이마가와의 수장 이마가와 요시모토가 오다 노부나가와의 전투 중에 사망했다. 그러자 성인이 된 도쿠가와 이에야스는 이를 기회로 인질 생활에서 벗어나 아버지가 다스렸던 오카자키 성으로 돌아가서 성주가 되었다.

당시 도쿠가와 이에야스는 세력이 보잘것없었기 때문에 일단 오다 노부나가에게 가서 의탁했다. 오다 노부나가와 손을 잡은 후, 도쿠가와 이에야스는 세력이 점점 커졌고 오다 노부나가의 신임도 갈수록 깊어졌다. 전국 통일을 눈앞에 둔 1582년 6월에 오다 노부나가가 부하에게 살해당하는 일이 벌어졌다. 도성은 순식간에 혼란에 휩싸였고, 그에게 패해 숨죽이며 지내

▼ 고대 일본인의 생활 모습

던 다이묘들이 이때를 틈 타 너도나도 들고 일어났다.

치열한 전투가 전국을 불사른 후, 오다 노부나가의 신임을 받던 장수 도요토미 히데요시가 두각을 나타내며 패자가 되었다. 그런데 도요토미 히데요시는 이제 겨우 두 살이 된 오다 노부나가의 손자를 그의 계승자로 세우고, 이미 성년인 다른 두 아들의 계승 자격은 박탈했다. 이는 오다 노부나가의 손자를 허수아비 주군으로 세워서 자신이 모든 권력을 쥐겠다는 뜻이었다. 오다 노부나가의 차남 오다 노부카스와 삼남 오다 노부타카는 이에 크게 불만을 터뜨리며 도요토미 히데요시에게 반발해 군사를 일으켰다.

도요토미 히데요시는 먼저 오다 노부타카를 단번에 제압하고, 그에게 물에 뛰어들어 자살할 것을 강요했다. 이로써 동생이 참혹한 죽음을 맞자 오다 노부카스는 자신의 상황이 불리하다는 것을 깨달았다. 그래서 그는 도쿠가와 이에야스를 떠올리고 그에게 사람을 보내 자신의 아버지에게 입은 은혜를 생각해서 자신을 도와달라고 요청했다. 이에 도쿠가와 이에야스는 오다 노부카스의 편에 섰다.

오래지 않아 오다 노부카스와 도쿠가와 이에야스의 연합군은 도요토미 히데요시의 군대와 맞붙게 되었다. 이때 도쿠가와 이에야스는 귀신같은 용병술로 도요토미 히데요시의 군대를 무찔러 전국에 이름을 떨쳤다. 그러나 한 번의 승리로는 이미 기울어진 대세를 뒤집을 수 없었다. 게다가 도쿠가와 이에야스의 수많은 부하가 도요토미 히데요시에게 매수되어 잇달아 적에게 투항하면서 도쿠가와 이에야스군은 전력에 큰 타격을 입었다. 상황을 면밀하게 분석한 도쿠가와 이에야스와 오다 노부카스는 지금의 난관을 벗어나려면 도요토미 히데요시와 강화를 맺는 길밖에 없다고 결론을 내렸다. 그리하여 1586년에 도쿠가와 이에야스가 도요토미 히데요시에게 정식으로 항복했다. 하지만 도요토미 히데요시는 의심을 거두지 않았고, 도쿠가와 이에야스도 계속 굴욕적인 삶을 살 수는 없다고 생각해 일단 몸을 낮추고 전세를 뒤집을 기회만 기다렸다.

1598년, 도요토미 히데요시가 병사해 그의 외아들 도요토미 히데

▲ 도쿠가와 이에야스
그림 속 도쿠가와 이에야스(1543~1616)는 궁정 복장을 입은 채 정좌하고 있다.

요리가 뒤를 이어서 세이이 다이쇼군이 되었다. 이때, 도쿠가와 이에야스는 회심의 미소를 지었다. 드디어 그토록 기다리던 때가 온 것이다.

세키가하라 전투

도요토미 히데요리는 아버지의 자리는 이어받았으나 아버지만큼의 권위가 없었다. 이에 정국은 다시 혼란에 휩싸였고, 도쿠가와 이에야스도 그 틈을 타고 서서히 본심을 드러냈다. 도요토미 히데요시는 다이묘들이 혼인을 통해 세력을 키우지 못하도록 상호 간 혼인을 엄격히 금지했다. 그러나 그가 죽자마자 도쿠가와 이에야스는 세력이 큰 다이묘들과 혼인을 맺었고, 수하의 장수들에게 수시로 상을 내려 충성심을 고취했다. 이에 도요토미 가문을 따르는 충직한 다이묘들은 도쿠가와 이에야스와의 전투에 대비해 만반의 준비를 마쳤다.

1600년 6월, 도쿠가와 이에야스는 강력한 다이묘 중 한 명인 우에스기 가케가츠가 모반을 일으켰다는 소식을 들었다. 우에스키 가케가츠가 군사와 말을 모으고 군사 훈련을 한다는 보고였다. 도쿠가와 이에야스는 이 기회에 가장 강력한 경쟁자를 제거하기로 마음먹고 서둘러 도요토미 히데요리를 찾아갔다. 그는 많은 선물을 바치며 정의를 수호한다는 명분을 내세워 우에스키 가케가츠를 토벌하는 것을 허락해달라고 요청했다. 이리하여 도쿠가와 이에야스가 우에스키 가케가츠를 토벌하기 위해 동진할 때, 도요토미 가문을 따르는 충직한 다이묘인 이시다 미츠나리, 오오타미 요시츠쿠 등도 군사를 모아 서군을 형성하고 도쿠가와 이에야스를 토벌하러 나섰다. 그들도 도쿠가와 이에야스가 모반을 꿈꾼다는 이유를 내세웠다. 1600년 7월 하순, 서군이 과거에 도쿠가와 이에야스가 머물던 후시미 성을 공격하여 서군과 도쿠가와 이에야스 측 동군 간에 대치전이 시작되었다. 당시 후시미 성을 지키던 장수는 도쿠가와 이에야스의 부장 도리이 모토타다였다. 그는 규모로 보아 도저히 상대가 되지 않을 적이 물밀듯이 밀려오는 데도 전혀 두려워하지 않고 결사적으로 항전했다. 결국, 서군은 12일 동안 쉬지 않고 맹공을 퍼붓고서야 비로소 후시미 성을 함락할 수 있었다. 성문이 열리는 순간, 도리이 모토타다는 "주군, 무운을 빕니다!"라고 외치며 장렬히 전사했다.

후시미 성을 함락한 서군은 동쪽으로 계속 진군했다. 그러나 함락한 성이 늘어날수록, 특히 오가키 성을 함락한 후로 서군의 진군 속도는 현저히 느려졌다. 서군이 늑장을 부린 덕분에 도쿠가와 이에야스는 충분한 시간을 벌 수 있었다. 도쿠가와 이에야스는 먼저 에도를 건설하고 서군과 정면 충돌할 것에 대비해 대군을 양성했다. 9월, 서군과 동군의 결전의 막이 올랐다. 이시다 미츠나리와 오오타니 요시츠쿠는 오가키 성을 근거지로 삼아 동군이 오기를 기다렸다. 그러나 공성전보다는 야전에 능한 도쿠가와 이에야스는 오가키 성에서 그리 멀지 않은 세키가하라를 격전지로 삼았다.

세키가하라는 사방이 산으로 둘러싸이고 수십 킬로미터에 달하는 넓은 평원으로 야전을 치르기에는 안성맞춤인 곳이었다. 그러나 오가키 성에서 결전을 치르기로 마음을 굳힌 서군이 굳이 세키가하라까지 진격해서 동군과 싸울 리 없었다. 그래서 도쿠가와 이에야스는 적을 유인하는 전술을 꾸몄다. 9월 15일, 도쿠가와 이에야스는 동군에게 은밀히 오사카 쪽으로 이동해서 오사카를 공격하는 척하라는 명령을 내렸다. 오사카로 진격하려면 반드시 세키가하라를 지나야 했다. 그리고 도쿠가와 이에야스는 한편으로 동군이 오사카를 습격하려 한다는 정보를 일부러 서군에 흘렸다. 공성전을 준비하던 서군은 이 좋은 기회를 놓칠 수 없다고 생각하고 도쿠가와 이에야스를 습격할 부대를 정비해 세키가하라로 진격할 준비를 했다. 어둠이 내리고 짙은 안개가 낀 세키가하라에서 드디어 동군과 서군이 충돌했다. 이때 하늘은 도쿠가와 이에야스의 손을 들어주었다. 도쿠가와 이에야스군의 병력이 서군보다 훨씬 많은 데다 전투 중에 서군의 요시카와 히로이에가 아군을 배신하고 병력을 움직이지 않았기 때문이다. 게다가 고바야카와 히데아키도 도쿠가와 이에야스의 편에 서면서 승리의 저울은 동군 쪽으로 기울었다. 며칠 동안 격전을 치른 끝에 동군은 값진 승리를 거두었고, 이시다 미츠나리 등을 생포하여 참수했다.

전쟁이 끝난 후, 도쿠가와 이에야스는 서군에 가담한 다이묘들의 영지를 몰수해서 부장들과 나누어 가졌다. 이로써 도요토미 히데요리 세력은 완전히 꺾이고 일본은 도쿠가와 이에야스의 천하가 되었다. 그리고 1603년에 도쿠가와 이에야스는 세이이 다이쇼군이 되어 도쿠가와 막부(1603~1867)를 열고 전국의 통치자가 되었다.

일본 역사상 3대 막부

일본 역사를 통틀어 세 개의 막부가 존재했다. 막부란 쇼군이 실질적으로 전국을 통치하고 천황은 이름뿐인 국가의 우두머리 역할만 한 무사 정권을 일컫는다. 1192년에 미나모토노 요리토모가 가마쿠라 막부를 세웠고 1333년에 가마쿠라 막부 시대가 끝났다. 1336년에 아시카가 다카우지가 무로마치 막부를 세웠는데, 그의 성을 따 아시카가 막부라고도 불렀다. 그러나 무로마치 막부에서 가장 유명한 인물은 막부를 세운 아시카가 다카우지가 아니라 3대 쇼군 아시카가 요시미츠였다. 1573년에 무로마치 막부의 마지막 쇼군이 오다 노부나가에 의해 유배되면서 무로마치 막부 시대는 막을 내렸다. 그리고 1603년에 도쿠가와 이에야스가 세운 도쿠가와 막부가 메이지 유신 때 무너지면서 일본 역사상 마지막 막부로 기록되었다.

오사카 전쟁

도쿠가와 이에야스는 2년 동안 쇼군의 자리를 지킨 후 자신의 아들 도쿠가와 히데타라에게 물려주었다. 이는 도쿠가와 가문이 다이쇼군의 직위를 세습한다는 것을 의미했다. 도쿠가와 이에야스는 정권을 장악하고 나서도 도요토미 히데요리의 존재가 마음에 걸렸다. 그래서 그는 도쿠가와 막부의 안위를 위해 반드시 후환을 없애야 한다고 결심했다. 도쿠가와 이에야스는 세이이 다이쇼군으로 임명되고 나서 한때는 정세를 안정시킬 목적으로 도요토미 히데요리를 정성껏 달랬다. 그러나 이제 도요토미 히데요리의 존재가 부담스러워지자 그를 없애기 위해 전쟁을 벌일 구실을 찾았다. 도쿠가와 이에야스는 먼저 도요토미 히데요리의 경제력을 빼앗아야겠다고 생각했다. 그래서 이를 위해 도요토미 히데요리에게 많은 절을 짓기 위한 거금을 내게 했다. 이에 도요토미 히데요리가 재건하던 호코지 대불전이 완공되었을 때, 도쿠가와 이에야스는 드디어 꼬투리를 찾아냈다. 호코지 대불전에 걸린 범종에 새긴 글귀가 문제였다. 범종에는 "국가는 편안하고, 군주와 신하는 풍요롭고 즐거우며 자손은 번창한다.國家安康 君臣豊樂 子孫殷昌"라는 글이 새겨져 있었다. 이를 본 도쿠가와는 '국가안강'에서 가家 자와 강康 자 사이에 안安 자를 집어넣은 것은 이에야스家康를 절단 내겠다는 뜻이며, '군신풍락'에서 신臣

자와 풍豊 자의 위치를 바꾸면 도요토미豊臣가 되니 이는 도요토미 가문의 번영을 기원하고 도쿠가와 가문을 저주한 것이라고 해석했다. 그는 이를 구실로 1614년 10월에 직접 군사를 이끌고 도요토미 가문이 주둔하는 오사카로 출정해서 오사카 전투를 일으켰다.

1614년 12월, 강력한 도쿠가와 이에야스 대군에 굴복하여 도요토미 히데요리가 강화를 요청했다. 그리고 도쿠가와 이에야스가 이를 받아들이면서 오사카 겨울 전투가 끝났다. 도쿠가와 이에야스는 강화 협상 조건으로 오사카 성 밖의 참호를 메우고 오사카 성 안의 무사를 모두 내쫓으라는 조건을 넣었다. 이는 오사카의 전투력을 없애겠다는 뜻이었기 때문에 오사카 성 내의 주전파는 강력하게 반대했다. 그러나 결국 오사카 성 밖의 참호를 모두 메운 도쿠가와 이에야스는 도요토미 히데요리가 다시 전쟁을 준비하고 있다는 이유를 들어 두 번째 공성전을 벌였다. 다 쓰러져가는 성을 함락하는 것은 식은 죽 먹기나 다름없었다. 1615년 5월, 마침내 오사카 성이 함락되면서 오사카 여름 전투가 끝났다. 오사카 성을 빼앗기고 나서 이미 대세가 기운 것을 깨달은 도요토미 히데요리와 그의 모친은 함께 자결했다. 이로써 도쿠가와 이에야스는 모든 후환을 제거했다.

오사카 전투가 끝난 후 도쿠가와 이에야스는 도쿠가와 가문의 통치 기반을 확고히 다지고 각종 위협 요소를 제거했다. 그리고 260년 동안 이어진 도쿠가와 막부 시대를 열었다.

▼ 일본의 유명한 니조 성
일본의 유명한 니조 성은 1603년에 세워진 성으로 도쿠가와 막부 쇼군의 권력을 상징하는 곳이었다.

도쿠가와 막부의 '쇄국령'

외부로부터의 위험을 막기 위해 나라의 문을 단단히 걸어 잠갔지만, 결과적으로는 세상과 일본을 단절시킨 셈이 되었다. 도쿠가와 막부는 잇달아 쇄국령을 내려 국가의 문호를 굳게 걸어 잠갔다. 이로써 내부의 발전은 도모할 수 있었지만, 주변 국가와는 담을 쌓게 되어 결국 서양 열강의 침략을 부채질하는 결과를 낳았다.

쇄국의 도화선

예수회

15세기에 유럽에서 시작된 종교개혁의 결과, 기독교 교파 가운데 프로테스탄트가 강력한 세력으로 성장했다. 그런 한편 가톨릭은 여러모로 어려운 상황에 놓였다. 이러한 난관에서 벗어나기 위해 천주교에도 내부적으로 개혁을 단행해 교세를 확장하고자 하는 수도회들이 나타났다. 예수회는 그런 개혁 성향을 띤 수도회 중 하나였다. 1540년에 예수회는 정식으로 교황 바오로 3세의 인정을 받았다. 그리고 16~17세기에 예수회의 수많은 선교사가 포교를 위해 아시아와 아메리카 대륙으로 향했다. 당시 아시아의 중국, 일본, 인도 등 곳곳에서 예수회 선교사들을 만날 수 있었다. 중국에서 활동한 예수회 선교사로는 명나라 때의 마테오 리치, 청나라 때의 아담 샬, 페르비스트 등이 있다.

16세기부터 17세기까지 천주교는 동아시아 세계에서 적극적인 포교 활동을 벌였다. 1580년에 일본의 한 다이묘가 예수회 신도가 되어 자신이 다스리던 나가사키와 일부 지역을 예수회에 기증하는 일이 생겼다. 당시 나가사키는 번화한 무역 항이었는데, 이 다이묘는 예수회가 이 두 지역에서 마음껏 포교 활동을 히고 교회를 짓도록 허락했다. 이 지역들을 손에 넣은 선교사들은 평화적인 포교로는 신도를 더 많이 모으기가 어렵다고 판단하고, 관할 지역에 거주하는 소영주들을 압박해서 강제로 천주교를 믿게 했다. 그리고 다시 이들을 움직여서 그들이 다스리는 지역민들을 강제로 천주교 신자로 만들었다.

당시 일본의 실권자였던 도요토미 히데요시는 천주교의 세력이 눈에 띄게 커지자 경계심을 느끼기 시작했다. 그는 천주교의 전도를 허용하던 기존의 태도를 바꿔 1587년에 '금교령'을 선포했다. 이때부터 천주교를 전파하려는 선교사와 자국 천주교 신자를 체포하고, 예수회가 지배하던 나가사키 등 일부 지역을 나라에서 되찾아갔다. 그러나 '금교령'은 제대로 시행되지 않아서 천주교 전도사들은 여전히 일본 내에 머무를 수 있었고 천주교 신자들도 계속 늘어났다.

도쿠가와 막부를 개창하고 쇼군이 된 도쿠가와 이에야스는 서양인의 전도 활동이 일본과 유럽 국가의 무역을 확대하는 데 도움이 된다고 생각해 그들의 활동을 눈감아주었다. 그러나 천주교 세력이 점점 커지면서 천주교와 도쿠가와 막부 사이의 갈등이 표면화되기 시작했다. 막부는 봉건계급제를 옹호했다. 이는 막부가 온 나라를 틀어쥐고 강력한 통치력을 발휘할 수 있는 밑거름이었다. 그러나 천주교는 '하느님 앞에 만인은 평등하다'고 주장해 계급의식의 뿌리를 흔들었다. 게다가 천주교를 믿는 일부 사무라이가 자신이 모시던 주인을 배신하는 일이 잇달아 발생해 일본 사회는 큰 혼란에 빠졌다. 일본인의 가치관으로는 도저히 있을 수 없는 일이었기 때문이다. 이뿐만이 아니었다. 천주교는 하느님을 유일신으로 여기고 다른 신앙을 부정한다. 이는 일본의 전통 신앙인 신도와 불교를 배격하는 것과 다름없었기에 막부는 더 이상 두고볼 수만은 없었다. 게다가 천주교의 조직력도 막부를 두렵게 했다. 개신교를 믿는 영국, 네덜란드 상인들은 스페인, 포르투갈과 경쟁하기 위해 이 두 나라가 천주교 포교 활동을 통해 일본을 집어삼키려고 한다는 유언비어를 퍼뜨렸다. 이에 막부의 두려움은 점점 커졌다. 결국, 도쿠가와 막부는 천주교 포교를 막기 시작했다.

쇄국의 시작

1612년에 도쿠가와 막부는 금교령을 내려 막부가 직접 관할하는 에도, 교토, 나가사키 등 지역에서 천주교 포교 활동을 금지했다. 그러나 개신교의 포교 활동에는 여전히 관용적인 태도를 보였다. 당시 일본의 주요 무역 상대국이 개신교를 믿는 영국과 네덜란드였

▼ 도쿠가와 막부 시대의 희극
막부는 고대 일본의 중앙 정부로, 천황보다 강한 권력을 휘두르기도 했다. '에도 막부'는 '도쿠가와 막부'라고도 불린다. 일본 역사상 총 세 개의 막부가 등장했는데 마지막으로 출현한 막부가 도쿠가와 막부이다.

▲ 도쿠가와 막부의 사무라이

17세기 일본 도쿠가와 막부 시대의 사무라이다. 지휘관을 상징하는 지휘봉을 들고 화려하게 장식한 전투마를 타고 있다. 도쿠가와 가문은 유가의 충성과 복종을 신조로 하는 계급 제도를 확립해 통치 기반을 다졌다. 사무라이는 당시 네 계급 중의 하나였다.

기 때문이다. 1613년에 도쿠가와 막부는 금교령의 범위를 막부가 직접 관할하는 지역에서 전국으로 확대했다. 그리고 천주교 신앙이 일본 전통 신앙인 신도와 불교를 배척하고 일본을 집어삼키려고 한다는 소문을 퍼뜨렸다. 또 한편으로 수많은 천주교 성당을 부수고 이에 반항하는 선교사와 신자들을 체포해 강제로 개종시켰다.

1614년에 도쿠가와 이에야스는 도요토미 가문을 완전히 멸문시키기 위해 오사카 전쟁을 일으켰다. 막다른 길에 몰린 도요토미 히데요리는 결국 그 이듬해에 자살을 선택했다. 오사카 전투 중에 도쿠가와 이에야스는 수많은 천주교도가 도요토미 히데요리의 편에 가담한 사실을 알게 되었다. 그래서 천주교 신자들에게 이를 갈던 도쿠가와 이에야스는 각 지역의 다이묘에게 천주교 세력을 뿌리 뽑으라고 명령했다. 막부의 명령이 떨어지자 1614년 가을부터 일본 각지에서 다이묘들이 천주교 선교사와 신자들에게 철퇴를 가하기 시작했다. 중앙의 막부와 각 지역의 다이묘들은 개종을 거부하고 천주교를 고집하는 신자들을 추방하거나 감옥에 가두었다. 또는 꽁꽁 묶어서 끌고 다니며 웃음거리로 만드는 조리돌림을 하기도 했다. 1619년부터 1635년까지 일본 각지에서 처벌받은 천주교 신자 수가 20만 명을 넘어섰고, 신자 대부분이 가혹한 형벌을 견디다 못해 천주교 신앙을 버렸다. 그러나 죽음을 무릅쓰고 천주교 신앙을 고수한 신도들도 있었다. 그들은 더 이상 떳떳하게 종교 활동을 할 수 없었기 때문에 비밀 조직을 만들어서 활동했다. 설혹 체포되더라도, 죽으면 죽었지 신앙을 버리지 않았다. 심지어 일본의 신도와 불교 신앙은 하느님의 뜻을 저버린 잘못된 신앙이라고 비판하기까지 했다. 이에 막부는 천주교가 정말로 위험한 신앙이라고 굳게 믿고 더 냉혹하게 핍박했다.

쇄국령의 전면 시행

일본은 천주교 포교를 막는 과정에서 일본 내에 천주교가 전파되는 것을 막으려면 그 싹부터 제거해야 한다는 사실을 깨달았다. 그 방법은 바로 선교사들이 일본 안에 발을 들이지 못하게 하고 이미 들어온 선교사들은 내쫓는 것이었다. 또, 도쿠가와 막부는 유럽 국가와 십여 년 동안 무역하면서 많은 이득을 얻은 것이 사실이지만 꼭 그렇지만도 않다는 사실도 알게 되었다. 무역으로 가장 많은 혜택을 얻은 것은 연해 지역을 통치하는 다이묘들이었다. 그들이 지배하는 도시는 다른 지역과 비교도 안 될 정도로 번창했다. 만약 그대로 내버려둔다면 언제 중앙에 칼을 들이댈지 모르는 일이었다. 그렇다면 도쿠가와 막부로서는 호랑이 새끼를 키우는 것이나 다름없는 셈이었다. 이런 때 쇄국 정책을 추진하면, 천주교가 전파되는 것을 막고 지방 다이묘가 성장하는 것도 막을 수 있으므로 그야말로 도랑 치고 가재 잡는 격이었다.

◀ **일본을 떠나는 포르투갈인**
일본이 쇄국 정책을 시행한 이후 포르투갈인이 일본을 떠나는 장면이다.

그래서 도쿠가와 막부는 쇄국 정책을 점차 확대해서 시행했다. 1616년에 막부는 자신이 직접 관할하는 지역인 에도와 나가사키를 제외한 항구에 외국 선박이 정박하는 것을 금지했다. 1620년에는 일본인이 외국 선박을 타고 바다로 나가는 것과 외국인에게 무기를 파는 행위도 금지했다. 1623년에 포르투갈인을 일본 영토에서 추방했다. 그리고 1624년에는 스페인의 일본 내 상업 활동을 금지했다. 1633~1634년에 도쿠가와 막부는 정식으로 1차 쇄국령과 2차 쇄국령을 반포해 허가증을 받은 일본인과 일본 선박만 외국으로 나가도록 규정한다. 또 외국 선박이 일본에 들어와서 상업 활동을 할 때는 막부의 감시를 받아야 했고, 확실한 무역 기한을 규정했으며, 기한이 되면 즉시 일본을 떠나야 했다. 그뿐만 아니라 스페인과 포르투갈 선교사의 체포 명령을 내렸다. 1635년, 도쿠가와 막부는 3차 쇄국령을 반포해 기존에 허가증을 받은 선박을 포함하여 모든 일본 선박의 무역을 금지했다. 그리고 장기간 외국에 머무른 일본인의 귀국을 금지하고, 만약 일본에 돌아왔다 잡히면 이유를 불문하고 사형에 처했다. 1636년, 막부는 4차 쇄국령을 반포해 스페인인과 포르투갈인을 더 가혹하게 탄압했다. 막부는 스페인과 포르투갈인이 일본에 남기고 간 자식도 사형에 처했고, 그를 숨겨주다가 들킨 사람도 똑같이 사형에 처했다. 이처럼 가혹한 천주교 금지 정책과 함께 쇄국 정책도 단계적으로 추진되었다.

5차 쇄국령

나가사키에 속한 시마바라 지역은 일본에서 천주교가 가장 활발히 전파된 곳이다. 1637년, 시마바라와 그 근처 아마쿠사 지역에 유례없는 대기근이 찾아든다. 그런데 다이묘들은 백성이 죽든 살든 그저 세금을 걷는 데에만 혈안이었다. 살길이 막막해진 백성은 현실의 고통을 잊기 위해 천주교에 의지했다. 이 사실을 알게 된 시마바라 다이묘는 가혹하게 이들을 진압했다. 그러자 이제 악이 받칠 대로 받친 시마바라 백성이 봉기를 일으켰고, 머지않아 주변 지역에서도 봉기에 동참하면서 아마쿠사 지역 천주교 신자들도 시마바라의 난에 가담했다.

시마바라에 봉기가 일어났다는 소식을 들은 도쿠가와 이에야스는 불같이 화를 내며 즉시 이타쿠라 시게마사에게 시마바라 근처의 다이묘들과 함께 대군을 이끌고 가서 시마바라와 아마쿠사 지역에서 일어난 민중 봉기를 진압하라고 명령했다. 이후 몇 달 동안 이어진 격전 끝에 막부군은 봉기군이 주둔하던 시마바라 성을 점령하고 거의 모든 반란군을 살해했다.

시마바라의 난 이후, 도쿠가와 막부는 선교사라면 더욱 질색을 했다. 틀림없이 어딘가에서 자신들에게 대항할 강력한 세력을 키우고 있다고 의심한 그는 1639년에 결국 다섯 번째 쇄국령을 반포하기에 이르렀다. 이번 마지막 쇄국령을 통해 막부는 나가사키 항을 뺀 나머지 항구를 모두 폐쇄하고 중국과 네덜란드 상선을 제외한 모든 나라의 선박에 대해 일본 내 정박 및 상업 활동을 금지했다. 또 각지에서 외국 상선의 출입을 엄격하게 관리하고 밀거래 선박을 집중적으로 단속했다. 그리고 천주교 세력이 일본인과 접촉하지 못하도록 삼엄하게 경계했다. 이어서 도쿠가와 막부는 일본에 거주하는 네덜란드인도 모두 나가사키로 이주시키고, 외국 문서의 수입을 제한했다. 이후 일본은 200년이 넘도록 쇄국 정책을 유지했다. 이로써 천주교가 발붙이지 못하게 하고 도쿠가와 막부가 전국을 강력히 통제하는 데는 성공했지만, 세계 역사의 흐름에 뒤처지는 결과를 낳았다.

일편단심 샤 자한

샤 자한은 젊어서 아버지를 밀어내고 일국의 군주가 되었지만, 늙어서 아들에게 쫓겨나 감옥에 갇히는 신세가 되었다. 그에게 인생의 영욕은 순간일 뿐이었고, 두고두고 가치 있는 것은 진실한 사랑이었다. 그는 사랑하는 사람을 위해 타지마할 사원을 지은 후, 저무는 해 속에 잠기는 사원을 온종일 응시했다.

제국의 반역자

인도 무굴제국(1526~1857)의 위대한 제왕 악바르 대제(1556~1605년 재위)는 평생 전장을 누비며 많은 공을 세웠지만, 말년은 처량하기만 했다. 맏아들이 반란을 일으켜 고통스러운 나날을 보내던 와중에 다른 아들들까지 권력 쟁탈전에 발을 들여놓았기 때문이다. 1605년에 악바르 대제는 아들의 반란을 제압하고 다시 예전의 권위를 되찾고자 했으나, 맏이들 살림은 아버지를 잔인하게 독살했다. 이리하여 살림이 왕위를 계승하니, 그가 바로 자한기르이다.

자한기르의 황후 누르 자한은 아름다운 용모로 자한기르를 사로잡고, 탁월한 정치력으로 제국의 대권을 휘어잡았다. 한편, 자한기르의 아들 가운데 가장 용맹하고 자질이 뛰어났던 쿠람(1592~1666)은 제국의 황위를 차지할 날만 손꼽아 기다렸다. 이를 위해 먼저 가장 큰 적인 형을 독살한 그는 이어서 누르 자한과 그녀의 아버지, 오빠를 제거하려고 했다. 당시 누르 자한의 아버지와 오빠는 무굴제국의 고위 관직에 앉아 어느 정도 힘이 있었다. 누르 자한은 쿠람을 자기편으로 끌어들이기 위해 그에게 조카딸을 시집보냈다. 혼인 관계를 맺어 서로 간의 갈등을 잠재우려 한 것이다. 그러나 쿠람은 이 정도로 권력에 대한 집념을 포기할 인물이 아니었다. 결국, 1623년에 쿠람은 반란을 일으켰다. 그리고 4년 후에 자한기르가 죽자, 쿠람은 그의 뒤를 이어 황위를 계승했고 '세계의 용맹한 왕'이라는 뜻의 샤 자한(1628~1658년 재위)이라고 불렸다.

샤 자한은 황제가 되자마자 누르 자한을 압박해 모든 권력을 포기하고 정치 무대에서 사라지게 했다. 그 후 내부의 반란을 제압하는 한편 무굴제국의 영토를 확장하는 데에도 힘을 쏟았다. 먼저 내부적으로는 두 지역의 수장들이 반란을 일으켰다. 그들은 자신이 먼저 움직이지 않으면 언젠가 샤 자한에게 죽임을 당할 것으로 생각해 서둘러 움직인 것이었다. 그러나 그들은 결국 죽을 운명이었다. 샤 자한은 조금의 자비도 베풀지 않고 강경하게 반란을 진압했다. 대외적으로는 먼저 포르투갈이 점령하던 후글리를 되찾았다. 포르투갈인은 이곳을 상업 거점으로 만들 작정으로 천주교까지 전도하고 있었다. 샤 자한은 대군을 이끌고 가서 수천 명에 달하는 포르투갈인을 죽이고 그 밖에도 수많은 포르투갈인을 포로로 잡아 감옥에 가두었다. 이어서 1633년에 아메드나가르를 합병하고 1637년에는 남인도의 골콘다와 비자푸르를 정복했다. 이로써 샤 자한은 무굴제국의 영토를 한 뼘 더 넓히고 지난날의 영광을 되찾아 제국에 생기를 불어넣었다.

다정한 군왕

1631년, 열아홉 살에 샤 자한과 결혼하여 가장 총애를 받은 왕비 뭄타즈 마할이 죽었다. 전해 내려오는 바로는, 뭄타즈 마할은 피부가 눈처럼 흰 미인이었다고 한다. 또한 누구보다도 샤 자한의 마음을 잘 읽어서 종종 그의 고민거리를 해결해주었으며, 샤 자한이 전쟁터에 나갈 때에도 그림자처럼 그의 곁을 따랐다고 한다.

뭄타즈 마할은 샤 자한과 19년을 함께하면서 자녀를 열네 명이나 낳았다. 게다가 샤 자한을 따라 전쟁터를 누비다 보니 건강이 매우 악화되었다. 1631년, 쇠약해질 대로 쇠약해진 뭄타즈 마할은 결국 세상을 떠나고 말았다. 샤 자한은 그녀가 죽기 직전에 소원을 물어보았다. 그러자 뭄타즈 마할은 그에게 두 가지 소원을 말했다. 하나는 자신을 아름다운 사원에 안장해달라는 것이었고, 다른 하나는 평생 다른 왕비를 들이지 말라는 것이었다. 이에 샤 자한은 잠시도 머뭇거리지 않고 바로 그녀의 소원을 들어주겠다고 약속했다.

뭄타즈 마할이 죽은 후, 샤 자한은 약속대로 평생 다른 왕비를 들이지 않았다. 그리고 시간이 날 때마다 그녀가 잠든 타지마할에 가서 오랫동안 조용히 바라보곤 했다. 그렇게 시간이 흘러 샤 자한이 늙자 그의 아들들이 권력 쟁탈전을 벌이기 시작했다. 결국, 셋째 아들 아우랑제브가 군대를 이끌고 수도로 진격해서 샤 자한을 감금했다. 이렇게 해서 황제의 자리에서 쫓겨난 샤 자한에게는 감옥 창문

▲ 타지마할은 고대 인도 건축의 백미이며, 구중궁궐에서 피어난 아름다운 사랑을 고스란히 보여 주는 증거물이다. 새하얀 사원이 물 위에 비치는 광경은 세상에서 가장 아름다운 광경으로 손꼽힌다.

으로 타지마할을 바라볼 수 있는 것이 마지막 위안이었다. 그러나 이 사실을 안 아우랑제브가 샤 자한의 두 눈을 멀게 해버렸다. 이로써 타지마할을 못 보게 되자 샤 자한은 실낱같던 삶의 희망도 꺼져 갔고 그와 함께 몸도 쇠약해졌다. 어느 날, 샤 자한은 자신을 만나러 온 딸에게 자신이 죽으면 뭄타즈 마할과 함께 묻어달라고 부탁했다. 그리하여 그는 죽은 후에 소원대로 뭄타즈 마할과 같이 타지마할에 안장되었다.

아우랑제브의 공로와 과실

골육상잔 끝에 권력의 정점에 선 아우랑제브는 내성적이고 매우 검소한 한편 정복욕이 넘치는 종교적 극단주의자였다. 아우랑제브는 강대한 제국을 일구었지만, 역설적이게도 그로 인해 제국의 속은 곪고 말았다.

황위 쟁탈전의 막이 오르다

1657년 9월, 인도 무굴제국의 황제 샤 자한이 갑자기 병석에 눕자 그의 아들들은 아버지가 곧 죽을 줄 알고 황위를 다투기 시작했다. 샤 자한에게는 아들이 넷 있었다. 장남인 다라 시코는 알라하바드, 펀자브, 물탄의 총독으로 기병 4만 명을 지휘하는 사령관이자 샤 자한의 명실상부한 계승자였다. 차남 샤 슈자는 방글라데시를 17년 동안 지배했다. 삼남 아우랑제브는 무굴제국의 영토 확장 과정에서 여러 차례 눈부신 전적을 올린 바 있는 장군으로 과묵한 성격에 지략이 뛰어났다. 사남 무라드 바크시는 무능한 데다 향락에 빠져 사는 형편없는 왕자였다. 샤 자한의 네 아들 중 장남, 차남, 삼남은 모두 막강한 세력을 갖추었지만, 장남은 실전 경험이 부족하고 차남 샤 슈자는 임기응변 능력이 부족해서 아우랑제브를 상대하기에는 역부족이었다. 무라드 바크시는 처음부터 아우랑제브의 편에 섰다. 샤 자한이 병석에 누웠다는 소식이 전해지자 샤 슈자, 아우랑제브, 무라드 바크시는 힘을 합쳐서 다라 시코에게 맞섰다. 명실상부한 왕위 계승권자가 사라져야 그들에게 기회가 올 것이기 때문이었다. 이때 다라 시코는 이미 아버지를 대신해 황제의 직무를 수행하면서 동생들의 반란에 대비하고 있었다.

그런데 아들들이 칼을 맞댈 기회만 엿보던 1657년 11월 중순에 뜻밖에도 샤 자한이 자리를 털고 일어났다. 그러나 한 번 뽑은 칼을 써 보지도 않고 칼집에 넣을 수는 없는 노릇이었다. 그해 12월에 무라드 바크시가 무굴제국에

▼ 샤 자한의 초상
샤 자한(1592~1666)은 인도 무굴제국의 황제였다. 그는 무굴제국의 군대 규모를 네 배나 키워 농민들의 부담을 가중시켰다.

서 독립을 선언하고, 샤 슈자도 방글라데시에서 스스로 황제라 칭했다. 한편, 모든 준비를 마친 아우랑제브는 1658년 3월에 무라드 바크시와 힘을 합치기로 하고 수도로 향했다.

아우랑제브의 승리

1658년 2월, 다라 시코와 샤 슈자 사이에 첫 번째 황위 쟁탈전이 벌어졌다. 다라의 군대는 샤 슈자의 군대를 단숨에 격파했고, 다라 시코는 군사들의 사기가 오른 이 기회를 이용해 아우랑제브와 무라드 바크시의 연합군도 제압하려고 했다. 1658년 4월, 다라의 군대와 아우랑제브, 무라드 바크시의 연합군이 맞붙었다. 양군은 막상막하의 실력으로 치열한 전투를 이어갔다. 그러나 전투가 길어질수록 아우랑제브가 탁월한 군사적 재능을 발휘했다. 그는 맹렬한 공격을 퍼붓는 한편 다라의 수하들을 매수해서 형을 안팎으로 몰아붙인 끝에, 금세 승기를 잡고 다라의 군대를 격파했다. 이 전쟁으로 무굴제국의 계승자가 결정되었다.

▼ **국사를 처리하는 아우랑제브**
아우랑제브는 인도 무굴 왕조의 가장 위대한 황제이다.

아우랑제브의 군대는 단숨에 도성까지 진격해서 성을 함락했다. 그리고 1658년 6월에 아우랑제브는 아버지 샤 자한을 성에 감금하고, 두 눈까지 멀게 했다. 그와 연합했던 무라드 바크시도 감금되었다가 1661년에 참수되었다. 한편, 전투에서 패한 다라는 다시 힘을 길러 공격해왔지만, 번번이 아우랑제브에게 패했다. 1659년 8월, 아우랑제브는 형 다라 시코를 처형했다. 샤 슈자는 이미 전쟁 초기에 다라 시코에게 패한 상태였으므로 아우랑제브의 공격을 막아내지 못하고 1661년에 전사했다. 이렇게 해서 아우랑제브는 모든 후환을 제거하고 당당히 황위에 올랐다.

대외 확장

1659년 6월, 아우랑제브(1658~1707년 재위)는 황위에 올라 거대한 무굴제국을 다스리기 시작했다. 아우랑제브의 통치 시기는 크게 두 단계로 나뉜다. 첫 번째 단계는 1659~1681년으로 북인도에서 머문 시기이고 두 번째 단계는 1682~1707년까지 남인도에서 머문 시기이다.

아우랑제브는 제국 통치 초기에 사회적 갈등을 해결하고 백성의 고통을 덜어주고자 힘썼다. 또 왕위 쟁탈전을 겪으면서 무너진 경제를 되살리고 물가 상승을 억제하는 한편, 가혹한 수탈을 제한하여 많은 성과를 거두었다. 그러나 경제가 회복되면서 아우랑제브의 가슴에 숨겨진 정복에 대한 야심이 차츰 고개를 들기 시작했다.

▼ 바드샤히 모스크
이 모스크는 아우랑제브의 통치 시기에 지어진 것으로, 오랜 세월 동안 무굴제국의 역사를 지켜보았다.

1661년에 비하르 총독이 제국 동북부의 파라무 지역을 정복하고 같은 해에 방글라데시 총독 미르 줌라도 이 지역으로 진격해서 아홈족을 공격했다. 아홈족은 몽골 계통의 민족으로 13세기부터 브라마푸트라 강 유역을 점령했다. 17세기에 이르러 아홈족이 무굴제국의 서북 변경 지역까지 영토를 확장하면서 서로 간에 크고 작은 갈등과 전투가 수시로 발생했다. 무굴제국에서 황위 쟁탈전이 일어나 나라가 어수선할 때는 아홈족이 국경을 넘어 약탈을 자행하기도 했다. 1661년 11월, 줌라는 4만 대군을 이끌고 아홈족과 전쟁을 벌였다. 처음에는 줌라가 전술로 소소한 승리를 거두기도 하고 아홈왕국의 수도 가르가온(garhgaon)까지 공략해서 수많은 전리품을 획득하기도 했다. 그러나 얼마 후 장마철이 시작되면서 전세가 뒤집혔다. 낯선 기후에 적응하지 못해 병으로 쓰러지는 병사가 속출하는데 필요한 의약품을 구할 길이 없어 줌라의 군사들이 계속 죽어나갔다. 아홈족은 이 틈을 타고 반격을 시도했고 줌라의 대군이 황급히 이에 맞서면서 피비린내 나는 전투가 벌어졌다. 결국, 양군 모두 이대로 전투를 계속하는 것은 서로에게 불리하다고 판단하고 전쟁을 끝내며 조약을 체결했다. 협상 자리에서 아홈왕국은 무굴제국에 공물을 바치고 영토 일부를 할양할 뿐 아니라 전쟁 배상금까지 주겠다고 약속했고, 이에 줌라는 군대를 돌렸다. 표면적으로 보면 이 전투의 승자는 무굴제국이나, 내막을 들여다보면 그렇지도 않았다. 무굴제국은 이 전투로 엄청난 대가를 치렀기 때문이다. 제국의 유능한 장수였던 줌라가 철군하던 중인 1663년에 병으로 목숨을 잃었고, 몇 년 후에 아홈족이 다시 무굴제국을 공격해서 영토를 되찾아갔다. 무굴제국은 결국 아홈족에게서 아무것도 얻어내지 못한 셈이다.

변경을 다스리다

제국의 서북 변경 지역은 땅이 척박하고 농작물 생산량도 저조한 곳이었다. 그래서 이 지역에 거주한 아프가니스탄 부락은 행인을 약탈하고 주변의 부유한 도시에서 강도 짓을 해 생계를 이어갔다. 이러한 상황은 서북 지역 무역로의 발전을 크게 제약했다. 아우랑제브는 돈으로 이들을 다스리려고 했지만, 생각했던 것만큼 효과를 거두지는 못했다. 게다가 1667년에 이 지역에서 반란이 일어났다. 이에 아우랑제브의 유능한 장수와 신하들이 단 몇 달 만에 반란을 제압했지만, 여전히 이 지역의 정국은 안정되지 않았다. 1672년에 아프가니스탄 부락의 추장이 또다시 반란을 일으켰다가 역시 제국의 군대에 제압당했다. 이렇게 반란은 잠재웠지만, 아우랑제브는 이를 계기로 서북 변경 지역에 통치 기반을 확립해야겠다고 결심하게 되었다. 1674년 7월, 아우랑제브는 직접 서북 변경 지역 페샤와르 근처로 향했다. 이곳에서도 그는 당근과 채찍을 병용하는 정책을 펼쳤다. 제국에 대한 반감이 상대적으로 적은 아프가니스탄 부락에는 선물과 돈, 관직을 주며 제국의 통치 체제 안으로 끌어들였고, 제국에 결사적으로 반대하는 자들에게는 맹렬하게 공격을 퍼부어 반드시 정복했다. 이러한 노력이 빛을 발해 서북 변경 지역은 마침내 제국의 품 안으로 들어 왔다.

1675년 12월에 아우랑제브는 수도 뉴델리로 돌아가면서 자신을 대신하여 이 지역을 다스릴 총독을 임명했다. 이후, 총독은 아우랑제브가 했던 대로 아프가니스탄의 한 부족을 돈으로 매수해 다른 부족과 맞서게 하는 식으로 제국에 대한 위협을 잠재웠다.

정책의 성공과 실패

아우랑제브는 검소하고 금욕적인 생활을 했다. 자신의 탄생 축하 의식 규모를 축소한 아우랑제브는 궁중 연회도 금지하고, 궁중 악사들을 해산했다. 그리고 귀족들도 음악을 듣지 못하게 했다. 그러나 사람의 귀는 아름다운 소리를 좇기 마련인지라 귀족들은 비밀리에 음악을 들었다. 천문학자와 점성술사도 궁궐에서 쫓겨났지만, 제국 내에서는 여전히 점성술이 성행했다.

백성의 교양 수준을 높이기 위해 아우랑제브는 수많은 법규를 제정했다. 그는 전국에 금주령을 내려 술의 생산과 판매를 막았고, 공공장소에서의 음주도 금지했다. 또 창기들은 결혼하거나 나라를 떠나게 했다. 그뿐만 아니라 '음탕'한 노래도 부르지 못하게 했다.

자신에게 매우 엄격했던 아우랑제브의 삶은 지나치게 단조로워 숨이 턱턱 막힐 지경이었는데, 그는 온 백성에게도 자신과 같은 삶을 강요했다. 사람마다 삶의 방식이 다르고 믿는 종교도 다른 게 당연한 일인데도 아우랑제브는 그 사실을 넓은 마음으로 이해하지 못하고 강제로 백성을 자신처럼 바꾸려 했다. 이와 같은 조치는 당연히 사람들의 반감을 샀다. 특히 종교가 다르다고 해서 박해와 탄압을 견뎌내야 했던 사람들은 결국 더는 참지 못하고 반란을 일으켰다.

반란이 줄을 잇다

아우랑제브의 가혹한 종교 정책을 견디다 못해 곳곳에서 반란을 일으켰다. 1669년, 마투라 지역의 자트족이 고쿠라(Gokula)의 지휘로 봉기를 일으켜 무굴제국 주둔군 사령관을 죽였다. 그러나 곧바로 제국 군대의 잔인한 보복이 이어져 고쿠라는 처형되었다. 1686년에 라자 람(Raja Ram)이 이끄는 자트족이 또다시 봉기를 일으켰다. 이

▼ 아우랑제브 모스크

봉기도 몇 년 후에 평정되었지만, 자트족은 순순히 무굴제국에 굴복하지 않고 끝까지 제국에 비협조적인 태도로 일관했다.

아우랑제브가 다른 종교의 사원을 무자비하게 파괴하자, 분델라족은 크게 분노했다. 분델라족은 오래전부터 제국의 안위를 뒤흔드는 세력이었는데, 아우랑제브가 황제에 오른 지 얼마 지나지 않아 분델라족의 족장 주자르 싱이 무굴제국의 관료로 발탁되었다. 그러나 1671년에 주자르 싱은 아우랑제브의 이교도 탄압 정책에 반대하여 일어난 분델라족 봉기의 지도

자가 되었다. 아우랑제브는 죽을 때까지도 분델라족의 봉기를 진압하지 못했고, 분델라족은 작은 독립 국가를 세우기까지 했다.

사트남족은 힌두교를 믿는 부족이었다. 그들도 아우랑제브의 힌두교 탄압 정책에 반발해 1672년에 봉기를 일으켰다. 그러나 무기를 들고 일어나 강대한 제국에 대항해 본 적이 없는 그들은 전투 경험이 적어서 금세 아우랑제브 군대에 소탕되었다. 시크교의 지도자인 테그 바하두르는 1675년에 아우랑제브에 의해 처형되었다. 이후 그의 아들 고빈드 싱이 아우랑제브의 통치에 반대하며 아버지의 뒤를 이어서 시크교 신자들을 이끌고 신권과 군권이 하나로 합쳐진 조직을 만들었다. 이들은 싸움을 매우 잘했으며 호시탐탐 무굴제국의 통치에서 벗어날 기회를 노렸다. 한편, 조직력도 약하고 규모도 작으며 세력도 약한 이들에 비해 마라타족은 무굴제국을 와해시키는 데 결정적인 역할을 했다. 마라타족은 무굴제국 남부에 살던 부족으로, 독립 왕국까지 형성하며 무굴제국과 끊임없이 전쟁을 치렀다. 아우랑제브는 황제가 되자마자 대군을 파견해서 마라타족을 살육하고 1665년 6월에 마침내 완전히 정복했다. 그 결과 마라타족의 족장 시바지는 성채 몇 개만 남겨 둔 채 모든 성을 무굴제국에 넘겨주고 무굴제국에 충성을 맹세한다는 조약을 맺었다. 1666년 5월, 무굴제국 황제는 시바지에게 관직과 봉록을 약속하고 과거와 같은 지위를 보

장하면서 수도로 오라고 요청했다. 이를 믿은 시바지는 수도로 향했지만, 관직과 봉록을 받기는커녕 약속을 어긴 황제에게 항의하다가 감금되고 말았다.

얼마 후 시바지는 강한 의지와 지혜를 발휘해서 무굴제국의 수도를 빠져나가 단숨에 마라타 성으로 도망쳤다. 고향에 돌아온 시바지는 곧바로 반역을 일으키지 않고 일단 무굴제국과 평화롭게 지낼 방법을 찾았다. 그리하여 1668년에 그는 또다시 무굴제국과 평화 조약을 맺었다. 그렇게 해서 정치적, 경제적 기반을 다질 시간을 번 시바지는 모든 것이 준비된 1670년에 마침내 정식으로 무굴제국과 전쟁을 벌였다. 이번 전쟁은 잠깐 타오르다 사그라지는 모닥불이 아니라 아우랑제브는 물론 제국 전체를 무너뜨린 큰불이었다.

1680년 4월, 시바지가 죽고 그의 아들 삼바지가 아버지의 대업을 계승하여 무굴제국과 전쟁을 이어갔다. 그러나 삼바지는 싸움만 잘할 뿐 지략이 없고 더욱이 향락에 빠져서 정사를 소홀히 한 탓에 마라타족의 전투력은 급속히 약화되었다. 1689년, 삼바지는 무굴제국의 장수에게 붙잡혀 고통 속에 죽었고 마라타족의 전략적 요충지들도 무굴제국에 함락되었다. 이로써 아우랑제브는 이제 모든 후환을 없앴다고 안심했지만, 뜻밖에도 마르타족은 더 강력하게 반발하기 시작했다. 삼바지의 동생 라자람이 마라타족의 수장이 되었기 때문이다. 군사적 재능이 탁월했던 라자람은 귀신같은 전술을 펼쳐 적을 교란시키며 무굴제국 군대에 잇달아 큰 타격을 입혔다.

아우랑제브는 끝까지 저항하는 마라타족 때문에 지칠 대로 지쳐 큰 병을 얻고 퇴각할 수밖에 없었다. 1705년에 그는 아흐마드나가르로 퇴각해서 2년 동안 병마와 싸우다가 좌절감에 휩싸인 채 숨을 거두었다. 죽기 전에 아우랑제브는 아들에게 이렇게 말했다. "나는 늙고 쇠약해졌다. 올 때는 빈 몸으로 왔으나 갈 때는 나의 죄를 안고 가는구나! 내 평생의 노력이 물거품이 되었다. 나는 나라를 잘 다스리지 못했다." 아우랑제브가 남긴 것은 만신창이가 된 나라였다. 실제로 당시 무굴제국은 곳곳에서 쉴 새 없이 일어나는 봉기로 무너지기 직전이었다. 결국, 이 비옥한 대륙은 호시탐탐 이 땅을 노렸으나 아우랑제브의 시선 밖에 있었던 서양인의 손에 넘어가고 말았다.